Wirtschafts-Krisenwunder

Art Director: Eberhard Wolf
Projektmanagement: Sabine Sternagel
Grafik, Satz und Litho: Matthias Worsch
Druck und Bindearbeiten: Bercker
Graphischer Betrieb GmbH & Co. KG, Kevelaer
Printed in Germany
ISBN: 978-3-86615-778-1

Wirtschafts-Krisenwunder

Wo der Aufschwung herkommt

Herausgegeben von
Marc Beise und Ulrich Schäfer
Redaktion: Alexandra Borchardt

Süddeutsche Zeitung **Edition**

Inhalt

Vorwort

Die Wirtschaft wächst wieder. Endlich. Und auch wenn noch unklar ist, ob dieser Aufschwung von Dauer sein wird: Nach fast zwei Jahren der Krise, nach IKB und SachsenLB, Lehman Brothers und HRE, nach Bankenrettung und Konjunkturpaketen ist dies ein gutes Zeichen. Denn ohne Wachstum wird die Welt die größte Wirtschaftskrise seit acht Jahrzehnten nicht überwinden; ohne Wachstum wird es niemals gelingen können, die gewaltigen Schuldenberge abzutragen und all jene Menschen, die durch Bankencrash und Rezession ihren Job verloren haben, wieder in Arbeit zu bringen.

Dennoch müssen wir uns nach Jahrzehnten, in denen ein möglichst hohes Wachstum der Maßstab aller Dinge war, die Frage stellen, ob wir unsere Wirtschaft und unsere Wirtschaftspolitik nicht zu einseitig auf diese Zielgröße ausgerichtet haben. Ist es richtig, dem Wachstum des Bruttoinlandsprodukts, also dem Zuwachs an produzierten Waren und erbrachten Dienstleistungen, wirklich alles unterzuordnen? Wäre es nicht viel wichtiger, auf die Qualität des Wachstums zu achten, auf die Art der Waren und Dienstleistungen, die dafür erbracht werden, und auf die Ressourcen, die dabei verbraucht und oftmals auch vergeudet werden? In Zeiten des Klimawandels und knapper Rohstoffe sind diese Fragen drängender denn je.

Es gilt aber auch: Wachstum entsteht durch Wettbewerb, und der globale Wettbewerb um mehr Wohlstand, Einkommen und Jobs wird immer härter. Die aufstrebenden Schwellenländer, allen voran die vier sogenannten BRIC-Staaten Brasilien, Russland, Indien und China, werden sich in ihrem Wachstumsdrang nicht bremsen lassen. Für sie heißt Wachstum, dass sie den Rückstand verkleinern wollen, dass sie aufholen zu den Industrieländern des Westens – und dass sie am Ende auch überholen wollen. China hat dies bereits getan: Die Volksrepublik hat Deutschland als Exportweltmeister bei den Waren abgelöst.

Die Süddeutsche Zeitung hat in einer Serie unter dem Titel „Der nächste Aufschwung" das Thema und viele Aspekte beleuchtet. 39 Autoren sind in Essays, Reportagen und Interviews der Frage auf den Grund gegangen, wie unsere Wirtschaft nach der großen Krise wieder wachsen kann – und woher dieses Wachstum kommen könnte. Diese Serie erscheint nun unter dem Titel „Wirtschaftskrisenwunder“ als Buch. Es ist das vierte Buch in der Reihe „Süddeutsche Zeitung Wirtschaft“. Es knüpft an jene Debatte an, die wir bereits in einem anderen Werk aus dieser Reihe geführt haben: In „Kapitalismus in der Krise“ haben Autoren der Süddeutschen Zeitung untersucht, wie es zum großen Desaster kommen konnte. Nun geht es darum: Wie können wir dieses Desaster nachhaltig hinter uns lassen?

Als Herausgeber möchten wir all jenen danken, die an der Serie und am Entstehen dieses Buches mitgewirkt haben: den Autoren in der SZ-Zentrale in München, vielen Korrespondenten in aller Welt; den Mitarbeitern in Layout, Grafik und Verlag; und natürlich unseren Lesern, die uns mit ihren Ideen und Anregungen beim Entstehen der Serie begleitet und unterstützt haben.

Unser ganz besonderer Dank gilt Alexandra Borchardt, Chefin vom Dienst in der Wirtschaftsredaktion, die die Idee für die Serie entwickelt, mit viel Energie umgesetzt und dieses Buch redaktionell betreut hat. Und er gilt Rosemarie Hertl, die mit wachem Auge alle Beiträge Korrektur gelesen hat. Und er gilt natürlich Ihnen, die Sie dieses Buch in Händen halten: Wir hoffen, dass Sie nach der Lektüre – trotz Krise – ein klein wenig optimistischer in die Zukunft blicken.

München, im Mai 2010

Marc Beise Ulrich Schäfer

1. Das gefährliche Jahrzehnt

Das Rad

Es ist wohl die bedeutendste Innovation aller Zeiten. Das Rad beeinflusst bis heute sämtliche Bereiche der Wirtschaft. Niemand weiß genau, wo und wann das Rad erfunden wurde. Bereits vor Jahrtausenden legten Arbeiter schwere Lasten auf Baumstämme und rollten sie wie bei einer Walze darüber. Etwa 4000 Jahre vor Christus verbanden Menschen erstmals zwei runde Scheiben durch eine Achse – eine außergewöhnliche Leistung, denn anders als beim Flugzeug oder Schiff gab es dafür kein Vorbild in der Natur.

Alles andere als normal

Die Wirtschaft hat sich schneller erholt als erwartet. Doch was heißt das schon? Im schlimmsten Fall droht eine Dauerkrise wie in Japan.

Von Nikolaus Piper

Ausgerechnet Dubai. Bis vor kurzem noch galt das Emirat mit seinen Wolkenkratzern, den künstlichen Inseln und der vollklimatisierten Skipiste im Wüstensand als Symbol für Reichtum und Exzentrik. Doch im November 2009 war das Wunderland zahlungsunfähig. Dubai erklärte sich außerstande, Anleihen von insgesamt 60 Milliarden Dollar zu bedienen und bat um Zahlungsaufschub von sechs Monaten. Das ist zwar noch kein Staatsbankrott, aber auch nicht so furchtbar weit davon entfernt. Auf den Weltfinanzmärkten blieben die Folgen zwar begrenzt – aber auch nur deshalb, weil alle hoffen, dass Saudi-Arabien und Abu Dhabi das Emirat schon nicht untergehen lassen werden.

Es war jedenfalls ein Schock zur rechten Zeit: Die Verhältnisse sind alles andere als normal. Schuldenexzesse haben die Krisen ausgelöst, mit noch mehr Krediten haben Regierungen und Notenbanken den Absturz gestoppt, jetzt liegen die Schulden wie Sprengkörper in Bankbilanzen und Staatshaushalten herum. Die Bomben müssen entschärft werden, aber niemand hat dafür ein erprobtes Rezept.

Die Entschuldung muss schnell genug geschehen, um nicht neue Blasen entstehen zu lassen, aber auch nicht zu schnell, damit ein zweiter Absturz in die Rezession vermieden wird. Fehler sind fast unvermeidlich. Der Aufschwung wird daher schwach bleiben, und das kommende Jahrzehnt dürfte eines der gefährlichsten für die Wirtschaft seit 1945 werden.

Immerhin hat sich die Wirtschaft schneller erholt als erwartet. Nouriel Roubini, der notorische Pessimist von der New York University, hält einen neuen Absturz im Jahr 2010 nicht mehr für wahrscheinlich. Den Vereinigten Staaten sagt er 1,8 Prozent Wachstum voraus, Deutschland 1,3 Prozent. Das ist phantastisch im Vergleich zu den Prognosen von vor einem Jahr, aber es reicht nicht für neue Jobs. Kreditentzug kostet Wachstum, das war schon immer so. Im Durchschnitt erhöht eine Finanzkrise die Arbeitslosigkeit um sieben Prozentpunkte, und es dauert fast fünf Jahre, bis der Stand vor der Krise erreicht ist, schreiben die Ökonomen Kenneth Rogoff und Carmen Reinhardt in ihrem Buch *This Time is Different*.

Wie der Fall Dubai zeigt, sind weitere schlechte Nachrichten zu erwarten. Als Kandidaten für einen Staatsbankrott sieht Rogoff Griechenland, Ungarn und andere osteuropäische Länder. In den USA ging der Mittelstandsfinanzierer CIT in die Insolvenz; fast jede Woche werden eine oder mehrere Regionalbanken geschlossen. GMAC, die Finanztochter von General Motors, braucht frisches Geld von der Regierung.

Den vielen Schulden steht ein massives Geldvermögen gegenüber, das nach Anlage sucht. An der Wall Street hat sich daher eine neue, diesmal staatlich subventionierte Spekulationsblase gebildet. Die Aktienkurse sind seit dem Tiefststand vom März 2009 um mehr als 50 Prozent gestiegen. Nicht nur Aktien sind spekulativ überteuert, sondern auch Gold, Öl und andere Rohstoffe. Der normalen Wirtschaft geht unterdessen das Geld aus. Nach der Umfrage eines US-Mittelstandsverbandes sind Kredite in Amerika zu Beginn des Jahres 2010 so knapp wie seit 23 Jahren nicht mehr. Seit Oktober 2008 sei die Kreditversorgung um acht Prozent geschrumpft, behauptet der Ökonom Ian Shepherdson. Während der schweren US-Rezession 1990 waren es nur 1,3 Prozent.

Auch Haushalte müssen Schulden abbauen. Die Sparquote der Amerikaner, die vor der Krise auf nahe null gefallen war, ist wieder auf 4,5 Prozent gestiegen. Sie muss aber sieben bis zehn Prozent erreichen, damit ein Durchschnittsamerikaner im Alter so leben kann, wie er möchte. Konsequenz: weniger Konsum und Wachstum. Schließlich stößt der Staat an seine Grenzen. Die Wirkungen des US-Konjunkturprogramms laufen 2010 aus. Und mehr ist nicht zu verantworten, im Gegenteil: Barack Obama muss eine überzeugende Strategie zum Defizit-Abbau vorlegen, wenn er nicht eine Haushaltskrise riskieren will.

Mindestens zwei wichtige Lehren aus der Geschichte gibt es. Die erste Lehre: Der Staat darf keinesfalls zu schnell auf Normalität schalten. 1937, nur vier Jahre nach dem Ende der Weltwirtschaftskrise, stürzten die USA erneut in eine schwere Rezession, weil Präsident Franklin D. Roosevelt zu früh versuchte, den Staatshaushalt auszugleichen. Zudem begann die Notenbank übereilt damit, die Geldmenge zu begrenzen.

Die zweite Lehre: Wenn das Problem der Banken nicht gelöst wird, ist alles andere vergeblich, wie das japanische Beispiel zeigt. 1990 brach dort eine aberwitzige Aktien- und Immobilienspekulation zusammen. Auf der Höhe des Booms war das Grundstück, auf dem der Tokioter Kaiserpalast steht, mehr wert als ganz Kalifornien. Nach dem Zusammenbruch stützten die Regierung und die Bank von Japan zwar mit Milliardenprogrammen und Nullzins-Politik die Wirtschaft, sie versäumten es aber, marode Finanzinstitute zu schließen oder zu rekapitalisieren. Japan erlebte ein „verlorenes Jahrzehnt" mit Stagnation und Deflation.

Eine weitere Folge: Japanisches Kapital floh ins Ausland, vor allem nach Südostasien. Dies legte dort die Wurzeln für die Asienkrise des Jahres 1997. Die Kapitalströme, die derzeit aus den USA nach Brasilien fließen und dort den Währungskurs in die Höhe treiben, erinnern auf bedrückende Weise an diese Entwicklung.

In Wirklichkeit gibt es auf dem Weg zurück zur Normalität keine Abkürzungen. Weder lassen sich die Staatsfinanzen im Eiltempo sanieren, noch lässt sich Wirtschaftswachstum durch Steuersenkungen herbeizaubern, durch Kapitalimport oder gar durch Lohnerhöhungen, die die Kaufkraft stärken sollen.

Es bleibt also nichts übrig, als über das Jahr 2010 hinauszublicken. Regierungen und Notenbanken müssen jetzt damit beginnen, die langfristigen Probleme zu lösen. Einige davon wurden durch die große Rezession des Jahres 2009 geschaffen, viele sind aber auch viel älter.

Die mit Abstand dringendste Aufgabe ist die Gesundung des Finanzsektors. Gelingt dies nicht, droht der Welt nach japanischem Muster ein verlorenes Jahrzehnt. Das ist nicht nur ein amerikanisches Thema. Die deutsche Wirtschaft kann sich nur dauerhaft erholen, wenn endlich das Problem der Landesbanken gelöst wird. WestLB, HSH Nordbank, BayernLB und LBBW lasten mit ihren maroden Bilanzen auf der Gesamtwirtschaft.

Die Beschlüsse, die der Finanzgipfel in Pittsburgh im Herbst 2009 zur Bankenregulierung gefasst hat, waren gut, aber sie müssen umgesetzt werden. Noch ist nicht klar, wie streng die Gesetze ausfallen, die der amerikanische Kongress vorbereitet. Das Potential der Wall-Street-Lobby, notwendige Reformen zu verhindern, ist groß. Derzeit können Banken, unter dem Schirm des Staates, mit hohen Risiken viel Geld verdienen. Wenn nicht gegengesteuert wird, droht eine Wiederholung der Finanzkrise – nicht heute oder morgen, aber am Ende dieses Jahrzehnts.

Gravierend ist auch das Problem der Staatsfinanzen. Diese können zwar nicht sofort saniert werden, aber die Regierungen brauchen eine glaubwürdige mittelfristige Strategie zum Schuldenabbau. Deutschland geht es mit einem Defizit von fünf Prozent des Bruttoinlandsprodukts noch vergleichsweise gut, doch steht hier das Sozialsystem unter besonderem Druck. In Großbritannien beträgt das Defizit zwölf, in den USA 13 Prozent. Dabei sind die Zinsen derzeit immer noch ungewöhnlich niedrig, die Finanzminister profitieren also ebenfalls von der Spekulationsblase. Sollte der Glaube in die Zahlungsfähigkeit der amerikanischen Regierung aber einmal leiden, wären die wirtschaftlichen und politischen Folgen unkalkulierbar.

Ein durch und durch düsterer Ausblick? Nicht unbedingt. Krisenzeiten können auch Zeiten des Aufbruchs sein. Auch dafür gibt es Beispiele. Die zweite Hälfte der siebziger Jahre war geprägt von hoher Arbeitslosigkeit und ebenso hoher Inflation. Aber genau in der Zeit wurden Unternehmen gegründet, die zehn Jahre später Hunderttausende Arbeitsplätze schaffen sollten, in den USA zum Beispiel Apple, Microsoft und Oracle. Und in Deutschland verlagerten ein paar ehemalige IBM-Ingenieure ihre Firma namens „Systemanalyse und Programmentwicklung“ nach Walldorf. Dort entstand der Weltkonzern SAP.

„Wir müssen das Monster bändigen“

Harvard-Ökonom Kenneth Rogoff über die Folgen der Krise, den möglichen Staatsbankrott von Österreich – und den nächsten Crash in zehn oder fünfzehn Jahren.

Interview: Nikolaus Piper

Er ist einer der renommiertesten Ökonomen der Welt und forscht seit Jahren zu Finanzkrisen: Kenneth Rogoff, 56, Professor an der amerikanischen Universität Harvard. Von 2003 bis 2005 war Rogoff Chefökonom des Internationalen Währungsfonds. Für ein Buch werteten er und Carmen Reinhardt Finanzkrisen aus acht Jahrhunderten aus. Ergebnis: Die Welt macht immer wieder die gleichen Fehler.

SZ: Herr Professor Rogoff, was erwartet die Weltwirtschaft im Jahr 2010?
Kenneth Rogoff: Wir stehen vor einem sehr schwierigen Aufschwung. Die Wirtschaft in den USA und Europa wird wachsen, aber sehr schwach. Die Arbeitslosigkeit wird schlimmer, in den USA dürfte die Quote von 10,2 auf elf Prozent steigen. In Europa sieht der Arbeitsmarkt besser aus; das bedeutet aber, dass die Beschäftigung nicht wesentlich steigen wird, wenn der Aufschwung da ist. Die Firmen beschäftigen derzeit Arbeitskräfte, die sie nicht nutzen können. Die Hauspreise in den USA werden noch einmal sinken.

„Wenn wir uns zu sehr kurzfristig verschulden, kann dies in einem Bankrott enden. Die USA haben dies schon erlebt“, sagt Rogoff.

SZ: Wie viel Preisverfall erwarten sie noch?
Rogoff: Weitere fünf bis zehn Prozent in den nächsten zwei Jahren sind durchaus möglich. Was die Aktien betrifft, bin ich nicht so pessimistisch. Niedrige Zinsen stützen die Kurse.

SZ: Aber das ist doch alles künstlich, der Boom wird vom Staat finanziert.
Rogoff: Ja, er ist künstlich, aber er kann trotzdem eine Zeitlang anhalten. Die Notenbanken werden frühestens Mitte des nächsten Jahres beginnen, über Zinserhöhungen nachzudenken.

SZ: Warum steigt die Arbeitslosigkeit so schnell?
Rogoff: Nach einer normalen Rezession dauert es in der Regel zwei Jahre, bis der Vor-Krisen-Stand wieder erreicht ist. Nach einer schweren Finanzkrise kann es fünf Jahre dauern.

SZ: Aber warum ist das so?
Rogoff: Das hat viele Gründe. Der Finanzsektor ist beschädigt und der Kreditfluss stockt. Finanzkrisen kommen oft am Ende einer Spekulationsblase, in der die Beschäftigung ein Niveau erreicht hat, das nicht durchzuhalten ist. Als ich in der Universität war, rechnete man mit 7,0 bis 7,5 Prozent als Gleichgewichts-Quote. Zuletzt hatten wir aber 4,5 Prozent.

SZ: In Deutschland galt bis zum Beginn der siebziger Jahre eine Arbeitslosenquote von 0,5 Prozent als normal.
Rogoff: Ernsthaft? Ich glaube in den USA sind heute sechs Prozent normal, und wir werden fünf Jahre brauchen, um die zu erreichen. Dazu müssen 9,5 Millionen neue Jobs geschaffen werden. Im Vergleich zum Vor-Krisen-Stand fehlen sogar elf Millionen. Nun entstehen in einem sehr guten Monat zwischen 200.000 und 300.000 neue Arbeitsplätze. Das bedeutet: Der normale Arbeiter spürt erst einmal nichts vom Aufschwung.

SZ: Die Regierungen und Notenbanken haben auf beispiellose Weise

in die Wirtschaft eingegriffen, um die Krise zu stoppen. Wie bewerten Sie diese Politik?
Rogoff: Ich frage immer zuerst: Wie hätte ich selbst entschieden? Das führt zu etwas freundlicheren Noten, wenn man ehrlich mit sich selber ist. Unter diesem Vorbehalt würde ich der Federal Reserve und der Europäischen Zentralbank eine „eins minus" geben, der Regierung Obama ein „zwei plus".

SZ: Und was ist mit den anderen?
Rogoff: Beim Weltfinanzgipfel in Pittsburgh haben sich die Politiker selbst eine „eins plus" gegeben, indem sie erklärten: Es hat funktioniert.

SZ: Und hatten sie nicht recht damit?
Rogoff: Ja und nein. Sie haben praktisch jeden Kredit auf der Welt garantiert und ein Netz über das Weltfinanzsystem geworfen. Das hat die Panik gestoppt. Aber was ist jetzt? Jetzt ist der letzte Hauch von Disziplin im Finanzsektor verschwunden. Goldman Sachs kann extrem günstig Geld leihen, selbst für sehr riskante Geschäfte. Alle wissen, dass die Regierung dahinter steht. Wir haben ein Monster geschaffen und die Steuerzahler tragen das Risiko.

SZ: Das Monster ist Goldman Sachs?
Rogoff: Nein, es ist der gesamte Finanzsektor. Wir müssen dieses Monster bändigen, und zwar mit viel schärferen Regeln als dies notwendig gewesen wäre, wenn die Regierung ein bisschen weniger großzügig mit den Gläubigern der großen Finanzinstitute umgegangen wären. Das war ein großer Fehler. Es ist schon richtig: Die Situation im Herbst 2008 war extrem schwierig. Aber nun haben wir uns in eine Ecke manövriert, aus der nur schwer wieder herauszukommen ist. Wenn wir jetzt keine harten Regeln aufstellen, erleben wird die nächste Finanzkrise in zehn bis 15 Jahren, und sie könnte noch schlimmer werden als die letzte. Wenn wir es mit der Regulierung aber übertreiben, werden wir auf Jahrzehnte niedriges Wachstum bekommen.

SZ: Hätte es denn eine Alternative gegeben, ohne Monster?
Rogoff: Es wäre viel besser gewesen, wenn so viele Besitzer von Anleihen wie möglich einen Teil ihres Geldes verloren hätten, selbst wenn dies eine noch tiefere Rezession bedeutet hätte. Der Aufschwung hinterher wäre schneller gekommen.

SZ: Hätten die USA denn die rechtliche Möglichkeit gehabt, um zum Beispiel die Gläubiger der Skandalversicherung AIG zu Opfern zu zwingen?
Rogoff: Sie behaupten, dass dies nicht gegangen wäre, aber ich bezweifle das. Vermutlich hatten sie nur Angst vor den Konsequenzen. Man wird es nie wissen.

SZ: Und was kommt jetzt?
Rogoff: Das Netz ist über den Finanzsektor geworfen, das kann man nicht mehr rückgängig machen. Aber es gibt vieles, was man tun kann. So sollten so schnell wie möglich strenge Eigenkapitalregeln und besondere Vorschriften eingeführt werden, die die Banken daran hindern, sich kurzfristig zu verschulden. Diese kurzfristigen Kredite sind momentan das Hauptproblem. Dann sollte der Staat den Banken Darlehen geben, die bei Bedarf in normales Aktienkapital umgewandelt werden können. Schließlich sollte man auf irgendeine Weise die Größe von Banken besteuern, zum Beispiel durch zusätzliche Eigenkapitalanforderungen. Seit Ausbruch der Krise sind über 1000 Hedgefonds untergegangen, aber keine einzige Großbank. Das ist nicht gesund.

SZ: Und was soll mit den riesigen Staatsdefiziten geschehen, die in der Krise aufgelaufen sind? Ist Inflation die Lösung?
Rogoff: Ich fürchte, dass genau dies in fünf bis zehn Jahren passieren wird. Nicht notwendigerweise in Europa, wo die EZB ziemlich strikte Strukturen hat. Die deutsche Tradition wirkt hier als Schutz. In den USA ist das anders. Rechnen Sie mal nach: Die Regierung beansprucht derzeit 15 Prozent des BIP über Besteuerung für sich. Traditionell waren es 20 Prozent, aber wegen der ganzen Schulden

müssen wir auf 22 Prozent hinaufgehen, nur um auf einen nachhaltigen Pfad zu kommen. Das bedeutet, dass die Steuerlast in Amerika in den nächsten fünf Jahren um 30 bis 50 Prozent steigen muss. Und das kann ich mir einfach nicht vorstellen. Die Republikaner wollen überhaupt keine Steuern, die Demokraten wollen nur die Reichsten besteuern.

SZ: Dafür gibt es nicht genug Reiche.
Rogoff: Eben. Bei den Reichen kann man nicht einmal einen Bruchteil dessen holen, was notwendig ist. Und dann müssen Sie berücksichtigen, dass die Demokraten mit ihrer Gesundheitsreform den Wohlfahrtsstaat ausbauen und dafür ebenfalls die Reichen besteuern wollen. Höhere Inflationsraten sind eine Form der Besteuerung durch die Hintertür.

SZ: Das geht aber nur, wenn die Fed mitmacht, und die ist unabhängig.
Rogoff: In der Amtszeit von Präsident Obama wird fast der gesamte Rat der Fed erneuert. Darüber kann man Politik gestalten. Auch der Kongress kann die Fed beeinflussen. Die Fed kann zwar einige Jahre Druck aushalten, aber nicht ewig.

SZ: Würden Sie an Stelle von Präsident Obama tatsächlich Inflation zulassen?
Rogoff: Nein. Darum geht es auch gegenwärtig gar nicht. Ich habe für die Zukunft gewarnt. Obama hat aber mit Blick auf diese Probleme einen riesigen Fehler gemacht, und zwar beim Gesetz über Emissionsrechte. Er gibt den Umweltverschmutzern die Emissionsrechte einfach umsonst, so wie Sie dies in Europa auch gemacht haben. Damit ließ er eine Gelegenheit verstreichen, das Steueraufkommen auf eine konstruktive und unschädliche Weise zu erhöhen. Ein schrecklicher Fehler. Obama braucht eine klare und überzeugende Strategie für den Abbau des Defizits, eine Strategie, die nicht auf übermäßig rosigen Wachstumsprognosen basiert. Er sollte offen darüber reden, dass die Steuern steigen müssen, und nicht nur für die Reichen.

SZ: Wie sieht es in Europa aus? Die Staatsschulden sind nicht so schnell gestiegen wie in den USA ...
Rogoff: ... aber die demographischen Probleme sind größer.

SZ: Und was bedeutet das?
Rogoff: Das Wachstumsmodell Europas wurde durch die Finanzkrise nicht so stark beeinträchtigt wie das amerikanische, weil der Finanzsektor bei Ihnen nicht so groß ist. Das ist die gute Nachricht. Die schlechte Nachricht ist, dass man sich mehrere Jahre lang nicht mit den langfristigen Problemen beschäftigt hat; man hat das Rentenalter in vielen Ländern noch nicht erhöht und Ansprüche aus den Sozialsystemen nicht ausbalanciert. Deshalb haben Sie jetzt weniger Zeit, um Ihre demographischen Probleme zu lösen. Deutschland muss einen Mittelweg finden. Auf der einen Seite sind die Staatsschulden bedrohlich gestiegen. Auf der anderen Seite ist die Krise noch nicht vorbei und es gibt Gründe, die Konjunktur zu stützen.

SZ: Erwarten Sie, dass die USA irgendwann den Staatsbankrott erklären werden?
Rogoff: Was ich voraussage, ist Inflation. Aber eine Finanzkrise kann schnell zu einer Haushaltskrise werden. Der Staat verschuldet sich derzeit sehr kurzfristig. Dadurch spart er Geld, weil die Zinsen so niedrig sind. Aber er wird auch extrem verletzlich, wenn ein Vertrauensverlust eintritt und die Zinsen steigen.

SZ: Also doch eine Warnung vor dem Staatsbankrott?
Rogoff: Ja. Wenn wir uns zu sehr kurzfristig verschulden, kann dies in einem Bankrott enden. Die USA haben dies schon erlebt. 1933 wurde der Goldpreis von 20 auf 35 Dollar heraufgesetzt. Das war nichts anderes als ein Staatsbankrott. Es ist dumm zu glauben, dies könne sich nicht wiederholen.

SZ: Und wie sieht es in Europa aus?
Rogoff: Es gibt eine Reihe gefährdeter Länder. Ich sehe keine un-

mittelbare Gefahr, aber auf mittlere Sicht liegt das Risiko, dass ein oder zwei mittel- oder osteuropäische Länder den Staatsbankrott erklären, bei über 50 Prozent. Und es ist sogar eine Möglichkeit für Irland, Griechenland und Österreich.

SZ: Österreich? Meinen Sie das ernst?
Rogoff: Wenn ein osteuropäisches Land sich für zahlungsunfähig erklären sollte, würde dies in Österreich eine große Finanzkrise auslösen.

2. Die Theorie des Wachstums

Das Münzgeld

Bevor es Münzen gab, dienten Schmuck aus Gold und Silber, aber auch Nutztiere oder Lebensmittel zum Tausch. Mit den ersten Münzen zahlten die Lyder um 650 vor Christus. Die Griechen prägten einhundert Jahre später die ersten Silbermünzen. Sie erleichterten den Handel erheblich, weil sie nicht verdarben und ähnlich groß und schwer waren. Ihr Wert entsprach dem Edelmetall, aus dem sie gemacht waren.

Auf der Suche nach der Zauberformel

Die meisten Menschen hoffen, dass die Wirtschaft bald wieder zulegt. Doch Kritiker glauben: Lebensqualität bemisst sich nach anderen Maßstäben.

Von Björn Finke

Siebzehnmal nutzt sie das Wort in ihrer Rede. Sie erklärt es zum Ziel ihrer Arbeit, sie stellt es als Fundament für ein gutes Leben dar: Wachstum ist einer der zentralen Begriffe in der Regierungserklärung, die Kanzlerin Angela Merkel im Herbst 2009 vor dem Bundestag abgibt. Es war die erste Regierungserklärung der neuen Koalition. Und das erste Großvorhaben von Schwarz-Gelb ist das Wachstumsbeschleunigungsgesetz, das die Konjunktur ankurbeln soll. Wirtschaftswachstum ist der neuen Regierung offenbar ziemlich wichtig.

Doch im Jahr 2009 herrscht wegen des herben Abschwungs noch vor, was manche Volkswirte als „negatives Wachstum" bezeichnen – andere Menschen sagen dazu schlicht Schrumpfen: Das Bruttoinlandsprodukt, der Wert aller in Deutschland hergestellten Güter und erbrachten Dienstleistungen, legt nicht zu, sondern wird im Vergleich zum Vorjahr um fünf Prozent kleiner. Auf diese Messgröße, kurz: BIP, schauen die Politiker, wenn sie von der Leistungskraft und dem Wohlstand einer Volkswirtschaft sprechen; diese Messgröße, die nicht unumstritten ist, soll, bitte schön, wachsen.

Das Minus 2009 ist der heftigste Einbruch seit dem Zweiten Weltkrieg in Deutschland, das weltweite BIP nimmt ebenfalls ab, erstmals seit Kriegsende. Im Jahr 2010 soll es aber bergauf gehen. Das ist eine gute Nachricht für jene, die glauben, dass die Wirtschaft unbedingt wieder wachsen muss. Also beispielsweise für die Kanzlerin. Allerdings gibt es auch kritische Stimmen. Stimmen, die fragen, wozu eigentlich die Wirtschaft eines reichen Landes in Zeiten von Klimawandel, weltweiter Umweltverschmutzung und knappen Rohstoffen noch größer werden muss.

Zu diesen Skeptikern gehören Menschen, mit denen Angela Merkel ab und an zu tun hat. Etwa der Bundespräsident. „Wir können uns nicht mehr hauptsächlich auf wirtschaftliches Wachstum als Problemlöser und Friedensstifter in unseren Gesellschaften verlassen", sagte Horst Köhler im März 2009 bei seiner Berliner Rede. Auch Merkels Klimaberater Hans Joachim Schellnhuber zeigt sich kritisch: „Immer mehr Güter produzieren und konsumieren, das ist auf Dauer nicht möglich auf einem begrenzten Planeten", sagt der Direktor des Potsdam-Instituts für Klimafolgenforschung.

Tatsächlich hat es für die Umwelt ihr Gutes, wenn die Wirtschaftsleistung weltweit zurückgeht statt wächst: Es wird weniger Kohlendioxid durch das Verbrennen von Öl, Gas und Kohle freigesetzt. Kohlendioxid ist eines jener Gase, die das Klima aufheizen und so die Polkappen abschmelzen lassen. Die Wirtschaftskrise ist demnach zumindest für Eisbären und die Bewohner von Inselstaaten wie den Malediven ein Grund zur Freude. Doch wie wirkt sich Wachstum – und sein Fehlen – auf die Bürger in Deutschland aus? Ist Wachstum wirklich nötig? Macht es glücklich?

Das deutsche Bruttoinlandsprodukt betrug 2008 etwa 2500 Milliarden Euro oder 30 392 Euro pro Einwohner. Das verfügbare Netto-Einkommen lag im Durchschnitt bei 18 974 Euro. Im Laufe des Jahres 2009 fiel das BIP um fünf Prozent. Klingt nicht dramatisch: Man sollte meinen, dass in einem reichen Land die meisten auf fünf Prozent ihres Wohlstands verzichten können, zumal den knuffigen Eisbären und dem Rest der Natur damit ein wenig geholfen wäre.

Diese Argumentation übersieht jedoch, dass die fünf Prozent extrem ungleich verteilt sind. Wer in der Krise den Job verliert und sein Haus nicht mehr abbezahlen kann oder wer sein Familienunternehmen an die Wand fährt, büßt beträchtlich an Wohlstand ein. Der Stellenmarkt reagiert mit Verzögerung auf die konjunkturelle

Entwicklung – deshalb und wegen der Kurzarbeiterregelung ist die Arbeitslosigkeit kaum gestiegen. Doch könnte sich das ändern. Wer hingegen einen sicheren Job hat, vielleicht Beamter ist, muss sich keine Gedanken machen. Ein weiteres Problem: Wirtschaft ist zu 50 Prozent Psychologie, wie es der Vater des Wirtschaftswunders, Ludwig Erhard, formuliert hat. Schrumpft die Wirtschaft, kann Angst um sich greifen und den Abschwung verschärfen. Die Bürger halten ihr Geld zusammen, Firmen schrecken vor jeder Investition zurück. So spart sich die Volkswirtschaft immer tiefer in die Krise.

Ein Zurückgehen der Wirtschaftsleistung ist also riskant – aber reicht einem wohlhabenden Land nicht Stillstand? Auch das wäre mit Verzicht verbunden, mit Verzicht auf die Vorteile des Wachstums: Wirtschaftswachstum heißt schließlich, dass die Unternehmen mehr produzieren oder mehr Dienstleistungen erbringen. Die Kunden zahlen dafür, weil ihnen die Ware oder der Service nutzt. Bei den Firmen steigen die Gewinne, was Investitionen ermöglicht, etwa in Fabriken, die weniger Schadstoffe in die Luft blasen. Wachstum bedeutet ja nicht automatisch, dass mehr Energie verbraucht und die Umwelt stärker belastet wird. Wenn Kunden alte Kühlschränke abwracken und stromsparende kaufen, wenn Betriebe die Gewinne daraus in umweltfreundlichere Werke investieren, fließt das ebenfalls ins Bruttoinlandsprodukt ein.

Außerdem benötigen die Unternehmen für ihr Wachstum zusätzliche Beschäftigte. Das senkt die Arbeitslosigkeit und erhöht tendenziell die Löhne. Die Wirtschaftsleistung muss dafür allerdings schon mit etwas Tempo zunehmen. Denn die Firmen werden von Jahr zu Jahr effizienter. Sie können die gleiche Menge Waren mit weniger Mitarbeitern herstellen. Wächst die Wirtschaft zu langsam oder stagniert sogar, gibt es nicht mehr genug zu tun: Die Arbeitslosigkeit steigt. In Deutschland liegt die Beschäftigungsschwelle – die Wachstumsrate, von der an Stellen entstehen und nicht mehr wegfallen – bei etwa einem Prozent.

Wachstum heißt also mehr Konsum, mehr Jobs, mehr Einkommen. Kein Wunder, dass Politiker wie Angela Merkel diesem Ziel anhängen. Noch aus einem weiteren Grund muss ihr daran gelegen sein, dass die Wirtschaftsleistung stetig zunimmt: Nur wenn der Kuchen größer wird, kann man den einen ein Stück geben, ohne anderen eines wegzunehmen. Regierungen, die Steuergeschenke machen oder in Bildung investieren wollen, sind auf Wachstum – und damit höhere Steuereinnahmen – angewiesen, falls sie nicht an anderer Stelle sparen möchten. Und ohne Wachstum wird es sehr schwer, in Zukunft einen Kampf der Jungen gegen die Alten zu verhindern. In einer Gesellschaft, in der immer weniger Arbeitnehmer für immer mehr Rentner aufkommen, wird eine Gruppe herbe Einschnitte akzeptieren müssen, wenn der Kuchen nicht größer wird.

Wachstum macht das Regieren demnach einfacher. Und wirtschaftliche Schwierigkeiten bringen die Politik schnell in Bedrängnis. Benjamin Friedman, Ökonom an der Universität Harvard, hat in seinem neuesten Buch untersucht, wie sich Wachstum auf die Politik, das soziale Gefüge und die Moral auswirkt. Er kommt zum Schluss, dass Wachstum Toleranz, Fairness und Demokratie fördert. Geht es wirtschaftlich bergab, seien diese positiven Eigenschaften von Gesellschaften oft in Gefahr. Daher sei auch Wachstum moralisch wertvoll – diejenigen, die den Verzicht auf Wachstum predigen, um die Umwelt zu schonen, hätten die Moral nicht gepachtet. Friedman glaubt sogar, dass die Wirtschaft allgemein noch zu langsam wächst, berücksichtigt man die positiven Nebeneffekte.

Doch selbst falls Wohlstand toleranter machen sollte – viel zufriedener macht er nicht. Das zeigen Untersuchungen aus dem jungen Forschungszweig der Glücksökonomie. Zwar sind in einem Land reiche Menschen Umfragen zufolge glücklicher als arme, wenn man die Ergebnisse in einem Jahr vergleicht. Aber über den Zeitverlauf betrachtet steigt die durchschnittliche Zufriedenheit in entwickelten Staaten wie Deutschland kaum, obwohl das Bruttoinlandsprodukt in den vergangenen Jahrzehnten ordentlich zugelegt hat. Die Deutschen sind heute so glücklich wie in den siebziger Jahren. Dabei können sich die meisten – selbst sozial Schwache – nun Küchengeräte, Musikanlagen und Fernseher mit einem Komfort leisten, der vor 35 Jahren unvorstellbar war. In armen Ländern hingegen erhöhen Zuwächse beim Durchschnittseinkommen weiterhin die Zufriedenheit. Materielle Verbesserungen verlieren offenbar erst dann ihre Wirkung auf das Glücksgefühl, wenn ein gewisses Wohlstandsniveau überschritten ist.

Dass in reichen Staaten mehr Einkommen nicht fröhlicher macht, liegt laut Studien daran, dass sich die Freude über Lohnsteigerungen und tolle Anschaffungen bald abnutzt. Die Bürger gewöhnen sich daran und schrauben ihre Ansprüche hoch. Zudem ist Menschen der Vergleich mit anderen wichtig. Der Australienurlaub wird gleich schöner, weiß der Fernreisende, dass sich die Nachbarn bloß Ferien im Schwarzwald leisten können. Steigt der Wohlstand eines Arbeitnehmers jedoch über die Jahre im Gleichschritt mit dem der anderen, verbessert das seine Position in der Gesellschaft nicht: Er wird auch nicht zufriedener.

Die meisten Menschen überschätzen die Wirkung von Materiellem, sie halten Einkommen für zu bedeutend. Deshalb arbeiteten sie zu viel und verpassten frohe Momente mit Freunden und Familie, meint der britische Glücksökonom Richard Layard. Er fordert höhere Steuern, damit sich Arbeit weniger lohnt. Der Staat soll die Menschen zu ihrem Glück zwingen und das Wirtschaftswachstum, das ohnehin nicht zufrieden macht, ruhig kleiner ausfallen lassen.

Bruno Frey, einer der Pioniere der Glücksökonomie von der Universität Zürich, sieht diesen Ansatz aber „mit Schaudern". „Wir brauchen keine Glücksdiktatur", sagt er. „Die Politik sollte besser die Grundlagen dafür schaffen, dass die Leute nach ihrer Fasson glücklich werden können." Tatsächlich hätten reiche Länder keine hohen Wachstumsraten mehr nötig. Wichtig sei es jedoch, einen befriedigenden Arbeitsplatz zu haben, erklärt er. Ein Verlust des Jobs mache auf der anderen Seite sehr unglücklich. „Wir brauchen qualitatives Wachstum", sagt Frey. „Wachstum, das für befriedigende Jobs sorgt und die Umwelt schont."

Für die Politik ist das die große Herausforderung: die Rahmenbedingungen so zu setzen, dass die Wirtschaft weiter leicht wächst und die Stellen damit sicher sind, aber dies auf umweltverträgliche Weise geschieht. Wachstum sollte also eher aus der Fertigung von Ein-Liter-Autos herrühren als aus der spritschlürfender Großraumlimousinen. Auch Angela Merkel spricht in ihrer Regierungserklärung von nachhaltigem Wachstum. Das Wortpaar taucht einmal auf.

Zwei Zahlen, ein Wert

In Wiesbaden ermitteln Volkswirte des Statistischen Bundesamts alle Vierteljahre die deutsche Wirtschaftskraft. Einfach ist das nicht. Die Berechnung hat ihre Tücken.

Von Markus Zydra

Norbert Räth nippt an einer unbedruckten Kaffeetasse. Das ist bemerkenswert, denn vor einiger Zeit drehte ein TV-Team hier im Statistischen Bundesamt einen Film, und der Kameramann konnte sein Glück kaum fassen. In einem Büro der Behörde mit 2700 Mitarbeitern erspähte er eine Tasse, auf der stand: „Ich will hier raus!" Das tat dem Film wohl ziem-

Statistisches Bundesamt, Gruppe III A, Fachgebiet: Entstehung des Inlandsprodukts. Es tagen: Referatsleiter Stefan Hauf, Gruppenleiter Norbert Räth sowie die Referatsleiterin Tanja Mucha (von links).

lich gut, und die Behörde musste mit der Posse leben. Der Medienverantwortliche des Hauses berichtet augenzwinkernd, dass er seit diesem Ereignis immer unauffällig darauf achtet, aus welchem Porzellan getrunken wird, wenn sich Besuch ankündigt. So auch an diesem Tag.

Aber Räth macht keinesfalls den Eindruck, als ob er jemals hier raus wollte, und das nach 28 Jahren. Dieser Mann mit dem grauen Haar und der Lesebrille auf der Nase wirkt wie ein standesbewusster Diplom-Volkswirt, der einem Ethos folgt, dem der Redlichkeit. Das wird deutlich, als er von der größten Frustration bei der Berechnung des Bruttoinlandsprodukts (BIP) berichtet. Es geht hier um das Phänomen der zwei BIPs, das bei den Kalkulationen immer wieder zu bewundern ist. Und zwar jedes Quartal und jedes Jahr. Es klingt verrückt: Alle Welt erwartet ein BIP, doch Räth und seine Kollegen ermitteln zwei verschiedene Zahlen. Warum? Weil sie das BIP nach zwei verschiedenen Methoden berechnen. Einmal wird der Konsum gemessen, einmal die Produktion. „Beide BIP-Zahlen müssen eigentlich übereinstimmen, doch das tun sie aufgrund der unterschiedlichen Datenlage und Messfehler nie", sagt Räth, tapfer lächelnd, sind doch Ungenauigkeiten für Statistiker eine Katastrophe. „Natürlich könnten wir einfach den Mittelwert nehmen und fertig", sagt Räth. Doch man sieht ihm an, dass das hier nicht gemacht wird.

Räth schaut aus seinem Büro hinaus auf das Fußballstadion des SV Wehen Wiesbaden, nach innen ermöglicht ihm eine Glaswand den Blick auf die neue Kaffeetheke. An der Bürowand hängt eine weiße Tafel. Zwei Worte stehen da: die Abkürzung „VGR" für „Volkswirtschaftliche Gesamtrechnung". Darunter das Wort „Realität". Räth fährt mit dem Finger von unten nach oben, um seine Aufgabe zu beschreiben. Hier sind die 80 Millionen Deutschen – das ist die Realität. Auf der anderen Seite sind die Leute von der Abteilung VGR, die messen, was die Menschen ökonomisch so leisten.

„Das Bruttoinlandsprodukt misst die Leistung eines Dritten gegen Geld", erklärt Räth. Diese Definition hat einige umstrittene

Konsequenzen. Wenn die Ehefrau umsonst die Kinder betreut, zählt es nicht zum BIP. Wenn es die entlohnte Tagesmutter tut, dann schon. Räth zählt mit, wenn die Tabakindustrie Zigaretten verkauft. Und er addiert die Leistungen der Ärzte, die den Lungenkrebskranken später zu heilen versuchen. Viele Kritiker sagen, das BIP müsste die Tabakwertschöpfung mit den Krankheitskosten verrechnen, nur so würde deutlich werden, dass Wachstum nicht unbedingt Wohlstand bedeute. Räth versteht die Kritik, will sie aber in seine Arbeit nicht einfließen lassen. „Wir haben da ein Interpretationsproblem, das BIP ist kein Wohlstandsindikator." Dumm nur, dass die meisten Menschen es dafür halten. Aber Räth sagt, das BIP sei eine Wirtschaftsbilanz, man könne zusätzlich eine Ökobilanz, eine Gesundheitsbilanz oder Glücksbilanz erstellen – nur vermengen dürfe man das alles nicht.

Man merkt: Räth nimmt seine Aufgabe sehr ernst. Das tun auch seine Kollegen. Zwei treffen wir in Räths Büro am Konferenztisch, auch sie trinken Kaffee aus unbedenklichen Tassen. Es sind Stefan Hauf, jugendlicher Typ, schlank, seit 17 Jahren dabei. Und Tanja Mucha, seit fünf Jahren im Dienst. Mucha kann wunderbar nachsichtig lächeln, wenn der Besucher bei seinen Fragen manches durcheinander bringt.

Die drei obersten Buchführer Deutschlands sagen, dass sie ihren Job mögen, sehr sogar. Ihre Abteilung gilt intern als „Bundesliga". Nicht, weil die 110 Experten dort besser arbeiten als die anderen 2590 Kollegen im Amt. Nein, der entscheidende Grund lautet: Diese mit Nachkommastelle publizierte Prozentzahl entfaltet ungeheure Außenwirkung. Das BIP beeinflusst die Börse und ist wichtig für die EU-Obergrenze der Staatsverschuldung. Es interessiert Politiker, Wissenschaftler, Finanzjongleure, Medien.

„Die Aufmerksamkeit für das BIP ist schon wahnsinnig", sagt Räth. Doch er intoniert das Wort „wahnsinnig" nicht so, als dass man Begeisterung heraushören könnte. Er scheint es nahezu wörtlich zu meinen. Die Welt außerhalb der Behörde überschätzt die Relevanz der Wachstumszahl ein wenig. Dabei ist die BIP-Zahl zunächst nicht mehr als eine fundierte Schätzung. „Die mögliche

Abweichung beträgt im Durchschnitt 0,5 Prozentpunkte", sagt Tanja Mucha. Das bedeutet: Wenn die Experten ein Wachstum von 2,0 Prozent veröffentlichen, dann könnten es in Wirklichkeit auch 1,7 Prozent oder 2,2 Prozent sein.

Die große Aufmerksamkeit auf das BIP bezeichnet Räth deshalb als „eine Art Ritual", das es so früher nicht gab. Vieles hat sich verändert. Die Etage mit der Kaffeetheke in der Mitte wurde komplett umgebaut, nur der Paternosteraufzug überlebte. Auch die Datenerfassung hat sich über die Jahre verändert. Komplizierte Rechenprogramme speichern und verwursten die Zahlenkolonnen, um das unbefriedigende Endergebnis auszuspucken: zwei BIP-Zahlen. Dann sitzen sie hier am Konferenztisch, Räth und die Kollegen. Sie haben alles ausgedruckt und machen aus zwei Zahlen eine. Mit Verstand, Bleistift und Taschenrechner. „Schließlich legen wir die verbindliche BIP-Zahl fest", sagt Räth. Einfach so.

Der Traum vom Pionierunternehmer

Der Ökonom Joseph Schumpeter glaubte fest daran, dass jeder Krise schon bald wieder ein kräftiger Aufschwung folgt. Ein Irrglaube?

Von Karl-Heinz Büschemann

Die Welt steckt in einer Krise, doch was soll die Welt aus dieser Krise lernen? Liegt in diesem Niedergang vielleicht auch etwas Gutes, weil dies zugleich ein neuer Anfang ist? Mit dem normalen Auf und Ab der Konjunktur hat der tiefe Einbruch der Weltwirtschaft von 2009 jedenfalls nichts zu tun. Volkswirtschaften stürzen ab, Regierungen greifen in die Wirtschaft ein, wie es zuvor nie denkbar gewesen wäre. Gleichzeitig suchen Bürger, Politiker und Medien die Verantwortlichen für die Katastrophe. Mal sind die Investmentbanker schuld. Andere finden, die Regierungen seien schuld. Denn sie hätten den Finanzsektor nur mangelhaft reguliert. Wieder andere haben die Zentralbanken als Fehlerquelle ausgemacht. In der Krise wimmelt es nur so von Sündenböcken.

Angesichts dieser Verwirrung tut es gut, wenn man auf einen Theoretiker zurückgreifen kann, der vielleicht einen Ausweg aus der Krise versprechen könnte: Josef Schumpeter, geboren 1883 in Triesch in Mähren, das damals zu Österreich-Ungarn gehörte; gestorben 1950 in Taconic im US-Bundesstaat Connecticut. Der Ökonom lehrte unter anderem an den Universitäten Graz, Bonn und Harvard und diente kurze Zeit als Staatssekretär für Finanzen der Republik Österreich.

Was Schumpeter sagte, klingt heute so schön, dass man wünscht, der Österreicher hätte recht. Bei ihm erscheinen die schrecklichsten

Dinge positiv, einen langen, dauerhaften Niedergang der Wirtschaft hielt er nicht für möglich. Den Zusammenbruch von Firmen in einer Krise nannte er „schöpferische Zerstörung", die Unternehmer bezeichnete er als „dynamisch". Die Krisen des Kapitalismus schaffen, so urteilte er, nichts anderes als die Basis für einen neuen Aufschwung. Sie würden überwunden, weil innovative Unternehmer die Wirtschaft voranbringen. Schöner geht es nicht.

Kann dieser optimistische Mann in der heutigen Misere Hoffnung geben? Kann er uns helfen, etwas Zuversicht zu gewinnen?

Von Schumpeters wichtigsten Werken, der *Theorie der wirtschaftlichen Entwicklung* von 1912 und *Kapitalismus, Sozialismus und Demokratie* von 1942, sind meist nur wenige Schlagworte allgemein bekannt, aber dieser Ökonom hat vieles, was Konjunkturen und Krisen der Marktwirtschaft ausmacht, zutreffend beschrieben. Schumpeter hat auch erklärt, wie ökonomische Blasen entstehen können und wie ihr Platzen zu gefährlichen Abstürzen führen kann. Wie die Große Depression der 30er Jahre wurde auch die jetzige Weltwirtschaftskrise durch das Platzen einer Immobilienblase in den USA befördert. Insofern erscheinen Schumpeters Erklärungen für die heutigen Abläufe durchaus modern, und manche, die nun auf einen neuen Aufschwung hoffen, sehnen auch jetzt den alten Denker zurück.

Schumpeter war der Meinung, dass sich vieles im Konjunkturverlauf von selbst regeln würde – ohne staatliche Eingriffe, ohne milliardenschwere Ausgabenprogramme, ohne eine interventionistische Politik. Die Unternehmer würden es richten, glaubte er. Deshalb wird der Wirtschaftswissenschaftler, der in Wien habilitierte, dem damals führenden Ökonomen-Zentrum der Welt, von frustrierten Managern gern zitiert. Sie verweisen auf ihn, wenn sie dem Staat und seinen Politikern vorhalten, sie mischten sich zu sehr in die Belange der Wirtschaft ein. Sie verweisen auf ihn, wenn das Image von Unternehmern und Managern mal wieder mies erscheint.

Keiner der großen Ökonomen hat ein so elitär-positives Bild vom Unternehmer wie Schumpeter. Dem Unternehmer gelingt es demnach, neue Dinge zu produzieren oder bekannte Dinge neu herzustellen. Er ist kreativ, schafft Innovationen und bringt damit die Wirtschaft in Gang. Der Pionierunternehmer verbreitet neue Produkte und verdrängt damit die etablierten Anbieter vom Markt. Das ist „schöpferische Zerstörung". Der Pionierunternehmer erzielt zugleich hohe Gewinne, sogenannte Monopolrenditen. Diese üppigen Renditen wiederum locken andere an, die die Produkte des Pionierunternehmers nachmachen und sie verändern. Irgendwann ersticken die Märkte unter den vielen neuen Waren. Die Konjunktur bricht ein, bis der nächste Prozess der schöpferischen Zerstörung einsetzt, bis die nächsten Pionierunternehmer kommen und damit der nächste Aufschwung beginnt.

Schumpeter hat eine optimistische Sicht der Dinge. Bei ihm ist selbst die Begründung für den wirtschaftlichen Absturz positiv. Der Augsburger Professor Horst Hanusch interpretiert den Ökonomen so: „Der Kapitalismus kommt bei ihm wegen seines eigenen Erfolges in Schwierigkeiten, nicht wegen seines Misserfolges." Viele Wirtschaftswissenschaftler sehen dies anders als Schumpeter, so auch sein berühmter Kollege John Maynard Keynes.

Für Schumpeter ist die Pleite eines Unternehmens kein Zeichen von Schwäche, sondern der Ausweis einer starken Wirtschaft. Wohl deswegen wurde auch Schumpeters Stärke zu seiner größten Schwäche: Er geriet in die Defensive, weil er hinter der konjunkturellen Krise fast ausschließlich den positiven Effekt sah. Manche hielten ihm vor, er verharmlose die Krise. Stattdessen wurden die Lehren von Keynes, der im gleichen Jahr geboren wurde, zur herrschenden Meinung von Ökonomen wie Politikern auf der ganzen Welt. Schumpeter blieb bis heute im Schatten des britischen Kollegen und litt unter der Rivalität.

Schumpeters Problem bestand darin, dass er sich für die politischen Folgen seiner Theorie kaum interessierte. Niemand hat es je gewagt, seine Lehre in Reinform auf eine Gesellschaft anzuwenden. Keine Regierung hat bisher den Ehrgeiz, zu beweisen, dass eine Konjunktur auch noch durch das tiefste Tal gehen muss, bis die richtigen Unternehmer das Heft wieder in die Hand nehmen und den nächsten Aufschwung bringen.

In der Demokratie sind viele Dinge nicht tragbar, die ein liberaler Ökonom für richtig hält. Das wahrscheinlich einzige Beispiel aus der Geschichte, in der ein ganzes Land zum Experimentierlabor für extrem liberale Wirtschaftspolitik wurde, war bisher das südamerikanische Chile. Dort hatten Mitte der siebziger Jahre die berüchtigten Chicago-Boys dem reinen Marktgedanken mit seiner zerstörerischen Wucht zum Durchbruch verholfen. Es war eine Schar von Ökonomen, die bei dem berühmten, liberalen Chicagoer Ökonomen und späteren Nobelpreisträger Milton Friedman in die Schule gegangen waren. Sie stürzten das Land in eine Krise und in schreckliche Armut, doch heute ist die Andenrepublik ein passabel prosperierendes Land. Dieses radikale Vorgehen konnte aber nur funktionieren, weil Chile damals eine der brutalsten Diktaturen der Welt war, die Menschenrechte missachtete und Kritiker tötete. Ein komplett liberaler Markt verträgt sich nicht mit der Demokratie. Er trägt soziale Verwerfungen in die Gesellschaft, die unmenschlich sein können.

Eine Krisenwirtschaft sich selbst zu überlassen ist schon seit der New-Deal-Politik des amerikanischen Präsidenten Franklin D. Roosevelt im Jahr 1933 nicht mehr denkbar. Dieser griff auf die Lehren von Keynes zurück, der nichts Unanständiges daran fand, wenn Regierungen selbst ins wirtschaftspolitische Geschehen eingreifen. Es sollte für einen Staat nicht mehr reichen, allein mit den Mitteln der Zentralbank und der Fiskalpolitik den Ablauf der Wirtschaft zu beeinflussen. Keynes galt in der politisch-wirtschaftlichen Praxis lange als der überlegene Theoretiker.

Schumpeter ist im Laufe seines Lebens selbst zu der Überzeugung gekommen, dass sein Modell nicht der Realität entsprach. Die notwendige Innovationsfähigkeit von Unternehmern könne leiden, wenn ihnen zu viele Risiken abgenommen würden. So hielt er die zunehmende Vermachtung der Wirtschaft in Konzernen für problematisch. Sie könnten sich Fehler leisten, ohne dafür bestraft zu werden: „Der Misserfolg verliert seine Gefahr."

Wahrscheinlich würde der Ökonom aus Mähren auch die heutigen Staatseingriffe zugunsten derer kritisieren, die im Marktgeschehen zum Untergang verurteilt sind. „Nein“, sagte er in seinen späteren Jahren auf die Frage, ob der Kapitalismus überleben könne, wenn seine Risiken wegfallen: „Meines Erachtens nicht.“

Die deutsche Regierung exerziert gerade beim Autohersteller Opel den politischen Regelfall durch, nämlich die Rettung eines großen Unternehmens, das andernfalls in der Pleite versinken würde. Die Angst, eine Wahl zu verlieren, bringt die Politiker zu diesem reflexartigen Verhalten. Auch US-Präsident Barack Obama wagte es nach seinem Amtsantritt Anfang 2009 nicht, die beiden amerikanischen Autokonzerne General Motors und Chrysler in die Pleite zu schicken, die nach ewigem Missmanagement unausweichlich erschien. Schumpeter würde das wohl als Fehler bezeichnen. Auch der Tübinger Ökonom Joachim Starbatty hält solche Rettungsaktionen für falsch: Konkurse müssten zugelassen werden. „Wer die schöpferische Zerstörung nicht zulässt, der schafft unwirtschaftliche Strukturen“, sagt der Experte für die Geschichte der Wirtschaftstheorie.

Vielleicht aber lässt sich doch etwas vom Schumpeter'schen Gedankenwerk in die Zukunft retten. Der Augsburger Professor Horst Hanusch, Mitgründer der Schumpeter-Gesellschaft, hält staatliche Hilfsmaßnahmen und Konjunkturprogramme, wie sie Keynes empfehlen würde, jedenfalls nicht für grundsätzlich falsch. Er glaubt sogar, man könne solche Maßnahmen auch im Sinne Schumpeters einsetzen. Hanusch plädiert dafür, staatliche Hilfen wie Steuersenkungen oder Förderungen nicht mit der Gießkanne über die Wirtschaft zu verteilen. Er würde diese gezielt auf Forschung und Technologie richten, um das zu fördern, was Schumpeter für den entscheidenden Treibstoff der Konjunktur hielt: Innovationen. „Ich empfehle Schumpeter'sches Denken“, sagt der Professor, auch wenn die Politik keynesianisch handele.

In dieser Symbiose ließen sich die beiden konträren Ökonomen des Jahrgangs 1883 doch noch versöhnen. Vielleicht sogar zum Vorteil der gesamten Volkswirtschaft.

Monsieur Cotis und seine Sorgen

Ein französischer Statistiker liest Joseph Stiglitz, bemüht sich um die Quadratur der Gerechtigkeit, und die Welt interessiert sich dafür.

Von Michael Kläsgen

Es ist nur ein Hochhaus im Süden von Paris, ein schäbiges dazu. Niemand käme darauf, dass hier der Aufbruch wohnt. Doch dann trifft der Besucher Jean-Philippe Cotis. Cotis leitet das Statistikamt Insee, und er hat die Rede seines Staatspräsidenten noch im Ohr. Was nicht verwundert, denn Cotis hat die Vorarbeit geleistet. Er saß ganz vorn, als Nicolas Sarkozy im September 2009 im pompösen Amphitheater der Sorbonne-Universität dazu aufrief, den überall auf der Welt geltenden Wohlstandsindikator Bruttoinlandsprodukt, kurz BIP genannt, zu ergänzen.

Auf der Suche nach der Lebensqualität: Der Chef des französischen Statistikamts Insee, Jean-Philippe Cotis, auf dem Weg in den Elysée-Palast.

Es war Cotis, der dem frisch gewählten Präsidenten zwei Jahre zuvor die Bedeutung des Themas ins Bewusstsein gerufen hat. Jetzt machte Sarkozy daraus eine internationale Konferenz mit Wirtschaftsnobelpreisträgern unter dem Vorsitz des bekannten US-Ökonomen Joseph Stiglitz. Der legte vor laufenden Kameras aus aller Welt einen 292-seitigen Bericht vor, und Sarkozy selber brachte auf den Punkt, was in dem Bericht stand: Dass es nicht mehr angemessen sei, den Wohlstand der Nationen nur über das Bruttoinlandsprodukt (BIP), also die Summe aller produzierten

Güter und Dienstleistungen, zu messen. Sondern man müsse auch Ehrenämter, Freizeit und Hausarbeit in den Reichtum eines Landes einbeziehen und die Möglichkeit, sich politisch zu engagieren.

Cotis ist der erste Chef einer Statistikbehörde, der die Empfehlungen des Stiglitz-Berichts in die Berechnungen seines Hauses einfließen ließ. Um die Entwicklung des Lebensstandards der Franzosen zu ermitteln, nahm er in einer im November veröffentlichten Statistik auch neue Indikatoren zu Hilfe, detaillierte Daten über die Einkommensentwicklung und das Konsumverhalten der Haushalte. Das Überraschende der Studie: Die Ungleichheiten zwischen den Einkommensschichten wuchsen in manchen Jahren schneller, als es das BIP hätte vermuten lassen, weil es Zahlen vermengt und arrondiert. „Das BIP bezieht sich auf Durchschnittswerte", sagt Cotis. „Diese sind jedoch trügerisch. Sie bilden nicht zwangsläufig die reale Lebenswelt der Menschen ab." Wenn sich das Einkommen der Wohlhabenden in einer Gesellschaft stark erhöhe, das der Ärmeren aber leicht sinke, steige zwar der Durchschnittswert des Wohlstandes eines Landes und sein BIP. Vielen Einwohnern gehe es aber schlechter. In dem Moment stelle sich die Frage, inwiefern Zahlen Ungerechtigkeiten verbergen und die Realität verschleiern, obwohl sie diese eigentlich ans Licht bringen sollten.

Plötzlich wird Cotis philosophisch. Er redet von John Rawls und seiner Theorie der Gerechtigkeit, von Kants kategorischem Imperativ und dem Ursprung des moralischen Denkens bei Aristoteles. Die Pressesprecherin referiert: Der 52-Jährige hat die Kaderschmiede Ena absolviert, beim Internationalen Währungsfonds in Washington gearbeitet und war Chefökonom der OECD, bis ihn Sarkozy im Herbst 2007 zum Insee-Generalsekretär machte.

Derzeit arbeitet Cotis vor allem daran, sich mit den anderen Statistikämtern in Europa und der EU-Behörde Eurostat zu koordinieren. Darüber hinaus hat er aber wie Jean-Paul Fitoussi dafür gesorgt, dass die Suche nach dem rechten Wohlstandsindikator den engen Kreis von Statistikern verlassen und die Mitte der Gesellschaft erreicht hat. Fitoussi, Direktor des wichtigsten französischen Wirtschaftsforschungsinstituts OFCE und Vizepräsident der Stiglitz-Kommission, plaudert nun zur besten Sendezeit auf den großen Kanälen in Hörfunk und Fernsehen über die „Diktatur des Mittelwerts“ im Besonderen und die Vermessung des Glücks im Allgemeinen. Sein Buch darüber liegt derweil in den Auslagen großer Buchhandlungen. Mit einem Vorwort von Sarkozy. Es ist ein Verkaufsschlager. Die Zeitschrift *Psychologies Magazine* widmete dem „Bonheur intérieur brut“, dem „Bruttoglücksprodukt“, eine ganze Ausgabe.

Ein Besuch in der Zentrale der Organisation für wirtschaftliche Zusammenarbeit und Entwicklung (OECD) in Paris zeigt, dass die Debatte auch in den entscheidenden Gremien weitere Kreise zieht. Marco Mira d'Ercole, leitender Angestellter in der OECD-Statistikabteilung, zeigt auf dem Bildschirm seines Computers auf die Roadmap, den Fahrplan der OECD, auf den sich die 30 Industrieländer der Organisation Ende Oktober in Busan, Südkorea, festgelegt haben. Etliche Male wird darin Bezug auf den Stiglitz-Bericht genommen.

„Der Stiglitz-Bericht hat eine Welle von Initiativen ausgelöst“, sagt Mira. Die OECD will 2011 erstmals das Wohlbefinden einzelner Länder in Zahlen fassen. Laut Roadmap ordnet die OECD zunächst die Empfehlungen der Stiglitz-Kommission nach Prioritäten, entwickelt dann neue Instrumente, um das Wohlbefinden zu messen und kann dann Politikern sogar voraussagen, wie sich geplante Maßnahmen auf die Zufriedenheit der Bevölkerung auswirken. „Einen einzigen international vergleichbaren Wohlstandsindikator wird es aber wohl erst in einer Generation geben“, sagt Mira. Das BIP ersetzen soll er nicht. Der Italiener vermutet allerdings, dass die internationale Glücksforschung erneut einen Sprung machen könnte, wenn Frankreich in der zweiten Hälfte des Jahres 2010 den Vorsitz der 20 größten Industrie- und Schwellenländer (G 20) übernimmt.

Kritiker wie der Ökonom Alexander Dill aus Basel glauben zu wissen, warum das so ist. Er verweist auf die Internetseite eines US-Radiosenders, der berechnete, wie sich der Stiglitz-Bericht auf Frankreich und die USA auswirken würde. Beide würden sich im internationalen Vergleich verbessern. Sie würden sogar Dänemark überholen. Das liegt in der Glücksforschung immer weit vorne.

Zündkerze der Wirtschaft

Dampfmaschine, Eisenbahn, Elektrotechnik, Auto und Computer brachten Wohlstand. Was folgt nun? Welches ist der nächste Kondratieff-Zyklus?

Von Markus Zydra

„Ich glaube an das Pferd. Das Automobil ist eine vorübergehende Erscheinung." Mit diesen Worten legte Kaiser Wilhelm II. im Jahr 1906 Zeugnis ab über seine beschränkte Prognosefähigkeit. Man darf darüber schmunzeln, aber auch nicht zu sehr, denn sehr vielen Menschen fehlt die Phantasie, der Wille oder auch der Mut, eine technische Innovation in ihrer ganzen gesellschaftlichen und ökonomischen Dimension zu erfassen.

Wachstum und Wohlstand für die Bürger – wo steckt sie, die Zündkerze der Wirtschaft? Viele Ökonomen haben sich darüber Gedanken gemacht, und längst nicht alle Gedanken schafften es an prominente Stelle in die gängigen Lehrbücher der Universitäten. Zu den weniger bekannten Ideen gehört die Wachstumstheorie von Nikolai Kondratieff, der am 17. März 1892 in Russland geboren wurde. Seine These: Weder Staat, Arbeiter noch Banken geben den entscheidenden Impuls, sondern es sind große Erfindungen, die massive Wachstumsschübe auslösen, so massiv, dass sie jahrzehntelang Wellen schlagen und alle Bereiche des wirtschaftlichen sowie gesellschaftlichen Lebens durchdringen.

Kondratieffs Wellen haben nichts mit den normalen Konjunkturzyklen zu tun, die jede Marktwirtschaft regelmäßig durchläuft. Aufschwung, Boom, Abschwung und Depression, dieser konjunkturelle Vierklang ergibt sich aus dem Überschwang der Gefühle, wenn Arbeitnehmer in der Boomphase höhere Gehälter fordern und Unternehmen anfangen, unüberlegt zu investieren. Dann steigt die Inflation und in der Folge steigen die Zinsen, was den Abschwung einleitet.

Kondratieffs Zyklen beginnen hingegen mit einer Basisinnovation, einer Erfindung, die im wahrsten Sinne des Wortes alles in der Welt verändert, ein Prozess, der sich über 50 Jahre hinziehen kann. Eine solche Basisinnovation war auch das von Kaiser Wilhelm II. so unterschätzte Automobil. Die höhere Mobilität der Menschen brachte Zeitersparnis, mehr Güter konnten abgesetzt werden, die Produktivität stieg. Zudem entstanden Autowerkstätten, der Wissensbedarf in der Autoindustrie nahm zu, das Bildungsniveau der Gesellschaft wuchs.

Das Auto löste eine Kettenreaktion ökonomischer und gesellschaftlicher Veränderungen aus, über Urlaubsreisen bis hin zum Liebesleben mancher Jugendlicher. Innovationen dieser Art prägen ganze Generationen von Menschen. Kondratieff sagte, es komme regelmäßig zu solch großen Erfindungen – und zwar immer dann, wenn den Menschen etwas Entscheidendes fehlt, wenn etwas spürbar knapp wird.

Die Dampfmaschine etwa, um schneller, besser und vor allem mehr produzieren zu können. Niemand konnte prognostizieren, dass James Watt 1769 eine hochentwickelte Dampfmaschine patentieren würde – aber eine Erfindung dieser Art lag sozusagen in der Luft. Unternehmer brauchten damals unbedingt mechanische Kraft für Spinnräder und um Bergwerke zu entwässern, mehr Kohle zu fördern, mit dampfgetriebenen Blasebälgen höhere Temperaturen im Hochofen zu erzeugen, um dadurch mehr und edleres Eisen zu erhalten. Dieselbe umwälzende Wirkung wie der Dampfmaschine sprach Kondratieff auch der Eisenbahn zu, die eine bis dahin unvorstellbare Transportdynamik ins Wirtschaftsleben brachte.

Warum waren diese Erfindungen seiner Meinung nach so entscheidend? Weil sie Produktivitätsschübe auslösten. Die Eisenbahn hat nicht deshalb für Wachstum gesorgt, weil in die Schienenproduktion und damit in die Stahlindustrie investiert wurde, sondern weil die Fahrt von Chicago nach New York statt drei Wochen nur noch drei Tage dauerte. Lieferzeiten verringerten sich dramatisch, und die eingesparte Zeit, in der Menschen zusätzlich arbeiten konnten – das, so Kondratieff, sei reales Wachstum und bringe zusätzlichen Wohlstand.

Der Ökonom Joseph Schumpeter hat diesen langen Wellen den Namen „Kondratieff-Zyklen" gegeben. Es gibt nach vorherrschender Meinung bislang folgende fünf Zyklen: 1800 bis 1850 die Dampfmaschine, 1850 bis 1900 die Eisenbahn, 1900 bis 1950 die Elektrotechnik, 1950 bis 1990 das Automobil und seit 1990 der Zyklus der Informationstechnik mit Digitalisierung, Mobiltelefon und Internet. Natürlich verlaufen diese Zyklen nicht so schnörkellos wie eine Sinuskurve, die Zeitperioden dieser Basisinnovationen überlappen sich.

Kondratieff selbst hat zwei Zyklen erlebt, das reichte ihm, um aus diesem langen Auf und Ab der Weltwirtschaft abzuleiten, dass der Kapitalismus nicht zwangsläufig zusammenbrechen muss. Auf eine Depression folge immer auch wieder die Euphorie. Doch solche Thesen passten nicht in die Welt des russischen Diktators Josef Stalin. Kondratieff wurde 1938 von einem Moskauer Militärtribunal zum Tode verurteilt. Den Durchbruch der Informationstechnik konnte damals noch niemand ahnen. Computerchips revolutionierten erst die Möglichkeiten des Militärs, dann die Industrie, dann den Privatkonsum mit PC und Mobiltelefon. Und auch hier gilt: Nicht die Handygebühren bringen den großen Wachstumsschub, sondern die neugeschaffene Möglichkeit, vieles unterwegs gleichzeitig zu erledigen, um damit produktiver und effizienter zu arbeiten.

Jetzt, mitten in der Krise, stellt sich die Frage nach der nächsten Kondratieff-Welle. Was fehlt uns derzeit, woran mangelt es in unserer Ökonomie? Welche bahnbrechende Innovation könnte den neuen Wachstumszyklus auslösen? Die Antwort mag überraschen. „Gesundheit und Sozialverhalten sind die nächste Knappheitsgrenze in der Gesellschaft", sagt Erik Händeler. Der 40-jährige Ökonom untersucht seit seiner Studienzeit die Konsequenzen der Kondratieff-Theorie, etwa im Buch *Die Geschichte der Zukunft*. Darin führt er die Gedanken von Leo Nefiodows „Der sechste Kondratieff" weiter. Viel mehr gibt es in deutscher Sprache nicht zu diesem Thema.

Gesundheit – ein großer Mangel? Bei uns? Man ist zunächst verdutzt angesichts der Diagnose, aber Mobbing, Magengeschwüre, Depressionen sind Teil unserer Arbeitswelt. Mediatoren, Trainer, Coaches – das alles sind Experten, die innerhalb von Betrieben den grassierenden Zank schlichten. Deren Zahl ist enorm gewachsen. „Die Reibereien und Belastungen in den Konzernen nehmen zu, das schadet der Produktivität", sagt Händeler. Seiner Meinung nach geht es darum, wie wir in der heutigen Informationsflut das Wissen finden, das wir brauchen, um unser Problem zu lösen. Dabei seien wir zunehmend auf das Wissen anderer Menschen angewiesen, aber die Zusammenarbeit ist zu schlecht, weil wir noch zu statusorientiert denken.

„Wir verschleudern Wissen in den Betrieben, wenn wir beispielsweise auf die Geschlechter keine Rücksicht nehmen", sagt Händeler. Frauen und Männer seien im Gehirn unterschiedlich verdrahtet, das hätten Neurowissenschaftler gezeigt. „In der Industrieproduktion war das egal", sagt der Ökonom. „Aber in der Wissensgesellschaft spielt das eine entscheidende Rolle." Es gehe auch um Konfliktfähigkeit im Team. „Wenn Sie einen haben, der psychisch auffällig ist, dann kann das die Produktivität des ganzen Teams lahm legen", erläutert Händeler.

Die Welt erlebt somit einen Mangel in völlig neuer Gestalt: Bislang ging es in der Entwicklungsgeschichte um materielle Entwicklung und Perfektion, also Technologie. Der Wohlstand der Zukunft hängt nun von der Kultur unseres Zusammenlebens ab. Entscheidend ist, wie wir miteinander umgehen. Das klingt eigentlich sehr einleuchtend, dennoch halten viele Wissenschaftler Kondratieff für sehr esoterisch. Die Endzeitstimmung, ausgelöst durch die aktuelle Finanzkrise, hat Kondratieff aber bekannter gemacht. Sein Name fällt häufiger, wenn auch jeder etwas anderes mit ihm verbindet. Die Kondratieff-Anhängerschaft ist sich uneins.

Mancher nennt die Biotechnologie als nächsten Zyklus, mancher den Nanobereich – andere sehen hier nur parallel laufende

Nebenentwicklungen unter dem großen Dach der Gesundheitsökonomie. Es gibt auch die These, Rohstoffe seien der nächste große Mangel. Einig ist sich die Kondratieff-Gemeinde aber über die Anzeichen dafür, wann ein Technologiezyklus am Ende ist: Aktienkurse schießen dann in die Höhe, weil es im realen Leben nichts mehr gibt, wofür es sich lohnt, rentabel zu investieren. Deswegen fließt das Geld in die Spekulation, bis die Blase platzt. Der US-Ökonom Dennis Meadows geht davon aus, dass der Computerzyklus schon Ende der neunziger Jahre auslief, dann aber durch billige Kredite künstlich verlängert wurde.

Dennoch hat man das Gefühl, dass sich die Welt immer schneller wandelt, doch gilt das auch für die Kondratieff-Wellen? „Jeder kommende Struktur-Zyklus braucht mehr an Kapital, mehr an Lernaufwand und Verhaltensänderung als der vorherige Zyklus. Es muss also nicht unbedingt schneller gehen. Niemand weiß, wie die Menschen sich verhalten werden", sagt Händeler.

Glaubt man den Kondratieff-Forschern, dann steht der Gesellschaft mit der Verbesserung der Gesundheit und des Sozialverhaltens ein riesiger Fortschritt bevor. „Im sechsten Kondratieff werden Länder und Firmen erfolgreich sein, die effizient mit Wissen umgehen, weniger Ressourcen verlieren durch destruktive Streitkultur und Wichtigtuerei Einzelner", sagt Händeler. Darf man an diesen Entwicklungssprung der Menschheit glauben, angesichts der alltäglichen Lebenserfahrungen? Nein? Mag sein, aber die Geschichte lehrt, dass manche Skepsis rückblickend viel zu groß war.

„Wir werden bald ein grünes Google sehen"

Im Silicon Valley entstanden einst Unternehmen wie Apple und Yahoo. Nun setzt Amerikas wichtigste High-Tech-Region auf einen neuen Trend: Ökologie.

Von Nikolaus Piper

Scott Hoppes Geschäftsidee hat mit Nebel und dem richtigen Bewusstsein zu tun. Schon seit Hippie-Zeiten ist San Francisco eine Stadt des Umweltschutzes. Viele Einwohner würden gerne etwas fürs Weltklima tun und zu dem Zweck Solarzellen auf ihr Dach montieren. Leider sorgt aber ein kalter Meeresstrom dafür, dass die Stadt nicht nur ungewöhnlich kühl ist, sondern oft tagelang im Nebel hängt. San Francisco ist kein Platz für Solarzellen.

Solarzellen wie auf diesem Haus findet man im Silicon Valley an der amerikanischen Westküste selten, weil sich das meteorologische Klima nicht dafür anbietet. Dafür ist das Innovationsklima umso besser. Das Thema neue Energien reizt besonders viele Tüftler und Gründer.

Und genau hier setzt Hoppe mit seiner Idee an. „Wir werden eine Börse für erneuerbare Energien organisieren“, sagt der 45-jährige Umweltberater aus Mill Valley und erklärt: Im heißen und sonnigen Landesinneren, in Städten wie Fresno und Bakersfield zum Beispiel, wohnen die Leute in großen Häusern, die im Sommer klimatisiert werden müssen, was Strom, Geld und Treibhausgase kostet. Leider sind die meisten nicht besonders umweltfreundlich, und das Problem will Hoppe lösen: Er installiert zum Beispiel in Fresno eine Solarstromanlage – umsonst.

Das Geld dafür – etwa 25 000 Dollar – bekommt er von einem „Sponsor“, einem Umweltschützer, dessen Haus sich für Sonnenzellen nicht eignet. Zum Ausgleich zahlt der Mann aus Fresno einen Teil der gesparten Stromkosten als „Dividende“ an den Sponsor zurück. Und weil Solarzellen steuerlich gefördert werden, reicht es auch noch für den Organisator der Börse, Scott Hoppe.

Ob sein Modell darauf hinauslaufe, dass Progressive den Konservativen ihre Umweltmaßnahmen vorfinanzieren und damit Geld verdienen? So könne man das formulieren, sagt der Gründer. Seine Firma soll in wenigen Wochen starten und „Smart Haus Associates“ heißen, wobei „Haus“ tatsächlich deutsch geschrieben wird. „Das klingt modern und schick.“

Im Silicon Valley wurden schon immer verrückte Ideen ausprobiert. Und die Idee der „Smart Haus Associates“ entspricht ganz sicher dem Zeitgeist. Zehn Jahre nach dem Zusammenbruch der Internet-Spekulation und am Ende der schwersten Rezession seit zwei Generationen gibt es in der High-Tech-Region südlich von San Francisco einen großen Trend: „Cleantech“, saubere Technik. „Alle setzen heute auf Grünes“, sagt Stephen Levy, der in Palo Alto das kleine Center for Continuing Study of the California Economy betreibt. „Über die Hälfte allen Wagniskapitals geht heute in Umweltprojekte, bessere Stromnetze, moderne Batterien, Solarenergie.“

Von San Francisco aus gesehen ist die Wall Street sehr weit weg, nicht nur geographisch. Das Silicon Valley wird nicht von Aktionären, sondern von Wagnisfinanzierern getrieben, und die denken langfristig. Was nicht bedeutet, dass sie nicht an Rendite interessiert wären, ganz im Gegenteil. Nach einer Faustregel scheitern neun von zehn Projekten im Valley, was bedeutet, dass das zehnte ein spektakulärer Erfolg werden muss. Junge Firmen hier sind von einigen Exzessen der Finanzmärkte geschützt, aber der Schutz hat Grenzen. „Die Wagnisfinanzierer sind sehr geduldig, sie geben dir Zeit", sagt Joseph Laia, Chef der Solarfirma Miasolé in Santa Clara. „Wenn sie aber das Gefühl haben, dass nur Entschuldigungen und keine Handlungen kommen, können sie sehr, sehr schnell exekutieren. Dann heißt es: Entweder der Chef verliert den Kopf. Oder die Firma wird geschlossen."

Joseph Laia kam auf diese Weise zu seinem Job, kurz nach Ausbruch der Finanzkrise im September 2007. Miasolé war 2003 gegründet worden mit dem Zweck, dünne Metallfolien zu produzieren, die Solarzellen und damit Strom aus der Sonne viel billiger machen können. Die Technik dahinter ist brillant, aber das alte Management löste die Probleme der Fertigungstechnik nicht. „Folien in der Größe eines Daumennagels zu produzieren ist einfach. Wir brauchen sie aber in Tapetengröße, und das ist unglaublich schwierig." Als nach vier Jahren Ergebnisse ausblieben, handelte der Hauptkapitalgeber Kleiner Perkins Caufield & Byers, einer der größten Wagnisfinanzierer Amerikas. Der alte Chef musste gehen und Laia kam. Heute scheint Miasolé auf dem richtigen Weg zu sein. Zahlen über Gewinne oder Verluste werden nicht veröffentlicht, aber immerhin liefert die Firma nicht mehr nur Versprechen, sondern reale Produkte an reale Kunden.

Die Entwicklung bei Miasolé ist typisch für viele Solarfirmen in diesen Tagen: Sie müssen erwachsen werden. Bei nicht weniger als vier unter ihnen wurde zuletzt die Führungsspitze ausgetauscht: Heliovolt, Solopower, Abound, Ascent Solar. Viele Kapitalgeber sind gebrannte Kinder. Als der Internet-Boom zusammenbrach, zögerten die meisten zu lange und verloren Milliarden Dollar. Die Erinnerung mag dazu beigetragen haben, dass das Silicon Valley im September 2008 für einige Monate buchstäblich erstarrte.

Mittlerweile legendär ist eine Sitzung, zu der Sequoia, einer der größten Kapitalgeber des Valleys, im September 2008 die Chefs von über hundert Beteiligungsunternehmen zusammengerufen hatte. Selina Lo, die Chefin von Ruckus Wireless, einem Anbieter für drahtlose Datenübertragung, erinnert sich: „Die Leute von Sequoia sagten: Überlegen Sie sich, wie viel Kosten sie senken können. Und dann senken Sie noch mehr." Sequoia finanzierte einst Unternehmen wie Apple, Yahoo und Google, und niemand käme auf die Idee, es sich mit solchen Finanziers zu verderben. „Die Botschaft war so klar, dass man nicht daran dachte, sie zu ignorieren", erinnert sich ein anderer Teilnehmer, David Kellogg, Chef von Mark Logic, einem Anbieter von Dokumentensoftware. Also stoppten die Unternehmen ihre Wachstumspläne und entließen Mitarbeiter oder stellten wenigstens keine neuen mehr ein – alles andere als unproblematisch für Unternehmen, die neue Märkte erobern wollen.

Seit dem Sommer 2009 hat sich die Lage deutlich entspannt. Sequoias Sparappell wurde aufgehoben, jedenfalls für einige Firmen. Aber normal ist die Lage noch lange nicht. Die Kapitalgeber sind vorsichtig. „Es gibt immer noch viel heiße Luft im Markt", sagt Selina Lo. „Zum Beispiel bei den ganzen Plattformen, die unter dem Titel Web 2.0 laufen." Der Öko-Trend ist stark, aber er hängt immer noch in hohem Maße von Subventionen ab, und nicht nur amerikanischen. „Wenn Deutschland seinen Einspeisetarif für erneuerbare Energien stoppen würde, würde der Weltmarkt für Solarzellen am anderen Tag zusammenbrechen", sagt Laia.

Aber das Silicon Valley wäre nicht Amerikas wichtigste High-Tech-Region, wenn nicht immer wieder Optimismus überwiegen würde. „Die Leute werden sich noch wundern, wie schnell grüne Technik zu Marktpreisen profitabel sein wird", sagt Vinod Khosla, einer der wichtigsten Öko-Investoren der USA. „Wir werden bald ein grünes Google sehen. Wir wissen nur noch nicht, welches Unternehmen das ist."

3. Die Geschichte des Wachstums

3.1. Aufstieg und Fall von Nationen
3.2. Glanz und Elend der Mittelschicht
3.3. Religion und Fortschritt

Das Telefon

Vor allem der Deutsche Philipp Reis, der Amerikaner Elisha Gray und der in Kanada lebende Schotte Alexander Graham Bell wetteiferten ab Mitte des 19. Jahrhunderts um das erste funktionsfähige Telefon. 1876 reichte Bell schließlich ein Patent für seinen Fernsprechapparat ein – gerade einmal zwei Stunden vor seinem Konkurrenten Gray. Reis war 1874 an Tuberkulose gestorben. Bell konnte fortan seine Erfindung allein vermarkten. Er legte damals den Grundstein für den amerikanischen Kommunikationskonzern AT&T. Reis, der seinen Apparat selbst Telefon nannte, gilt allerdings heute als rechtmäßiger Namensgeber für die Erfindung.

Die Maschinenmenschen

Zwei Revolutionen prägten die globale Geschichte: der Übergang zur agrarischen Gesellschaft und die Erfindung industrieller Produktion in Europa.

Von Robert Probst

Mitte des 18. Jahrhunderts wird die Nationalökonomie zum Modethema in den europäischen Salons. Voltaire spottet: „Die Nation wird der Verse, der Tragödie, der Lustspiele, der Romane, der Opern, der romantischen Geschichten ... überdrüssig und beginnt über Getreide zu räsonieren." Es sind dann aber bekanntlich nicht die Franzosen, sondern die Engländer, die kurz darauf die Dampfmaschine in Gang setzen. Zur selben Zeit legt Adam Smith die theoretische Grundlage mit seinen Ideen vom Gebrauchs- und Marktwert, von der Förderung der Arbeit durch Investition in Produktion und der Mechanisierung der Arbeit. Der Universalgelehrte Egon Friedell hat es einmal überspitzt so ausgedrückt: „Erst konzipierte der Engländer den Maschinenmenschen, und als dies geschehen war, blieb ihm gar nichts mehr anderes übrig, als die dazugehörige Maschine zu erfinden." Die Industrielle Revolution ist ein Vorgang, der mehr als jeder andere in der Menschheitsgeschichte das Gesicht der Welt, die Lebensbedingungen der Menschen und sämtliche kulturellen Lebensäußerungen verändert hat. Nicht zuletzt beginnt damit ein Prozess der globalen Polarisierung, der noch heute die Weltwirtschaft belastet. In der etwa 100 000 Jahre währenden Geschichte des Homo sapiens hatte es zuvor erst einmal eine ähnlich schwerwiegende Veränderung gegeben: die Neolithische Revolution.

Es ist etwa 10 000 bis 12 000 Jahre her, dass der Steinzeit-Mensch, der sich bis dahin als Jäger und Sammler betätigt hat, sesshaft wird und dazu übergeht, Landwirtschaft zu betreiben und

Tiere zu züchten. Diese „Erfindung“ geschieht unabhängig etwa gleichzeitig an mehreren Orten der Welt. Und sie erweist sich als Fortschrittsmodell. Bald können mehr Nahrungsmittel erzeugt werden, als für Erhalt und Fortpflanzung der eigenen Sippe nötig ist. Die Bevölkerungszahl nimmt zu, ebenso die soziale Schichtung. Es entstehen komplexere politische Institutionen, die das Zusammenleben in den Dörfern regeln. Erfindungen in Technik und Kunst, Handwerk, Handel und Schifffahrt folgen. Gleichwohl verläuft diese Entwicklung keineswegs überall auf der Welt parallel, sondern in höchst unterschiedlichem Tempo und mit unterschiedlichem Erfolg.

Als ein Hauptgrund für die Bildung der ersten Hochkulturen und antiken Imperien wird die Bewässerungslandwirtschaft angeführt. Zur Intensivierung des Feldfruchtanbaus sind die Überschwemmungsgebiete großer Flüsse von extremer Bedeutung, was besonders gut für die Entstehung der ägyptischen Hochkultur (ab 5000 v. Chr.) entlang des Nils nachzuvollziehen ist. Gleiches gilt für die Entwicklung des Zweistromlands an Euphrat und Tigris sowie die großen Flussgebiete in China, Indien und im Mittelmeerraum. Die ständig steigende Bevölkerungszahl führt schließlich zur Bildung befestigter Städte, zur Ausbildung von Staaten, zu stärkerer Arbeitsteilung, zur Erfindung des Geldwesens – aber auch zu zunehmender sozialer Unsicherheit, zu schwunghaftem Sklavenhandel und zu regelmäßigen Eroberungskriegen. Die Imperien der Ägypter, Babylonier, Perser, Griechen, Römer, Karthager, Chinesen, Inder, Azteken und Inkas basieren vornehmlich auf diesen beiden Säulen: intensive Landwirtschaft und hohe Bevölkerungsdichte. Hier bilden sich Priestertum, Herrschergeschlechter und Adel aus, hier entwickelt sich das Feudalsystem von Großgrundbesitzern und abgabenpflichtigen Pächtern, hier blühen Architektur, Kunst und Wissenschaft, haben Schulen und Universitäten ihren Ursprung. Diese Imperien verhalten sich zudem meist kriegerisch-expansiv und überfallen gern bäuerliche Dorfgesellschaften mit extensivem Wanderfeldbau, die nicht so hoch entwickelt sind. Die Kriegszüge Alexanders des Großen oder der Römer in Germanien passen in dieses Schema.

Doch die bäuerliche Hochkultur ist stets eine labile Gesellschaft, ununterbrochen muss die Fruchtbarkeit des Bodens erhalten werden – sonst ist der Fortbestand unmittelbar bedroht. Bodenerschöpfung, ökologische Katastrophen und Eroberungskriege sind die Hauptgefahren für solche Reiche. Dies führt dazu, dass im Lauf der Zeit einige Imperien zusammenbrechen und verschwinden.

Über die Geschichte der Menschheit und die Ursprünge der modernen Welt ist sehr viel bekannt, doch die Interpretation dieser Millionen bekannter Fakten ist nach wie vor ein heiß umkämpftes Feld zwischen Archäologen, Anthropologen, Geographen, Klimaforschern, Sozial-, Wirtschafts- und Politikwissenschaftlern. Dies zeigt sich exemplarisch bei der Debatte über den Untergang der klassischen Maya. Diese Kultur besiedelte zwischen dem siebten und neunten Jahrhundert das tropische Tiefland von Mexiko, Guatemala, Belize und Honduras. Nach der Entdeckung Amerikas verfestigte sich retrospektiv das Bild von einer friedfertigen, intellektuellen, von Priestern geleiteten Hochkultur, die ein komplexes Hieroglyphen-Schriftsystem beherrschte, komplizierte Kalender errechnete und mächtige Paläste und Stufenpyramiden zu errichten verstand.

Auch wenn inzwischen viele romantische Vorstellungen über dieses Volk korrigiert wurden (auch sie führten Kriege, und ihre berühmten Tempel waren relativ leicht zu bauen), stellt der US-Anthropologe David Webster fest: „Die klassischen Maya sind jedermanns Lieblingslektion über die demographische, soziale und ökologische Katastrophe." Mitte des achten Jahrhunderts gab es unbestreitbar massive Veränderungen: Tempelbauten wurden eingestellt, Paläste verfielen, die Bevölkerung ging deutlich zurück. Gerade in solchen faszinierenden Fällen geben Forscher gern dem Wunsch nach monokausalen Erklärungen nach: große Dürre, Bauernaufstand, einseitige Fixierung auf Mais.

Auch bei den Maya wird es sich freilich eher um ein Zusammenspiel mehrerer Belastungen gehandelt haben, wie Überbevölkerung, Bodenerosion, Raubbau, Hunger, Seuchen, soziale Unruhen. Doch in unsicheren Zeiten braucht man nicht einmal mehr

Wissenschaftler, um die eigenen Ängste zu spiegeln – siehe etwa Mel Gibsons Film *Apocalypto*, in dem er ein fiktives Bild der Maya als verrohte und religiös fehlgeleitete Gesellschaft zeichnet, deren Brutalität ihren Untergang besiegelt, oder Roland Emmerichs *2012*, dessen Story auf einem Maya-Kalender basiert, der den Weltuntergang vorhersagt. Allerdings: Trotz allem Bohei bleiben die klassischen Maya in der Menschheitsgeschichte eher irrelevant.

Entscheidend für die Transformation der agrarischen Hochkulturen und damit für die Bildung der modernen Welt, wie wir sie kennen, ist ohne Zweifel die Industrielle Revolution, die gegen 1770 in England ihren Ausgang nimmt – und damit innerhalb von Jahrzehnten Kontinentaleuropa einen Vorsprung vor dem Rest der Welt verschafft hat, der bisher nicht aufgeholt werden konnte. Warum geschieht diese Revolution nicht im chinesischen Kaiserreich, nicht in Indien, im zaristischen Russland oder im osmanischen Reich? Stark vereinfacht gesagt sind doch in den etwa 1000 Jahren zuvor Bevölkerung, Wirtschaft, Handel, Gewerbe und Wissenschaften in all diesen Regionen durch regen Austausch etwa gleichermaßen gewachsen. Und in China, Japan und Teilen Indiens ist die landwirtschaftliche Produktivität im 17. Jahrhundert deutlich höher als in Europa, der Lebensstandard wird dort und in Europa als gleich beschrieben. Seit Kenneth Pommeranz' Werk über die Entstehung moderner Ökonomie nennt man diese Auseinander-Entwicklung *Great Divergence*. Nun finden Forscher meist genauso viele Gründe für den Aufstieg von Regionen wie bei anderen für deren Niedergang. Auch im Fall der Industrialisierung werden zahllose Argumente angeführt – entscheidend ist freilich, dass in England die Erfindung der Dampfmaschine gelingt, mit all den weitreichenden Folgen für die effiziente industrielle Kohleförderung aus tieferen Regionen, die massenweise Herstellung von Stahl und Baumwollprodukten, die massive Verbesserung des Transportwesens (Eisenbahn und Schifffahrt) und des weltweiten Exports. Als bedeutende Faktoren werden zudem die geistigen Leistungen der Aufklärung, die relativ stabilen politischen Verhältnisse im damaligen Europa mit dem Schutz des geistigen Eigentums, der garantierten persönlichen Besitzrechte an Grund und Boden und der einigermaßen fortgeschrittenen Partizipationskultur genannt. Im Finanzwesen schafft man die Aufteilung des Risikos und die Trennung von Unternehmensleitung und Eigentümer, überall gibt es günstige Kredite und niedrige Zinsen. Nicht zuletzt sind die europäischen Flotten und die Militärtechnik denen der anderen Kontinente deutlich überlegen. Europa schafft Verbindungsnetze, unterwirft sich fremde Regionen und profitierte von den bahnbrechenden Entwicklungen anderer Völker. Die Dominanz Europas im 18. und 19. Jahrhundert basiert also letztlich auf einer Kombination von ökonomischen und politischen Faktoren, die sonst nirgendwo zeitlich zusammenfallen. Kurz: Europa lässt die Abhängigkeiten einer Agrargesellschaft hinter sich.

„Lassen Sie uns klüger als die Wikinger sein"

Wie lange hält die Natur den Raubbau noch aus? Der amerikanische Geograph Jared Diamond erinnert an den Untergang großer Völker und zieht Parallelen zu heute.

Interview: Moritz Koch

Früher hätte man Jared Diamond wohl als Universalgelehrten bezeichnet. Der 72-Jährige gibt Geographie an der Universität von Kalifornien in Los Angeles und verwebt Erkenntnisse der Anthropologie, der Geschichtswissenschaft, der Verhaltensforschung, der Genetik und anderer Forschungsfelder. In seinem Buch *Kollaps* erklärt er den Zusammenbruch von Zivilisationen wie jener der Maya, der Wikinger und der Bewohner der Osterinsel. Seine These: Durch systematische Überbeanspruchung der Natur richten sich Gesellschaften selbst zu Grunde – wenn sie nicht den Willen aufbringen, ihren eigenen Raubbau zu stoppen.

Jared Diamond sieht die Welt am Abgrund, hat aber noch Hoffnung. So wächst das Umweltbewusstsein der viel gescholtenen Amerikaner derzeit rapide.

SZ: Herr Diamond, *Kollaps* ist ein beunruhigendes Buch. Die Parallelen zur Gegenwart sind offensichtlich.

Diamond: Es gibt keinen Zweifel: Wenn wir weitermachen wie bisher, endet unsere Entwicklung mit einem Kollaps. Unser Wirtschaftssystem beruht auf der nicht-nachhaltigen Ausbeutung von Rohstoffen. Wasser, fruchtbarer Boden, Fische, Wälder, Energie – alles wird knapp. Spätestens im Jahr 2050 wird klar ein, ob wir unumkehrbar auf einen Kollaps zusteuern oder unsere Probleme in den Griff bekommen.

SZ: Ist es wirklich so schlimm? Mit Katastrophenszenarien hat sich der Club of Rome schon 1972 blamiert.
Diamond: Der Club of Rome war zu pessimistisch, aber seine Analyse zutreffender als die vieler Wachstumsenthusiasten. Es gibt Dutzende Zeitbomben, die unsere Zivilisation bedrohen. Einige werden schon innerhalb der nächsten 20 Jahre hochgehen. Die Regenwälder etwa werden schon im Jahr 2030 verschwunden sein, vielleicht mit Ausnahme des Kongobeckens und Teilen des Amazonasgebiets. Oder reden wir über Süßwasser: Wir nutzen schon heute 80 Prozent der weltweit verfügbaren Trinkwasservorkommen. Die verbliebenen 20 Prozent befinden sich in unzugänglichen Gebieten wie Sibirien oder dem Nordwesten Australiens. Setzt sich die derzeitige Entwicklung fort, werden auch sie schon bald erschlossen sein. Das Problem ist, dass alle Faktoren sich gegenseitig beeinflussen und verstärken.

SZ: Wie meinen Sie das?
Diamond: Nehmen wir die Wasserknappheit. Einige Leute behaupten, es gebe da überhaupt kein Problem, wir könnten einfach Entsalzungsanlagen bauen, die Meerwasser in Süßwasser verwandeln. Doch dafür brauchen wir Unmengen Energie. Mehr als wir haben. Oder nehmen wir die Abholzung. Sie führt nicht nur zur Bodenerosion, sondern auch zum Ausstoß von Treibhausgasen. Das verstärkt den Klimawandel, der Flüchtlingsströme in Gang setzt. Wir haben es mit globalen Kettenreaktionen zu tun.

SZ: Das heißt, ein Kollaps wäre heute allumfassend, nicht wie in der Vergangenheit regional begrenzt?
Diamond: Ganz genau. Und die ökologische Vernetzung wird durch

die ökonomische und gesellschaftliche Vernetzung ergänzt. Wer hätte gedacht, dass der rückständige Binnenstaat Afghanistan die wichtigste Herausforderung der amerikanischen Außenpolitik werden würde? Noch vor 40 Jahren haben unsere Strategen dieses Land für vollkommen irrelevant erklärt.

SZ: Viele Wissenschaftler haben versucht, Aufstieg und Fall von Gesellschaften zu erklären. Der Ökonom Mancur Olson konzentriert sich auf die Probleme kollektiven Handelns. Der Historiker Paul Kennedy argumentiert mit dem Zusammenspiel wirtschaftlicher Stärke und militärischer Macht. Was stört Sie an diesen Theorien?
Diamond: Der Grund, warum einige Wissenschaftler politische Erklärungen anführen ist, dass sie Politikwissenschaftler sind. Der Grund, warum andere ökonomische Erklärungen anführen ist, dass sie Ökonomen sind. Ich versuche, fächerübergreifend zu denken. Handelsbeziehungen, klimatische Veränderungen, Traditionen im Umgang mit der Natur – all das spielt eine Rolle, wenn wir verstehen wollen, warum einige der großartigsten Zivilisationen der Weltgeschichte kollabiert sind.

SZ: Sie schildern in Ihrem Buch, wie die Wikinger auf Grönland während der „kleinen Eiszeit" vor 600 Jahren verhungerten, weil sie sich weigerten, Fisch zu essen. Sind wir moderne Wikinger? Es gelingt uns ja nicht, unsere Lebensweise zu ändern.
Diamond: Anders als die Wikinger können wir von dem Schicksal anderer Gesellschaften lernen. Die Frage ist nur, ob wir den Willen aufbringen, das Richtige zu tun. Wenn man sich etwa den politischen Zirkus in Amerika anschaut, ist es leicht, die Hoffnung zu verlieren. Aber es ist wie mit der Wurstherstellung: Der Prozess ist oft ekelerregend, doch manchmal kommt etwas Schönes dabei heraus. Und wir machen enorme Fortschritte. Das Umweltbewusstsein der Amerikaner wächst rapide.

SZ: Der Klimagipfel Ende 2009 in Kopenhagen war dennoch ein Fehlschlag.

Diamond: Ich sehe das nicht so apodiktisch. Kopenhagen ist nicht der letzte Gipfel. Die Verhandlungen gehen weiter.

SZ: Welche untergegangene Zivilisation würden Sie als Beispiel nennen, um die Politiker wachzurütteln?
Diamond: Die Gesellschaft der Osterinsel. Ihre Isolation im Pazifik ist eine Metapher für die unserer Isolation im Weltall. Die Osterinsel wurde im späten neunten Jahrhundert von den Polynesiern besiedelt. Die Siedler erschufen eine Zivilisation, die allein durch ihre eigene Destruktivität zusammenbrach. Es gab keine Komplikationen durch äußere Feinde oder Handelspartner. Auf dem Höhepunkt ihrer sozialen Entwicklung lebten bis zu 30 000 Menschen auf der Insel, die die berühmten Steinstatuen errichteten. Doch ihr Lebensstil überforderte die Natur. Die Wälder wurden abgeholzt, weil die Einwohner Holz zum Bau für Kanus und zum Transport ihrer Statuen brauchten. Als die Bäume verschwanden, erodierte der fruchtbare Boden. Es konnten keine neuen Kanus gebaut werden. Die Insulaner waren von ihren Fanggründen auf hoher See abgeschnitten. Konflikte über die immer knapper werdenden Ressourcen arteten in Gewalt aus. Noch bevor die Europäer die Insel entdeckten, war die Gesellschaftsordnung zusammengebrochen.

SZ: Die Gesellschaft der Osterinsel scheint auf dem Höhepunkt ihrer Macht kollabiert zu sein. Wie konnte das passieren?
Diamond: Es gibt viele solcher Fälle. Denken wir an die Maya. Oder die Sowjetunion. Je größer eine Gesellschaft wird, desto stärker ist der Druck auf die Ressourcen, von denen sie abhängig ist. Ende der 1980er Jahre war die Sowjet-Bevölkerung größer und wohlhabender denn je. Doch das sowjetische Wirtschaftssystem hielt dem nicht stand.

SZ: Dann können wir also Hoffnung daraus schöpfen, dass sich die Zahl der Menschen auf der Welt stabilisiert?
Diamond: Nein. Es kommt ja nicht darauf an, wie viele Menschen

es gibt, sondern wie stark jeder Einzelne die Umwelt beansprucht. Durch die rapide Entwicklung der Schwellenländer steigt der Konsum weltweit, damit auch die Belastung der Umwelt. Wir rasen schneller denn je dem Abgrund entgegen, und es bleibt nicht mehr viel Zeit, um gegenzusteuern.

„Die Angst drängt in die Büros“

Die goldenen Zeiten sind vorbei – nun kommen Verteilungskämpfe. Doch wenn die Mitte stark ist, wächst die Wirtschaft besonders kräftig.

Von Marc Beise

Politik für die Mitte? Macht doch jeder, jedenfalls in Deutschland und in Wahljahren. Union und FDP haben mit dem Kampfruf nach einer (steuerlichen) Entlastung der Mitte die Bundestagswahl 2009 gewonnen, aber auch die SPD sieht sich in der Mitte, die Grünen ohnehin – und selbst die Linkspartei will immerhin die „niedrigeren und mittleren Einkommen“ entlasten. Gemeinsam ist allen Parteien, dass sie um die stabilitätsstiftende Wirkung einer breiten Mitte wissen. Eine Rolle, die wissenschaftlich vielfach untersucht und belegt ist. So weist der amerikanische Wirtschaftshistoriker David Landes in seinem voluminösen Werk über *Wohlstand und Armut der Nationen* nach, warum der Westen so reich geworden ist und warum einige Nationen auf der Welt ihren Wohlstand verspielt haben. Eine breite Mittelschicht, so sein Fazit, ist die beste Voraussetzung für Innovation und Wachstum. Mittelschicht in diesem Sinne definiert sich nach dem Einkommen, aber auch kulturell: durch eine höhere Bildung, qualifizierte Tätigkeit, selbständige Lebensführung und einen im weiteren Sinne „bürgerlichen“ Wertehorizont.

Das Lob der Mitte sangen schon die Klassiker. Für den griechischen Philosophen Aristoteles war „offensichtlich die auf diese Mitte aufgebaute Gemeinschaft die beste, und solche Staaten haben eine gute Verfassung, in denen die Mitte stark und den Extremen überlegen ist“; der römische Dichter Horaz sprach von der

„goldenen Mitte". Zweitausend Jahre später schafften Bürgertum und Mittelstand in deutschen Landen ab dem 19. Jahrhundert einen beeindruckenden Aufstieg, nur vorübergehend unterbrochen durch die Nazidiktatur und die beiden Weltkriege. Das Wirtschaftswunder ab 1949 war von Mittelstand (der Begriff verwendet für Firmen und Selbstständige) und Mittelschicht (einschließlich der qualifizierten Angestellten) getragen, und der Wirtschaftsminister Ludwig Erhard war ihre Personifizierung.

Zugleich aber rückte die Mittelschicht immer mehr in die Rolle des Geldesels. Weil hier die Leistungsträger versammelt sind, ausreichend viele und vergleichsweise gut verdienend, haben die Regierungen seit 40 Jahren der Versuchung nicht widerstanden, diese Mittelschicht immer stärker zu belasten. Die Steuer- und Abgabenquote summiert sich heute auf weit mehr als 50 Prozent, und immer häufiger wird über den demotivierenden Zugriff des Staates geklagt.

Mit der Finanz- und Wirtschaftskrise nimmt diese Belastung weiter zu. Zum einen braucht der Staat immer mehr Geld, jedenfalls solange er sich nicht dazu durchringen kann, seine Ausgaben ernsthaft zu überprüfen und zurückzufahren. Zugleich schrumpft nach den neuesten Statistiken die Mittelschicht. Zählte die Wissenschaft in den 70er Jahren des vergangenen Jahrhunderts 64 Prozent zur Mitte, sind dies heute nur noch 54 Prozent – mit abnehmender Tendenz.

Obendrein wächst die Zukunftsangst auch in dieser Gruppe. Die alte Gewissheit, dass es geschafft hatte, wer in die Mitte der Gesellschaft hineingeboren wurde oder durch eigene Arbeit oder die Ausbildungsleistung der Eltern in diese Gruppe aufstieg, gilt nicht mehr. Die wachsende Zahl von prekären Jobs, der Strukturwandel in vielen Branchen mit dem Verlust von Arbeitsplätzen und die wachsende Zahl Alleinerziehender verändert die Gesellschaft. Mittlerweile haben laut Umfragen fast so viele unter den Angestellten mit Hochschulabschluss Sorge um ihren Arbeitsplatz wie unter den Erwerbstätigen ohne Berufsabschluss: Das gab es noch nie. „Die Angst drängt aus den Fabrikhallen in die Büros und die Bürotürme empor", formuliert drastisch der Mainzer Soziologe Stefan Hradil.

Vor diesem Hintergrund stellt sich die Frage, wie die Politik mit der Mittelschicht umgehen soll – und die Meinungen darüber gehen weit auseinander. Für die einen sind Klagen aus der Mittelschicht nur das übliche Lamentieren der Wohlhabenden, für die anderen handelt es sich um ein Alarmsignal, weil die Mittelschicht sich, ganz allmählich, aus ihrer Verantwortung verabschiedet. Je nach Position ist man dann für eine stärkere Belastung der Mitte oder im Gegenteil für deren Entlastung – zum Beispiel bei den Steuern. Die Debatte darüber hat begonnen und wird noch lange dauern.

Wider die Verteufelung der Leistungsträger

Der Philosoph Peter Sloterdijk fordert eine Debatte über die neue Rolle des Staates und die Abschaffung der „Zwangssteuern".

Interview: Marc Beise

Ein veraltetes Menschenbild beklagt der Philosoph Peter Sloterdijk, 62. Als würden wir noch im Absolutismus leben, werde der Bürger als Untertan missachtet. Im demokratischen Zeitalter aber müsse der Mensch als nehmendes und gebendes Wesen verstanden werden. Es wäre besser, der Staat zöge seine Steuern nicht zwangsweise ein, sondern unterstütze ein System des freiwilligen Schenkens, meint Sloterdijk. Das soziale Band erodiere, wenn die Leistungen der Steueraktiven zu einem zwanghaften Automatismus herabgewürdigt würden.

SZ: Herr Professor Sloterdijk, Sie fordern die Abschaffung der Zwangssteuern. Meinen Sie das ernst?

Sloterdijk: Ich rege ein ernstes Gedankenexperiment an, denn die Umstellung von Zwang auf Freiwilligkeit stellt in meinen Augen eine der wichtigsten psychopolitischen und moralischen Fragen der Zukunft dar,

Peter Sloterdijk wohnt in Wien und lehrt in Karlsruhe. Er ist einer der wichtigsten und produktivsten zeitgenössischen Philosophen.

in Steuerfragen wie in ökologischen Angelegenheiten. Wir leben nicht mehr in absolutistischen Verhältnissen, und Bürger sollen nicht wie Untertanen behandelt werden. Also muss man über das Phänomen der Steuern, sprich der Gemeinwohlleistungen in Zivilgesellschaften, von Grund auf neu nachdenken.

SZ: Wirklich? Das Grundgesetz regelt den Steuerstaat, genügt das nicht?
Sloterdijk: Ich wollte, es wäre so. Wenn Sie die Bestimmungen über das Finanzwesen im deutschen Grundgesetz nachlesen, Artikel 104 ff., fällt auf, dass die Väter des Grundgesetzes nicht einmal den Versuch einer demokratischen Neubegründung von Steuern und Abgaben ins Auge gefasst haben. In diesem Punkt dachten sie in einer staatsabsolutistischen Kontinuität, die in aller Stille aus der Wilhelminischen Ära über die Weimarer Republik und das Dritte Reich hinweg wirkte.

SZ: Ist denn die gemeinhin vorgebrachte Begründung nicht ausreichend, wonach jedes Staatswesen für die Erledigung seiner gemeinschaftlichen Aufgaben eben Steuern braucht?
Sloterdijk: Sie sagen, der Staat „braucht“: Aber genau um die Qualität dieses Brauchens und um seine Begründung geht es in der aktuellen Debatte. Das Wort „brauchen“ kann autoritär und obrigkeitlich ausgelegt werden; Reste dieser absolutistischen Tradition sind bei uns virulenter, als man vermutet hätte. Das staatliche „Brauchen“ kann auch sozialistisch ausgelegt werden: Wenn Eigentum Diebstahl ist, wie die altlinke Vulgata lehrt, dann dürfte ein kräftiges Maß an Gegendiebstahl legitim sein – auch diese Tradition ist bei uns noch auf diffuse Weise mächtig, nicht zuletzt beim akademischen und sozialkritischen Kleinbürgertum, das seine antikapitalistischen Stimmungen nie überprüft hat.

SZ: Und welches ist Ihre Auslegung?
Sloterdijk: Man könnte die Idee, dass der Staat finanzielle Hilfe seitens der Bürger braucht, auch mit einer demokratischen Neube-

gründung der zivilen Großzügigkeit zugunsten des Gemeinwesens auslegen. Diese dritte zivile Interpretation der Steuern vermisse ich auf der ganzen Linie. Wir haben uns in fiskalischen Dingen so sehr an die Zwangsabgabenkultur angepasst, die alt-autoritäre wie die semi-sozialistische, dass über Alternativen nicht einmal mehr nachgedacht wird, weder bei den Begründungen noch bei den Prozeduren.

SZ: Zur Klarstellung: Sie verstehen unter Zwangssteuern alle Steuern?
Sloterdijk: Es geht mir um den Grundzug unseres Steuersystems, dass es den Gaben- oder Spendencharakter der zivilen Steuer absichtlich ausblendet und stattdessen nur ihren Zwangs-, Pflicht- und Schuldcharakter hervorhebt.

SZ: Glauben Sie wirklich, dass es anders funktionieren würde? Ist Ihr Vorschlag nicht ein Gedankenspiel, das philosophisch interessant sein mag, doch polit-ökonomisch heikel bleibt? Wie steht es mit dem „Free-rider-Problem" nach dem Motto: Ich will großzügig sein, habe aber den Verdacht, dass mein Nachbar knausert, und ich halte mich auch zurück, um nicht der Dumme zu sein? Und muss sich der Staat, auf freiwillige Zuwendungen angewiesen, nicht bei potenten Spendern anbiedern?
Sloterdijk: Das neue System würde sich mit der Zeit einspielen, trotz seiner evidenten Schwachstellen. Die zeigen sich ja sofort, und was Sie nennen, wäre nur der Anfang. An diese kritischen Beobachtungen würden aber neue Lernzyklen anschließen, die für Korrektur sorgen. Natürlich müsste man das alternative Regime schrittweise implantieren und die neue Freiwilligkeit in einer Übergangsphase mit dem alten Zwang verbinden, bis der letztere Faktor ganz wegfallen kann. Nach Jahrhunderten der bürgerlichen Duldungsstarre unter dem staatlichen Zwang darf man keine Wunder erwarten.

SZ: Dennoch bleiben starke Zweifel an der Funktionsfähigkeit eines Systems freiwilligen Gebens bestehen.

3.2. Glanz und Elend der Mittelschicht

Sloterdijk: In der Schweiz stimmen die Bürger seit langem über die Höhe ihrer Steuern ab, ohne dass es je zu Hungersnöten gekommen ist. Ich gehe von der anthropologischen These aus, dass Menschen mehr sind als nur gierige Nehmer. Sie müssen sowohl als nehmende wie als gebende Wesen aufgefasst werden. Wir machen uns einer groben Vereinseitigung schuldig, wenn wir die gebende Dimension im menschlichen Wirtschafts- und Sozialverhalten nicht gebührend herausstellen. Diese Ausblendung des Gebens ist ein dumpfes Erbe des 19. Jahrhunderts. Damals kam die These in Umlauf, das Bürgertum, genauer: die Klasse der „Working Rich", der unternehmerischen Wohlhabenden, sei nichts anderes als die Fortsetzung der asozialen Feudal-Aristokratie mit den Mitteln des Unternehmenskapitals. Dies wurde zu einer fixen Idee, deren Schädlichkeit sich im Laufe des 20. Jahrhunderts erwiesen haben sollte.

SZ: Muss man nicht heute den Begriff „Working Rich" durch den Ausdruck Mittelschicht ersetzen? Und sieht man dann nicht, dass es sich nicht mehr bloß um eine elitäre Geldaristokratie handelt?
Sloterdijk: Ich habe in meinem Beitrag in der *Frankfurter Allgemeinen Zeitung*, mit dem ich im Juni 2009 die Debatte in Gang gebracht habe, ein wenig leichthändig angedeutet, dass gut die Hälfte der Einkommensteuern durch eine relativ kleine Minderheit von Zahlern erbracht wird.

SZ: Stimmt ja auch.
Sloterdijk: Ein Blick in die Statistik verrät: Die oberen zehn Prozent der Steuerbürger leisten mehr als 50 Prozent der Einkommensteuern, und die oberen 20 Prozent über 70. Einige Kritiker haben sich über diesen Hinweis maßlos aufgeregt, als hätte ich ihnen die Möglichkeit wegnehmen wollen, die Wohlhabenden anzuklagen. Man hat gefolgert, ich würde mich nur für die Schicksale der wenigen erwärmen und den Rest ignorieren. Das Missverständnis könnte nicht größer sein. Mit dem Begriff „Leistungsträger" verbinde ich eine strikt technische Definition: Er steht für die 25 Millionen Steueraktiven, die zur Stunde praktisch die Gesamtheit des Steuerauf-

kommens in der Bundesrepublik tragen – bei einer Gesamtpopulation von 82 Millionen Einwohnern.

SZ: Wobei allerdings die indirekten Steuern inzwischen einen großen Anteil, nämlich etwa die Hälfte des Gesamtvolumens ausmachen.
Sloterdijk: Das ist mir nicht neu. Man verschweigt bloß gern, dass die an den Konsum gebundenen Steuern nicht gleichmäßig von der gesamten Bevölkerung aufgebracht werden. Der Löwenanteil entfällt auch hier wieder auf die Bezieher der höheren und mittleren Einkommen, weil diese sich naturgemäß als die konsumintensiveren Haushalte hervortun. Wenn es ans Zahlen geht, ob Einkommensteuer, Mehrwertsteuer, Erbschaftsteuer, Kapitalertragsteuer, Mineralölsteuer und so weiter, läuft es immer wieder auf dieselbe Gruppe hinaus. Im Wesentlichen dreht sich alles um die kritischen 25 Millionen, nicht zuletzt um deren oberes Drittel, ohne dessen fiskalische Feuerkraft unser politisches Modell unhaltbar wäre.

SZ: Und diese 25 Millionen werden vom Staat ausgeplündert?
Sloterdijk: Das ist hart formuliert. Was Plünderungen angeht, denken bei uns viele noch immer ganz anders herum. Die größeren Steueraktiven werden als Ausbeuter beargwöhnt, denen nur Recht geschieht, wenn man sie stark belastet. Die Missdeutung der Unternehmenskultur ist bei uns ein alter Reflex. Man denunziert allzu gern diejenigen, die etwas zu geben haben, indem man behauptet, sie hätten nur zu geben, weil sie vorher gestohlen haben. Der Glaube an die Legitimität des Gegendiebstahls hat den Bankrott des Sozialismus in den dumpferen Bewusstseinsschichten überlebt – nicht zuletzt bei den intellektuell stehengebliebenen Soziologieprofessoren, die sich in der aktuellen Debatte zu Wort gemeldet haben.

SZ: Hat dieser Zwangscharakter des Systems, der seit dem 19. Jahr-hundert existiert und von dem Sie sagen, dass er nicht mehr zeitgemäß sei, die Menschen möglicherweise schon so deformiert, dass sie zum freiwilligen Geben gar nicht mehr bereit wären?

3.2. Glanz und Elend der Mittelschicht

Sloterdijk: Wen wundert es, wenn im Klima der einseitigen Gier-Theorie viele Leute wirklich so werden, wie die Kritiker behaupteten? In anderen Nationen lässt sich die Gegenprobe machen. Ich habe kürzlich Statistiken gesehen, wonach in der Bundesrepublik im Jahr 2008 etwa vier Milliarden Euro für philanthropische und kulturelle Zwecke gespendet worden sind. Das klingt zunächst ganz gut. Doch in derselben Zeit sind in den USA nahezu 310 Milliarden Dollar freiwillig aufgebracht worden. Selbst wenn man die Größe der Populationen aufrechnet, ergibt sich für die USA beim Spenden eine 20-fache Überlegenheit. Und man kann nicht sagen, dass die Amerikaner mit ihren Zwangssteuern nicht auch schon reichlich belastet wären.

SZ: Und woran liegt das?
Sloterdijk: Amerikaner glauben nicht daran, dass Erfolg Schuld erzeugt. Das Menschenbild, das ihrer politischen Kultur zugrunde liegt, lässt für die generöse Dimension im Sozialverhalten große Spielräume offen. Damit wird in den Bürgern die Geberdimension systematisch herausgefordert. Wir wären gut beraten, uns auch in Deutschland und Europa zu einer Zivilisation des Geberwettbewerbes zu bekehren, statt weiter die einäugige Gier- und Profitjäger-Anthropologie zu pflegen, die uns mit den fragwürdigsten Traditionen des 19. Jahrhunderts verbindet.

SZ: Speist sich Ihr Zorn auf die herrschende Ideologie, wie Sie es nennen, aus eigenem Erleben? Sind Sie der Meinung, dass Sie persönlich zu viel Steuern zahlen?
Sloterdijk: Im Gegenteil. Meine Vorschläge haben ein philosophisches Motiv, aber auch eine autobiographische Note. Ich bin prinzipiell überzeugt, es tut den modernen Gesellschaften nicht gut, wenn man die gebende Dimension in der menschlichen Psyche kleinredet. Sicher bringe ich einen privaten Zugang zu diesen Fragen mit. Ich komme aus bescheidenen Verhältnissen und stelle doch seit einer Weile mit einer Mischung aus Genugtuung und Verwunderung fest, dass ich in die Lage gekommen bin, nicht nur Bagatellbeträge an die

Finanzbehörden abzugeben. Ich meine, es passt zu einem Philosophen, wenn er versucht, Verwunderung theoretisch zu bewältigen.

SZ: Sie würden aber diese Beträge gerne nicht zwangsweise abgeben müssen, sondern mitentscheiden, wie Sie Ihr Geld der Gesellschaft zur Verfügung stellen?
Sloterdijk: Ich gehe jedenfalls nicht davon aus, dass ich jedes Jahr beim Gemeinwesen hohe Schulden anhäufe, die ich tilgen muss, um nicht straffällig zu werden. Mir kommt es hartnäckig so vor, dass ich seit einer Weile dem Gemeinwesen etwas aus meinen Überschüssen abgebe. Im aktuellen System kann ich leider nicht mehr tun, als mir privatissime einzubilden, dies seien Spenden und nicht Bußgelder für ein Leistungsvergehen.

SZ: Findet Ihr Ansatz denn eine Entsprechung in der praktischen Politik? Platt gefragt: Muss jemand, der so denkt wie Sie, FDP wählen?
Sloterdijk: Ich kann seitens der Freien Demokraten nicht den geringsten Ansatz einer positiven Resonanz auf meine Thesen beobachten. Mit Genugtuung habe ich hingegen wahrgenommen, dass der neue Bundesfinanzminister sich offenkundig für meine Überlegungen interessiert, andernfalls hätte er mich nicht vor kurzem nach Berlin zu einer Aussprache eingeladen.

SZ: Und was werden Sie Herrn Schäuble dann sagen?
Sloterdijk: Ich würde ihm sinngemäß das Gleiche sagen wie Ihnen heute. Das soziale Band erodiert, wenn man die Leistungen der Steueraktiven zu einem zwanghaften Automatismus herabdrückt – als wären die Tüchtigen auf eine mysteriöse Weise strafbar.

SZ: Und was kann die Politik, was kann ein Finanzminister tun? Steuern senken?
Sloterdijk: Nein, von der Weisheit der Steuersenkungspolitik bin ich nicht a priori überzeugt. Wir können einzelne Steuern – oder Abgabenvorschläge, wie ich lieber sagen würde – ohne weiteres

höher ansetzen, wenn die kollektiven klimatischen Voraussetzungen stimmen. Es käme darauf an, den Stärkeren zu erklären, warum im Blick auf diese oder jene Aufgabe eine Zusatzanstrengung öffentlicher Großzügigkeit plausibel ist.

SZ: Ein gut motivierter Solidaritätszuschlag zum Beispiel zur Bewältigung der Kosten der Finanzkrise wäre etwas, mit dem Sie sich anfreunden könnten?
Sloterdijk: Warum nicht – immer unter der Prämisse, dass dabei die gebenden Tugenden angesprochen werden, zumal bei den Krisenverursachern. Man darf nicht länger mit der Fiktion daherkommen, die Leistungsträger täten zu wenig und müssten noch mehr Druck kriegen. Aber die Starken bei ihrer Stärke aufrufen, das ist sinnvoll.

SZ: Haben nicht alle Parteien bis hin zur Linkspartei im Bundestagswahlkampf die Bedeutung der Mittelschicht hervorgehoben und gefordert, dass die Leistungsträger nicht bestraft werden dürfen, sondern im Gegenteil entlastet werden müssen?
Sloterdijk: Mit Verlaub, das waren Lippenbekenntnisse. Die meisten Parteipolitiker interessieren sich sehr wenig für die Gedanken und Gefühle der Leute, deren Geld sie ausgeben. In Steuerfragen denken sie nach wie vor rein etatistisch. Sie glauben an die wohlmeinende Kleptokratie, kaum anders als die Fürsten und die fiskalische Obrigkeit von einst.

Zwischen Gewinn und Nirwana

Der Glaube und die Wirtschaft: Warum der christliche Westen nicht zwangsläufig erfolgreicher ist als Regionen mit anderen Religionen.

Von Matthias Drobinski

Religion hat immer eine kapitalismuskritische Note. „Ihr könnt nicht Gott dienen und dem Mammon", sagt Jesus. Der Prophet Amos droht den Reichen im Volke Israel: „Die ihr die Schwachen unterdrückt und die Armen zermalmt – seht, Tage kommen über euch, da holt man euch mit Fleischerhaken weg." In der ältesten buddhistischen Spruchsammlung, der Dhammapada, steht: „Der eine Pfad führt zum Gewinn – der andere Pfad zum Nirwana." Und dem Propheten Mohammed wird der Satz zugeschrieben: „Das Gute, das der Mensch in dieser Welt schafft, ist sein wirklicher Reichtum."

Die Ökonomie hat das irdische Wohl im Auge, die Religion das ewige Heil. Die Wirtschaft baut auf den Trieb, reich und mächtig und angesehen zu werden; die Religion arbeitet an der Überwindung dieser Triebe. So gesehen müssen Religion und Ökonomie, Glaube und Wachstum, Frömmigkeit und Fortschritt ein dauerndes Problem miteinander haben.

In der Theorie jedenfalls. Praktisch standen Judentum, Christentum, Buddhismus und Islam in den verschiedenen Epochen ihrer Geschichte vor dem gleichen Problem: Sie waren erfolgreiche Religionen, sie breiteten sich in wohlhabenden Regionen aus, gewannen reiche, gebildete Anhänger, wurden Träger von Politik und Kultur – und erfolgreiche Teilnehmer am Markt.

Im Christentum erkannte im 2. Jahrhundert nach Christus Clemens von Alexandrien das Dilemma: Jesus hatte Armut gefordert, die Gemeinde von Alexandrien war aber ziemlich reich. *Quis dives salvetur – Welcher Reiche gerettet wird* hieß die Schrift, in der Clemens den Grundstein für eine christliche Mittelstands-Ethik legte. Wohlstand, Besitz und Gewinn sind nicht an sich schlecht, schrieb er, wenn der Reiche sie mit rechten Mitteln erarbeitet, weder der Gier noch der Prunksucht verfällt und anderen Menschen Gutes tut. Das Paradies stand damit den Eliten offen, wenn sie sich sozialverträglich verhalten.

Es ist überraschend, wie ähnlich die Weltreligionen mit der Spannung von Armutsgebot und Reichtumswunsch umgehen. Siddharta Gautama Buddha schrieb: „Wer seinen Wohlstand vermehren möchte, der sollte sich an den Bienen ein Beispiel nehmen. Sie sammeln den Honig, ohne die Blumen zu zerstören. Sie sind sogar nützlich für die Blumen." Und im Islam bedeutet das Gebot des „Zakat", des Almosengebens: Du darfst reich sein, wenn Du Gutes tust.

Der römisch-griechische Götterglaube heiligte den Erfolg, die Schönheit, die Macht und den Reichtum, er war wunderbar pragmatisch und ist trotzdem untergegangen. Alle Religionen, die heute als Weltreligionen gelten können, durchbrechen dagegen auf sehr unterschiedliche Weise gerade diese Heiligung des innerweltlichen Erfolgs. Sie verehren die selbstgewählte Armut der Frommen. Aber sie verordnen sie trotzdem nicht allen Gläubigen. Dass sie diese Spannung aushalten, macht die prinzipielle Fortschrittsfähigkeit der Weltreligionen aus: Sie verbieten ihren Anhängern nicht, nach Wohlstand und besseren Lebensverhältnissen zu streben. Sie machen dieses Streben aber gemeinschaftspflichtig, begrenzen es, verdammen den Kampf aller gegen aller, erklären den Satz zur Häresie, dass an alle gedacht ist, wenn jeder an sich selber denkt.

Gibt es – jenseits dieser prinzipiellen Fortschrittsfähigkeit – Religionen, die fortschrittsfreundlicher sind als andere? Gibt es also bestimmte Glaubensformen, die wirtschaftliche Entwicklungen beschleunigen oder bremsen? In den vergangenen Jahren ist diese Frage vor allem im Vergleich zwischen dem Islam und dem Christentum diskutiert worden. Vom neunten bis zum 13. Jahrhundert blühte in der islamischen Welt die Wirtschaft, forschte und lehrte dort die Spitze der damaligen Wissenschaft, war die Gesellschaft freier, sozial durchlässiger, der Staat rechtstreuer und toleranter als im christlichen Europa. Heute stehen – ergänzt durch das shintoistisch-buddhistisch geprägte Japan – die christlich geprägten Industriestaaten an der Weltspitze, während islamische Länder nur reich sind, wenn sie Ölquellen besitzen. Islamische Länder geben deutlich weniger Geld für Wissenschaft und Forschung aus als christlich geprägte, Demokratien existieren hier häufig nur auf dem Papier, offene und durchlässige Gesellschaften gibt es selten.

Die gängige Erklärung dafür lautet: Ab dem 13. Jahrhundert gewannen in der islamischen Welt die konservativen und zunehmend auch fundamentalistischen Strömungen die Oberhand, für die Wirtschaft und Wissenschaft im Dienst der Religion zu stehen haben, die dem Gläubigen genau vorschreiben, was er zu glauben und was er für seinen Glauben zu tun hat. Das Christentum dagegen überwand durch die Auseinandersetzungen um die Reformation und durch die Aufklärung die Gefangenschaft im mittelalterlichen Denken, die Menschen begriffen sich zunehmend als freie Individuen, die Wissenschaft konnte sich ihre Freiheit erkämpfen. Max Weber beschrieb in seinem 1904/05 veröffentlichten Aufsatz *Die protestantische Ethik und der Geist des Kapitalismus*: Die protestantische, vor allem calvinistische Mischung aus Individualismus, der Wertschätzung der Arbeit und des Erfolges als Zeichen göttlichen Wohlwollens, aus Konsumverzicht und asketischem Pflichtbewusstsein ist eine der wichtigsten Voraussetzungen für eine kapitalistische Wirtschaftsordnung.

Es entscheidet also die Mischung aus Freiheit, Pflichtbewusstsein, Hedonismusverzicht und Gemeinschaftsverantwortung darüber, ob eine Religion Fortschritt und Wachstum fördert oder nicht: So könnte man die Gegenüberstellung von Islam und Christentum verallgemeinern. Das Christentum ist demnach durch den schmerzhaften Prozess von Reformation und Aufklärung fortschrittsfähiger geworden als der Islam. Doch so einfach lässt sich die These nicht durchhalten.

So ist zum Beispiel ungeklärt, ob im späten Mittelalter tatsächlich die Fundamentalisierung des Islams den wirtschaftlichen Niedergang des Orients bedingte – oder ob nicht umgekehrt der Niedergang die religiöse Einengung zur Folge hatte. Zu den wenigen Studien, wie Muslime heute wirtschaften, gehört eine 2004 erschienene Untersuchung aus Südafrika, die zu dem Ergebnis kommt: Sie wirtschaften nicht anders als Christen. Das Zinsverbot des Korans spielt selbst bei frommen Muslimen kaum eine Rolle: Sie gehen in die Moschee, beten, fasten und halten Geschäft und Glauben getrennt. Bemerkenswert ist auch, dass ausgerechnet Iran eine Studentinnenquote hat, auf die manches westliche Land neidisch wäre – oder die wirtschaftliche Entwicklung in der Türkei unter einer islamisch orientierten Regierung.

Es sind also oft regionale und kulturelle Eigenheiten entscheidend, nicht so sehr die Religionszugehörigkeit. Max Weber sah das Judentum als die Religion, die am ehesten weltzugewandt und fortschrittsförderlich ist. Er hatte die assimilierten, bürgerlichen Juden in Deutschland und den Vereinigten Staaten im Blick, deren diskriminierte Vorfahren riskanter wirtschaften, flexibler und besser ausgebildet sein mussten als der Rest der Bevölkerung. Auf die armen Juden in Polen oder Russland traf das alles nicht zu; die wohlhabenden Juden des Westens beurteilten übrigens damals die Bildungs- und Entwicklungsfähigkeit der Ostjuden ungefähr so positiv wie heute Thilo Sarrazin die Fähigkeiten der Kreuzberger Türken.

Die Reihe lässt sich fortsetzen: Östliche Religionen wie der Buddhismus finden heute im Westen vor allem unter Kritikern der westlichen, kapitalistischen Lebensweise Anhänger – in ihren Heimatländern stehen sie dem regionalen Turbokapitalismus nicht im Wege. Manchmal dreht sich auch innerhalb kurzer Zeit das Verhältnis von Glaube und wirtschaftlichem Erfolg: Noch in den 50er Jahren waren in Deutschland die Regionen mit überwiegend katholischer Bevölkerung wirtschaftlich unterentwickelt, heute gibt es dort die höchsten Einkommen und die wenigsten Arbeitslosen.

Es lässt sich also nur sagen, dass Religionen meist dann zu Wachstum, Entwicklung und breitem Wohlstand beigetragen haben, wenn sie die Gefahren des Reichtums sahen, Erfolg und Fortschritt aber nicht verteufelten, wenn sie Freiheit und Pflicht, Selbstverwirklichung und Gemeinschaftsverantwortung in der Balance hielten. Es fällt aber auf, dass die ernst zu nehmenden christlichen, buddhistischen, jüdischen und muslimischen Wirtschaftsethiken im Zeitalter der Globalisierung ein gemeinsames Thema gefunden haben: Sie arbeiten an Konzepten zur Begrenzung und Eindämmung des Turbokapitalismus, ob mit den Argumenten östlicher Achtsamkeitsphilosophie, der islamischen Wirtschaftsethik, der katholischen Soziallehre, der protestantischen Ethik.

Wenn die Politik keine weltweit verbindlichen Regeln zur Kontrolle der Märkte mehr findet, müssen die Religionen es tun, zur Einspruchsmacht werden, die dem Menschen, der Zukunft des Lebens verpflichtet ist. So hat der katholische Theologe Hans Küng sein „Projekt Weltethos“ beschrieben. Er ist dafür kritisiert worden, weil er die Unterschiede zwischen den Weltreligionen nivelliere.

Aber vielleicht ist das tatsächlich eine gemeinsame Aufgabe der Menschen aller Glaubensrichtungen: zu verhindern, dass der Kapitalismus selber religiöse Züge annimmt und nicht mehr das ist, was er sein soll: ein Wirtschaftssystem mit Vorzügen und Nachteilen, das den Menschen dienen soll.

„Wir sind keine Engel“

Der Kölner Sozialwissenschaftler Frank Schulz-Nieswandt über das Verhältnis der Religionen zu Geld, Zinsen und Armenfürsorge.

Interview: Caspar Dohmen

Der Kölner Wissenschaftler Frank Schulz-Nieswandt interessiert sich dafür, wie sich religiöse Überzeugungen von Menschen auf das wirtschaftliche Verhalten auswirken. Der 51-Jährige führt als Dekan die Wirtschafts- und sozialwissenschaftliche Fakultät der Universität Köln. Er erklärt, wie die Kritik am Zins das Judentum, das Christentum und den Islam geprägt hat – und warum die drei großen Religionen in ihrem Menschenbild der Sozialen Marktwirtschaft ähneln.

SZ: Was hat Religion mit Wirtschaft zu tun?
Schulz-Nieswandt: Schon Max Weber beschäftigte sich mit dem Einfluss der Religion auf die Entstehung des Kapitalismus, insofern ist es ein klassischer Ansatz. Auch heute schauen Sozialwissenschaftler, wie sich religiöse Überzeugungen auf das Verhalten der Menschen in der Wirtschaft auswirken.

Frank Schulz-Nieswandt: „Die drei Hochreligionen geben uns Varianten der Sozialen Marktwirtschaft vor.“

SZ: Sie haben sich vor allem mit Judentum, Christentum und Islam beschäftigt. Wie stehen diese Religionen zum Zins?
Schulz-Nieswandt: Es ist ein ungeheuer interessantes Phänomen, dass sich

in diesen drei Weltreligionen die Kritik am Zins lange gehalten hat. Man ist der Meinung, dass man zwar jemandem Kapital leihen kann, aber es nicht verzinst zurückverlangen darf. Diese radikale, aus dem Alten Testament stammende Ethik hat Judentum, Christentum und Islam geprägt. Allerdings werden verschiedene Varianten im Alten Testament geschildert: Einige Textstellen verbieten Zinsen grundsätzlich, an anderen gilt das Zinsverbot nur für Hebräer untereinander. Von Fremden dürften sie demnach Zinsen nehmen.

SZ: Wann bröckelte das radikale Zinsverbot?
Schulz-Nieswandt: Mit dem Aufkommen des Kapitalismus ab dem 14./15. Jahrhundert. Der Reformator Johannes Calvin war einer der ersten Theoretiker, der forderte, man müsse sich mehr auf das wirtschaftliche System einlassen.

SZ: Im Islam gilt das Zinsverbot bis heute?
Schulz-Nieswandt: Ja. Aber es gibt im Islam einige Varianten, um das Zinsverbot zu umgehen, beispielsweise durch Gemeinschaftsunternehmen. Der Geldgeber erhält dann zwar keinen Zins, er wird aber an den Erträgen des Projekts beteiligt, und dies wirkt wie ein Zins.

SZ : Kann man aus der Religion einen gerechten Zins ableiten?
Schulz-Nieswandt: Ja, es gibt Argumentationswege. Vor allem geht es um die Frage, warum man einen Zins bekommt. Heute begründen wir ihn in der modernenen Wirtschaftswissenschaft mit den Opportunitätskosten. Gibt jemand Kapital weg, dann hat er einen Verlust, weil er es nicht alternativ verwenden kann. Da kann man argumentieren, dass jemand dafür ein klein wenig entgolten wird. Im Islam erhält der Investor aber nur bei Erfolg seine Zinsen. Bei Misserfolg soll der Verlierer nicht noch zusätzlich geschröpft werden, indem man ihm die entgangenen Zinsen abnimmt. Dies ist eine interessante Variante.

3.3. Religion und Fortschritt

SZ: Viele Bankmanager erhalten wieder hohe Boni, die öffentliche Empörung darüber ist groß. Gibt es in der Religion Hinweise für eine richtige Entlohnung?
Schulz-Nieswandt: Ich denke schon. Wir müssen die Anreize so setzen, dass die Leistungsfähigkeit nicht unterlaufen wird, andererseits dem Handelnden aber Grenzen gesetzt werden. Die meisten Arbeitenden wollen gar nicht nur über monetäre Anreize gesteuert werden. Das wissen wir aus der psychologischen Arbeitszufriedenheitsforschung. Anerkennung spielt beispielsweise ebenso eine große Rolle. Heute werden die Anreize für Manager jedoch häufig so gesetzt, dass sie alle Freiheiten haben Geschäfte zu machen, unabhängig von deren Qualität. Das entspricht nicht dem, was eine gute ökonomischen Theorie fordert.

SZ: Wie sollte es sein?
Schulz-Nieswandt: Man sollte Geld bekommen, wenn man gute Produkte verkauft, aber auch nur dann – nicht aber, wenn man grundsätzlich Produkte verkauft. Im Moment übertreibt man es in der Wirtschaft mit den monetären Leistungsanreizen.

SZ: Kann das schädlich sein?
Schulz-Nieswandt: Wenn man das Gefühl kriegt, man leistet nicht aufgrund seiner eigenen inneren Motivation, sondern nur auf äußere Anreize hin, kann das zu Kränkungen führen. Schließlich betrifft dies die eigene Identität, das Selbstkonzept wird verletzt – dann kann es ins Gegenteil umschlagen, und die Leute ziehen sich zurück.

SZ: Sollte man auf monetäre Anreize verzichten?
Schulz-Nieswandt: Keinesfalls, wir sind keine Engel. Man sollte intrinsische und extrinsische Motivation aber klug mischen.

SZ: Liefert die religiöse Ehtik Hinweise für ein zukunftsfähiges Wirtschaftssystem?
Schulz-Nieswandt: Grundsätzlich geben uns die drei Hochreligio-

nen vom Menschenbild gewissermaßen eine Variante der Sozialen Marktwirtschaft vor. Und dies spiegelt sich auch in unserem Grundgesetz mit seinen jüdisch-christlichen Wurzeln. Im Artikel 2 heißt es hier: Jeder hat ein Grundrecht auf freie Entfaltung der Persönlichkeit, soweit dadurch nicht die Freiheit anderer gefährdet ist. Man muss die Freiheit also immer interdependent sehen, es gibt sie nur, wenn man miteinander frei ist. Dies setzt sofort Prozesse der sozialen Gerechtigkeit in Gang. Deswegen wäre viel gewonnen, wenn wir das Soziale an der Marktwirtschaft nichts als Achillesferse, sondern als konstitutives Merkmal der Sozialen Marktwirtschaft betrachten würden.

SZ: Kann man ein Grundeinkommen religiös begründen?
Schulz-Nieswandt: Natürlich, wenn wir es nicht gleich sozialrechtlich und finanzierungstechnisch definieren wollen. Die allgemeine Liebesidee, die Agape, wie wir sie aus dem Frühchristentum kennen, ist eine unbedingte Fürsorgepraxis: Ich gebe, ungeachtet der Ursache, ob jemand sich fehlverhalten hat. Das Urchristentum lässt selbstverschuldete Arme nicht in der Gosse landen. Man gibt trotzdem, und dies ist ein Grundeinkommen.

SZ: Wie hoch sollte dieses Grundeinkommen aus christlicher Sicht sein?
Schulz-Nieswandt: Da muss man abwägen. Gibt man zu viel, dann strengt sich der Hilfsempfänger vielleicht gar nicht mehr an, seinen Lebensunterhalt selbst zu bestreiten. Im Neuen Testament heißt es ja sinngemäß: Im Schweiße deines Angesichts sollst du dein Brot erwerben. Die Ökonomen betonen dieses Prinzip häufig jedoch viel zu stark und werden so zu Gegnern des Sozialschutzsystems.

SZ: Wo sind die Grenzen der christlichen Fürsorge?
Schulz-Nieswandt: Schauen Sie sich den heiligen Martin an. Ich interpretiere ihn als einen christlichen Ritter, er gibt dem Armen aber nicht den ganzen Mantel ab, sondern teilt ihn. In der Wirtschaft nennen wir dies eine Win-Win-Situation: Der Alte erfriert

nicht, der Ritter stellt sich materiell zwar schlechter, er behält aber ein Stück Mantel, um selbst nicht zu erfrieren, und da er seiner Tugendethik entsprechend gehandelt hat, fühlt er sich besser. Allerdings müsste man die Motive von St. Martin kennen, um die Situation genau beurteilen zu können.

SZ: Warum?
Schulz-Nieswandt: Handelt der Ritter, weil er sonst ein schlechtes Gewissen hat? Oder handelt er aus politischer Klugheit, weil er einen Aufstand der Armen verhindern will, oder tut er es aus einer christlichen Moral heraus? Eine nach außen ethische Verhaltensweise kann nach innen, sagen wir, nicht ganz so edel sein. Diesen Vorbehalt muss man immer haben, wenn man Verhalten beobachtet. Wir wissen meist nicht viel über die Motive. Die kann man nur durch Tiefenanalyse erfahren. Die meisten Studien zeigen aber, dass sich ökonomische Überlegungen und Klugheitsüberlegungen und das Gewissen mischen, und dies ist eine solide Basis.

4. Die Grenzen des Wachstums

Die Dampfmaschine

Die Nachricht von der ersten Dampfmaschine muss den Menschen genauso unglaublich erschienen sein wie die Landung eines riesigen Raumschiffs auf dem Mond. James Watt erfand 1765 in England die erste brauchbare Dampfmaschine – es war der Beginn einer neuen Ära. Vor der Industrialisierung waren die Menschen bei der Erzeugung von Energie auf ihre eigene Kraft oder Tiere und Naturkräfte angewiesen, plötzlich wurden sie unabhängig davon. Innerhalb kurzer Zeit galt die Dampfmaschine als unverzichtbares Arbeitsgerät. Sie trieb Pumpen und Hämmer an, ließ Gebläse und Walzen laufen – und wurde zu einem bedeutenden Meilenstein der industriellen Revolution.

Beste Milchmädchen-rechnung aller Zeiten

Der britische Ökonom Thomas Robert Malthus zeigte als Erster Grenzen des Wachstums auf. 200 Jahre später werden sie spürbar – für Arme zuerst.

Von Michael Bauchmüller

Mal angenommen, eine Vogelart ernährte sich ganz allein vom Regenwurm. Die Vogelart vermehrt sich, der Regenwurm vermehrt sich auch, und alles ist in einem gesunden Gleichgewicht. Doch irgendwann gerät die Sache aus der Balance, die Zahl der Vögel wächst schneller als ihr Futter. Und die Art steht vor einem echten Problem. Einem Wachstumsproblem.

Solche Überlegungen und einiger Ärger trieben Thomas Robert Malthus 1798 in sein *Essay on the principle of population*, einen Aufsatz über die Bevölkerungsentwicklung. Es sollte eigentlich nur eine Replik werden auf den Sozialphilosophen und Anarchisten William Godwin, der eine wachsende Bevölkerung als sichersten Indikator für Glück und Wohlfahrt ansah, ganz in der Tradition der Populationisten und Merkantilisten des 17. und 18. Jahrhunderts. Die betrachteten eine hohe Bevölkerungsdichte als Garantie für eine florierende Wirtschaft – und eine wachsende Bevölkerung mitunter als Bedingung für den Erfolg in Kriegen. Der Ökonom Malthus, ursprünglich ein Geistlicher, ahnte noch nicht, was sein Aufsatz auslösen sollte.

Denn erstmals ließ er so etwas wie Grenzen des Wachstums aufscheinen, durch eine einfache Hochrechnung. Wenn nämlich jede Familie vier Kinder habe, so rechnete Malthus vor, und diese vier abermals jeweils vier Kinder haben würden, dann müsse die

Bevölkerung exponentiell wachsen. Dann müsse sie allerdings auch schnell mehr Nahrung haben, sprich: mehr anbauen. Das aber, so befand Malthus, sei angesichts der Wachstumsraten unmöglich. Das lineare Wachstum landwirtschaftlicher Erträge werde kaum Schritt halten mit dem exponentiellen Bevölkerungszuwachs. „Der in die schon mit Beschlag belegte Welt Geborene findet an der großen Tafel der Natur kein für ihn gebreitetes Gedeck", schrieb er in der ersten Auflage seines Essays. „Die Natur befiehlt ihm, sich wieder zu entfernen, und zögert nicht, ihrem Befehle Nachdruck zu verleihen." Mit anderen Worten: Weil es nicht genug für alle gibt, werden einige sterben müssen. In späteren Ausgaben seines Essays strich er diese Formulierung, sie hatte ihm allzu viel Kritik eingebracht. An der grundsätzlichen Aussage aber änderte Malthus nichts – und wurde zum Vater einer neuen Denkschule, der Malthusianer.

Und das alles auf Basis einer Milchmädchen-Rechnung, denn Malthus' Prognosen waren falsch und richtig zur gleichen Zeit. Als er seine Thesen aufstellte, zählte die Welt an die 980 Millionen Einwohner, ungefähr so viel wie Indien vor zehn Jahren. Bis zum heutigen Tage bot die Welt Platz für weitere knapp sechs Milliarden Menschen. Wie viele Menschen in der Zwischenzeit von der Tafel der Natur vertrieben wurden, lässt sich kaum kalkulieren, die Zahl dürfte in die Milliarden gehen. Allein 2,2 Milliarden Menschen, so schätzt das Welternährungsprogramm der Vereinten Nationen in seinem jüngsten Bericht, leiden unter Hunger oder Mangelernährung. Nur ist die Grenze der Weltbevölkerung eben offenbar noch immer nicht erreicht.

Und trotzdem legte Malthus den Grundstein für eine Debatte, die bis heute fortdauert. Verkürzt gesagt heißt sie: Wie viel Mensch verträgt die Erde? Wie lange können sich Menschen Wachstum leisten, ohne deshalb massenhaft von der „Tafel der Natur" verwiesen zu werden?

Bislang ließ sich diese Tafel mit dem Wachstum der Menschheit nahezu beliebig verlängern. Malthus ging es noch allein um die Ernährung einer wachsenden Bevölkerung, doch diese wusste sich zu helfen. Mit künstlicher Bewässerung und Kunstdünger erweckte sie totes Land zum Leben und rang lebendem Land immer mehr ab. Sie befischte nicht mehr nur Küstengewässer, sondern gleich auch die hohe See, und erschloss sich damit neue Nahrungsquellen. Sie industrialisierte die Tiermast.

Grenzen? Zumindest auf dem Papier sind sie nicht in Sicht. Die Organisation für wirtschaftliche Zusammenarbeit und Entwicklung rechnet damit, dass die Agrarerzeugung 2030 etwa 50 Prozent über dem Wert von 2005 liegt – während die Weltbevölkerung im gleichen Zeitraum „nur" um gut 28 Prozent zulegen soll. Fortschritt macht's möglich.

Ganz ähnlich sieht es beim Treibstoff der Weltwirtschaft aus, dem Erdöl. Naturgemäß konnte sich Malthus im 18. Jahrhundert noch nicht damit beschäftigen. Ganz sicher aber hätte er es als eine wesentliche Restriktion künftigen Wachstums erkannt. Das übernahm später der Club of Rome, der die Rohstoff-Knappheit 1972 in seiner Studie *Die Grenzen des Wachstums* zum großen Thema machte. Schon damals prognostizierten die Autoren, die mit ihrer Computersimulation World 3 verschiedene Szenarien durchgespielt hatten, ein Ende des Wachstums noch im 21. Jahrhundert. Dann spätestens werde die Menschheit zur Geisel ihres Fortschritts.

Dreißig Jahre später überprüften die Autoren die Entwicklung, und ihre Ergebnisse wurden nicht optimistischer, im Gegenteil. „Der Höhepunkt der Ölförderung wird noch viel schneller erreicht sein, wahrscheinlich in der nächsten Dekade", schrieb die Gruppe um Dennis Meadows 2002. „Die Vorräte an fossilen Treibstoffen gehen fortlaufend und unwiederbringlich verloren."

Aber auch diese Grenze kommt nicht in Sicht. Neunmal in Folge stiegen zuletzt die Prognosen über förderbare Erdölreserven. Nach Zahlen des Ölmultis Exxon-Mobil wuchsen die Vorräte seit Anfang der 90er Jahre 57-mal stärker als der Bedarf. Der Grund liegt abermals in neuen Technologien: Sie erlauben die Förderung in Feldern, die lange als unzugänglich galten. Je höher der Ölpreis, desto lohnender wird selbst die komplizierteste Förderung. Es sieht fast so aus, als machte sich der technische Fortschritt lustig über das Malthus'sche Gesetz – obwohl es schon längst spürbar ist, nur eben nicht in den Industriestaaten.

Denn Wachstum ohne Wenn und Aber ist Luxus für wenige. „Wir haben weniger ein Problem der Menge", sagt etwa Alois Heißenhuber, Agrarökonom an der Technischen Universität München, „wir haben ein Problem der Verteilung". Zwar könne die Welt nach wie vor genug Nahrungsmittel bereitstellen – aber für viele nicht zu erschwinglichen Preisen. Werden Nahrungsmittel knapp, werden sie teuer – oft zu teuer. Preise entstehen an den Börsen, strikt nach den Gesetzen von Angebot und Nachfrage. Hunger ist nicht abhängig von der Zahl der Köpfe, sondern von der Zahlungsbereitschaft.

Als wäre das nicht Problem genug, wachsen die wechselseitigen Beziehungen zwischen Knappheiten und Umweltwirkungen. Eine wachsende Bevölkerung braucht mehr Wasser und entzieht es zwangsläufig der Landwirtschaft. Damit wird es in vielen Ländern noch schwieriger, einen Grundbedarf an Lebensmitteln selbst zu produzieren. Wertvolle Böden, die nicht mehr bewässert werden, gehen verloren. Gleichzeitig wächst die Nachfrage nach Böden, auch weil die Industriestaaten ihren Bedarf decken wollen. So gibt eine gute deutsche Kuh im Jahr nicht mehr 2000 Kilogramm Milch, wie vor wenigen Jahrzehnten, sondern viermal so viel. Dafür verzehrt sie auch nicht mehr heimisches Grünland, sondern an die 4000 Kilogramm Kraftfutter – importiert von den Äckern der Welt, die damit nur noch mittelbar für die menschliche Ernährung bereitstehen.

Nicht anders verhält es sich mit alternativen Treibstoffen. „Wenn der Ölpreis steigt, lohnt es sich, irgendwo auf der Welt Biosprit herzustellen", sagt Agrarökonom Heißenhuber. „Wenn es sich lohnt, wird es jemand machen." 2008, als der Ölpreis mit knapp 150 Dollar einen Höchststand erreichte, war auch Weizen teuer wie nie. Und Mexiko schlitterte in eine „Tortilla-Krise", weil sich der Mais für das Nationalgericht verteuerte. Knappheiten spüren die Ärmsten zuerst.

Bislang ließ sich die „Tafel der Natur“ nur deshalb erweitern, weil der Mensch noch jede neue Grenze mühelos überschritt. Nur werden viele Probleme drängender: der Klimawandel, die Überfischung der Meere, der Verlust der Artenvielfalt, die Versalzung von Böden, die Ausbreitung von Wüsten. Alle Versuche, die Erde in einer gemeinsamen Kraftanstrengung für eine wachsende Zahl von Menschen zu rüsten, scheiterten bislang, zuletzt im Dezember 2009, bei der Klimakonferenz in Kopenhagen. Die „nachhaltige Entwicklung“, auf die sich die Staaten beim Erdgipfel in Rio de Janeiro 1992 eingeschworen hatten, ist bislang im Wesentlichen eine schöne Vokabel.

Die Herausforderung bleibt und wird womöglich zum Kern des nächsten Aufschwungs. Eine wachsende Weltbevölkerung dauerhaft mit Nahrung, Energie, sauberem Wasser zu versorgen, wird ohne einen effizienteren Umgang mit Ressourcen nicht möglich sein – und damit abermals nur mit besserer Technik.

Die Weltbevölkerung wächst derweil nahezu ungebremst weiter. Bis zum Jahr 2050 könnten 9,15 Milliarden Menschen die Erde bevölkern, so die jüngste, leicht nach unten korrigierte Prognose der Vereinten Nationen. Wie eine Welt mit neun Milliarden aussieht, ob sie Wachstum auslöst oder an selbigem erstickt, ob sie eine Welt der Konflikte um Ressourcen sein wird oder eine der nachhaltigen Lösungen, lässt sich kaum prognostizieren. Schon 1961 zog der Kölner Soziologe Leopold von Wiese in einem Aufsatz über Malthus' Werk ein ernüchterndes Fazit. Der Westen leide, ausgelöst durch wachsende Bevölkerung, unter einer „Verherdung der Zivilisation, der Hast des Verkehrs, der Abdrängung der Aufmerksamkeit von der Pflege des Geistes und der Seele auf den zermürbenden, aber oberflächlichen Dienst am äußeren Apparate des Daseins“. Und da war die Welt nur halb so bevölkert wie heute.

„Wir brauchen in der Landwirtschaft eine Effizienzrevolution“

Prinz Felix zu Löwenstein über Naturkatastrophen, die Zerstörung von fruchtbarem Ackerboden und die Ursachen von Hunger.

Interview: Silvia Liebrich

Der promovierte Agrarökonom und Ökolandwirt Prinz Felix zu Löwenstein hat in den achtziger Jahren als Entwicklungshelfer in Haiti gearbeitet. Heute ist der 55-Jährige Präsident des Dachverbandes der deutschen Biolebensmittelwirtschaft BÖLW und betreibt einen Hof in Hessen.

SZ: Prinz Löwenstein, was haben die schrecklichen Bilder des Erdbebens in Haiti im Januar 2010 bei Ihnen ausgelöst?

Löwenstein: Ich bin zutiefst schockiert. Eines meiner Kinder ist in Port-au-Prince zur Welt gekommen. Die Katastrophe trifft eines der ärmsten Länder der Welt, das sich nicht selbst helfen kann. Diese Bilder sehen zu müssen, zerreißt einem das Herz!

Falsche Hilfe richtet oft Schaden an, sagt Agrarökonom Prinz Felix zu Löwenstein.

SZ: In welchem Zustand haben Sie das Land damals vorgefunden?

Löwenstein: Haiti lebte schon damals im Wesentlichen von dem, was von außen hereinkam. Meine Aufgabe war es, ein Bewässerungssystem wieder einzurichten und eine Selbstverwaltung der Bauern zu organisieren. Das Schwierige daran war, dass es in Haiti keinen funktionierenden Staatsapparat gab. Es galt das Recht des Stärkeren.

SZ: Der Hunger in armen Ländern hat also vor allem politische Ursachen?
Löwenstein: Ganz überwiegend. Ein wesentliches Problem in vielen armen Ländern ist die fehlende Rechtssicherheit. In Haiti ist das ein Hauptgrund für die entsetzliche Bodenerosion: Weil der einzelne Bauer keinen sicheren Eigentumstitel für seine Äcker hat, fehlt der Anreiz, sie zu schützen. Denn wenn er den Wert seiner Flächen erhöht, wächst die Gefahr, dass sie ihm von einem Mächtigeren weggenommen werden.

SZ: Haiti ist seit Jahrzehnten auf Entwicklungshilfe angewiesen. Doch alle Bemühungen scheinen vergeblich.
Löwenstein: Das Beispiel Haiti zeigt, dass es naiv ist zu glauben, dass sich mit Hilfe von Geld und Technologie irgendwie alle Probleme lösen lassen. Das Land hat zudem den Punkt, an dem noch eine Umkehr möglich gewesen wäre, längst hinter sich gelassen.

SZ: Meinen Sie damit den Raubbau an der Natur?
Löwenstein: Ja. Ein großer Teil des fruchtbaren Ackerbodens wurde ins Meer gespült. Die massive Abholzung auf der Insel hat dramatische regionale Klimaveränderungen ausgelöst. So ist der Nordosten des Landes, das einmal eines der ertragreichsten Anbaugebiete der gesamten Karibik war, zur Wüste geworden. Haiti wird deshalb für immer auf den Import von Nahrungsmitteln angewiesen sein.

SZ: Einige Kritiker vertreten die Ansicht, dass die Entwicklungshilfe armen Ländern mehr schadet als nutzt.
Löwenstein: Das kann man nicht so generalisierend sagen. Es gibt viele Beispiele, wie durch falsche Hilfe Schaden angerichtet und

nichts als Abhängigkeit erzeugt wurde. Ich kann Ihnen aber auch von Projekten berichten, die den Menschen wirklich helfen.

SZ: Was unterscheidet gute von schlechter Entwicklungshilfe?
Löwenstein: Schwierig wird es vor allem dort, wo korrupte staatliche Stellen involviert sind und ein großer Teil des Geldes über die europäischen Bankkonten der Mächtigen in unsere eigenen Volkswirtschaften zurückkehrt. Hinzu kommt, dass sich die Regierenden fast nie trauen, eine eigene Vision von der Entwicklung ihres Landes zu entwickeln, um dann zu entscheiden, welche Hilfe sie weiterbringt und welche nicht.

SZ: Die Entwicklungshilfe der Bundesrepublik beschränkt sich im Wesentlichen darauf, finanzielle Mittel bereitzustellen. Ist das der falsche Ansatz?
Löwenstein: Entwicklungshilfe wird nicht besser, nur weil wir einen bestimmten Prozentsatz unseres Bruttosozialproduktes abliefern. Es ist einfacher, materielle Hilfe zu leisten, eine Straße oder einen Brunnen zu bauen, als in den Köpfen der Menschen etwas zu bewegen. Doch gerade Letzteres ist entscheidend für Fortschritt und Wohlstand. Das erfordert aber einen langen Atem.

SZ: Fehlen langfristige Konzepte?
Löwenstein: Eindeutig. Die Helfer stehen immer unter Zeitdruck. Das ist ein großes Problem. Sie müssen beweisen, dass sie etwas geleistet haben – und das nicht erst in zehn Jahren, sondern möglichst innerhalb von zwei oder drei Jahren. Die meisten agieren nach der Fallschirmspringer-Methode: Von oben einspringen, aber ohne Verankerung in der Gesellschaft.

SZ: Besonders umstritten sind Hilfslieferungen von Lebensmittel, weil sie lokale Märkte kaputt machen. Wäre es besser, ganz darauf zu verzichten?
Löwenstein: Wenn nach einer Katastrophe alles zusammenbricht, sind Nahrungsmittelhilfen kurzfristig sicher berechtigt und auch

notwendig. Meist dienen sie aber eher unserer Überschussentsorgung und richten großen Schaden an. Vor 30 Jahren habe ich auf Haiti selbst miterlebt, wie Hilfslieferungen von Milchpulver aus den USA in kürzester Zeit die Existenz einer kleinen lokalen Molkerei vernichtet haben. Auch unsere Billigexporte haben viel mit dem Zustand armer Länder zu tun.

SZ: Lebensmittelausfuhren zu Dumpingpreisen sind nur möglich, weil Landwirte in Europa und den USA massiv subventioniert werden. Wir tragen also selbst dazu bei, Hunger und Armut in der Dritten Welt zu verschärfen.
Löwenstein: Schuld daran ist unser perverses Agrarsystem. Wir bauen auf 1,2 Millionen Hektar in Südamerika Sojabohnen an, die wir nach Europa transportieren, um damit mehr Fleisch und Milch herzustellen, als wir benötigen. Den Überschuss pressen wir dann mit Exportbeihilfen auf die Märkte der Dritten Welt. Das ist doch absurd.

SZ: Was muss sich ändern?
Löwenstein: Wir brauchen eine Landwirtschaft, in der nicht der Output, sondern der Input optimiert wird: eine Effizienzrevolution. Wir brauchen keine industrielle Landwirtschaft zur Welternährung, sondern müssen die bäuerliche Landwirtschaft stärken, um die eigene Ernährung zu sichern.

SZ: Welchen Beitrag kann der Ökolandbau leisten? Vertreter der Agrarindustrie behaupten, dass die Weltbevölkerung mit Bio nicht ernährt werden kann.
Löwenstein: Das ist Quatsch. Es gibt genügend Studien, die zeigen, dass gerade in ärmeren Ländern der ökologische Landbau die produktivere Anbauform ist. Misereor hat gerade eine Studie vorgelegt, die das auf den Philippinen in eindrucksvoller Weise bestätigt. Die effizientere Methode ist der ökologische Landbau allemal: Bauern, die keine Pestizide und Kunstdünger zukaufen müssen, verschulden sich auch nicht so hoch. Sie verdienen besser und kön-

nen deshalb mehr investieren. Ich behaupte nicht, unser heutiger Ökolandbau sei bereits ein perfektes Anbausystem. Er ist aber der richtige Pfad – was im Übrigen auch eine der Hauptaussagen des Weltagrarberichtes ist.

SZ: Warum leistet die Industrie so großen Widerstand?
Löwenstein: Der ökologische Landbau braucht viele Erzeugnisse der Agroindustrie nicht. Er lässt sich nicht monopolisieren und die Konzerne können damit längst nicht so viel Geld verdienen. Das ist auch einer der Gründe, warum im ökologischen Landbau die Forschung hinterherhinkt. Hier braucht es ein erheblich stärkeres Engagement staatlicher Forschungspolitik.

SZ: Es sieht nicht danach aus, dass sich die Ursachen für Hunger und Armut in absehbarer Zeit beheben lassen. Die Verhandlungen über den Abbau von Handelsschranken stecken in einer Sackgasse. Frustriert Sie das?
Löwenstein: Es stimmt, die Lage scheint wenig ermutigend. Doch ich halte es da mit Martin Luther, der auch dann noch einen Apfelbaum gepflanzt hätte, wenn er erfahren hätte, dass anderntags die Welt untergeht.

Leere Container und leere Versprechen

Die globale Wirtschaftskrise hat viele Glaubensgrundsätze in Frage gestellt, nun gerät auch das Modell der Globalisierung ins Stocken.

Von Cerstin Gammelin

In den Ländern des Westens herrscht der unbedingte Glaube an den Freihandel. Offiziell hat sich daran nichts geändert, mag die Finanz- und Wirtschaftskrise auch viele andere Glaubensgrundsätze in Frage gestellt haben. Die Pleite mächtiger Banken ließ die Vision vom grenzenlosen Wachstum des Finanzmarktes bröckeln. Erschreckt schauten die Menschen auf Finanzkonzerne, denen sie ihre Ersparnisse anvertraut hatten – und die plötzlich am Abgrund standen. Oder auf mächtige Versicherer, die in Existenznöte gerieten. Und zum ersten Mal seit dem Ende des Zweiten Weltkrieges schrumpfte der internationale Warenaustausch im zweistelligen Prozentbereich. Aber während alle nach einer neuen Geschäftsordnung für den Finanzmarkt rufen, heißt es beim Freihandel: Weiter so!

Dabei steckt der Freihandel, das Symbol der Globalisierung, der Integration der Welt durch große Ströme von Waren, Kapital und auch Menschen, länger schon in der Krise. Die Welthandelsrunde tagt seit fast einem Jahrzehnt vergeblich. Und die Krise von 2009 lieferte dazu beeindruckend beklemmende Bilder. Ihr wichtigstes Merkmal ist der Container. Überall stehen gelb lackierte Containerwaggons auf stillgelegten Gleisen. Überflüssig, ja nutzlos warten sie da, verteilt auf der ganzen Welt, auf Waren. Sie spiegeln die Wirtschaftslage, machen statistische Daten und abstrakte Beschreibungen fassbar. Hunderttausende Container und

Güterwaggons sind außer Dienst. Die Deutsche Bahn hat viele Kilometer ungenutzte Gleise gemietet, um Waggons zu parken. Weltweit sind Mitte 2009 mehr als 500 Containerschiffe stillgelegt, zehn Prozent der Containerschiffsflotten.

Die schlimmste globale Wirtschaftskrise seit acht Jahrzehnten – sie ist zugleich auch die erste ganz große Krise der Globalisierung. Nicht nur die Finanzmärkte haben versagt, auch der weltweite Warenhandel hat anders funktioniert als erwartet. Über die globalen Warenmärkte wurde das Beben, das an der Wall Street begann, rund um die Welt transportiert. Aus Chancen sind Risiken geworden. Der 11. September 2001 lehrte, dass die Globalisierung nicht nur die weltweite Verbreitung von guten Dingen erleichtert, sondern auch von schlechten. Der Finanzcrash im Herbst 2008 unterstrich diese Erfahrung unmissverständlich. Ihm folgte der globale Konjunktureinbruch, die Krise des Freihandels.

Zu einer globalen Antwort haben sich die Staaten der Welt nur im Ansatz durchringen können. Sie haben Wachstumsprogramme aufgelegt, diese aber kaum aufeinander abgestimmt. Jede Regierung denkt zuerst an die eigene Volkswirtschaft – und greift häufig zu einem Instrument, das sie eigentlich ablehnt, weil es Warenverkehr einschränkt: dem Protektionismus.

Die Franzosen und die Deutschen schützten heimische Autobauer, die Amerikaner liebäugelten mit einer Buy-American-Klausel im Konjunkturpaket, die Briten werteten das Pfund ab und die Europäische Union führte die direkten Agrarsubventionen wieder ein. Die Russen erließen neue Zölle auf Automobile und werteten den Rubel ab. Indien führte Zölle auf Eisen- und Stahlerzeugnisse ein.

Kurzum: Man schottet sich wieder ab. Seit dem ersten Krisengipfel der zwanzig mächtigsten Volkswirtschaften der Welt (G 20) im Herbst 2008 haben die Regierungen weltweit 297 Regelungen umgesetzt, die dem eigenen Land nutzen – und anderen Staaten schaden. 184 Eingriffe entfallen auf die G-20-Staaten, die damals öffentlich versprochen hatten, dass sie zwölf Monate lang keine „neue Barrieren gegen Investitionen oder den Handel mit Waren und Dienstleistungen aufstellen". In den letzten drei Monaten des vergangenen Jahres registrierten Statistiker sogar 105 Maßnahmen, die den freien Handel einschränkten, dreimal mehr als solche, die ihn forcieren.

Die Staaten können der Versuchung, ihre Märkte abzuschotten, nicht widerstehen, schon, um den Bedürfnissen der eigenen Bevölkerung nach nationaler Krisenbewältigung gerecht zu werden. Eine große Koalition von Globalisierungsgegnern, die linke Anti-Globalisierungskämpfer und rechte Abschottungsideologen eint, macht die ungebremsten Waren- und Geldströme für das Desaster mitverantwortlich. Die aktuelle globale Krise sei auch eine Folge des unkontrollierten Welthandels, lautet ihr Credo. Einfuhrbegrenzungen seien geeignet, die Krise zu überwinden. Und generell verlaufe der freie Handel zwischen den reichen und den armen Ländern unfair, natürlich zulasten der ärmeren.

Freihändler halten dagegen mit dem Argument, dass gerade das handelsgetriebene Wachstum der vergangenen 60 Jahre den heutigen Wohlstand beschert habe. Sie fordern, die Doha-Welthandelsrunde so schnell wie möglich abzuschließen, um den Freihandel anzukurbeln. Ihr Ruf verhallte ungehört. Fortschritte im Ringen um grenzüberschreitenden Wettbewerb und ungehindert fließende Warenströme sind nicht zu verzeichnen.

Historische Analogien dafür, dass die Welt auf einen wirtschaftlichen Einbruch reagiert, indem sie den freien Warenverkehr deutlich einschränkt, gibt es durchaus. Mit Beginn der Industrialisierung Mitte des 19. Jahrhunderts beförderte ein reger Handel das Entstehen einer Weltwirtschaft. Handelsverträge entstanden, Zölle fielen. Aber im Jahre 1873, als Europa und Nordamerika von einer Depression heimgesucht wurden, machten Industrie und Landwirtschaft die Schuld beim freien Handel aus und drangen, heimische Märkte zu schützen.

Nach dem Ende des Ersten Weltkrieges setzte das kriegsmüde und politisch unruhige Europa erneut auf Zölle, Importquoten und Einfuhrverbote. Mit Beginn der Weltwirtschaftskrise nahm der wirtschaftliche Nationalismus weiter zu. Selbst Großbritannien hob die Kriegszölle von 1918 nicht wieder auf. Die USA beförderten 1930 die ohnehin hohen Zollsätze auf das höchste Niveau seit dem Bürgerkrieg. Abwehrmechanismen ließen nicht auf sich warten. In den 1930er Jahren wurden weniger Güter als zur Jahrhundertwende gehandelt.

Gewiss, heute ist die Situation anders. Es existiert das Allgemeine Zoll- und Handelsabkommen (GATT) und die Welthandelsorganisation (WTO). Ein dichtes Geflecht an Regelungen und Streitschlichtungsverfahren garantiert, dass einzelne Länder nicht einseitig vorgehen können. Doch seit längerem schon gibt es keinen wirklichen Fortschritt mehr. Wissenschaftler warnen deshalb umso eindringlicher davor, mit protektionistischen Maßnahmen kurzfristige Konjunktureffekte erzielen zu wollen. Mittel- und langfristig werde jeder mögliche Beschäftigungsgewinn durch Einbußen aufgefressen, zudem nehme die Produktivität der Volkswirtschaft ab. Ökonomen veröffentlichen eindrucksvolle Plädoyers für den Welthandel. *Globalisiert die Krise nieder!*, titelte der Spiegel einen Beitrag, in dem Thomas Straubhaar vom Hamburger Institut für Weltwirtschaft fordert: „Die Welt braucht mehr und nicht weniger Globalisierung."

Anzeichen, dass die Globalisierung stockt und mit ihr der freie Handel, gab es schon vor der Krise. Im Sommer 2007 blieb die Doha-Runde zur Liberalisierung des Welthandels wegen eines Grundsatzkonfliktes zwischen Entwicklungs- und Industrieländern stecken. China und Indien wollten die Knappheit an Rohstoffen nutzen, um die weltpolitische Macht zu mehren. Die USA hielten dagegen. Die Skepsis gewann über die Vorzüge des freien, unkontrollierten Warenverkehrs. Ähnliches geschah im Dezember 2009 auf dem Weltklimagipfel in Kopenhagen. China wollte sich unter keinen Umständen völkerrechtlich verpflichten, Umweltstandards einzuhalten. Mit der Folge, dass auch die USA starr blieben und kein Abkommen zustande kam. Die klimafreundlichen Europäer riefen nach Klimazöllen, die WTO warnte vor neuen Handelskriegen.

Die Krise verstärkt also die vorhandene Skepsis. Nicht nur die Finanzmärkte stehen deshalb auf dem Prüfstand, sondern auch das Modell des grenzenlosen Welthandels. Es scheint angebracht, einen Augenblick innezuhalten. Wenn der Finanzmarkt eine neue Geschäftsordnung bekommt, warum sollte nicht auch über eine solche für den Freihandel nachgedacht werden?

Dafür spricht auch, dass die Entwicklungsländer seit langem monieren, dass die Doha-Runde, die einst als Entwicklungsrunde aufgelegt wurde, diesen Namen nicht verdient. Wenn davon die Rede sei, ärmere Länder am Welthandel zu beteiligen, bedeute das eher, dass deren Menschen Produkte des Westens kaufen sollten. Die Entwicklungsländer fordern, ihre Märkte ein wenig länger schützen zu dürfen und verweisen auf die historische Entwicklung. Diese zeigt, dass die heute reichen westlichen Staaten ihre Wirtschaft faktisch abgeschottet aufbauten. Erst als sie stark und konkurrenzfähig war, machten sie die Grenzen nach und nach auf. Wenn jetzt ärmere Länder sagen, sie wollen es ebenso halten, liegt eine gewisse Logik darin – obwohl nicht vergessen werden sollte, dass die Globalisierung der vergangenen 60 Jahre Millionen Menschen in Europa, China und Indien aus ihrer Armut befreit hat.

Insgesamt zeigt die globale Krise, dass die Regierungen den Selbstheilungskräften des freien Marktes nicht vertrauen können, weder im Finanz- noch im Handelsbereich. Der Glauben ist erschüttert. Jetzt sind fachkundige Ökonomen sowie ehrliche und mutige Politiker gefragt, um aus den gegenwärtigen Risiken der Globalisierung wieder Chancen zu machen. Ein Weiter-so gibt es eben nicht mehr, auch nicht beim Freihandel.

Tulpen aus Kenia

Im Schreckensjahr 2009 mottete die Luftfrachtbranche viele Jets ein. Langsam läuft das Geschäft wieder an, doch die guten Zeiten sind noch nicht zurück. Eine globale Branche und ihre Krise.

Von Jens Flottau

In normalen Zeiten wäre hier kein Durchkommen. Aber es ist ein Montag im Januar. Das war schon immer die ruhigste Zeit im Fracht-Bereich des Frankfurter Rhein-Main-Flughafens, dann werden weniger Waren, weniger Pakete, weniger Container versandt. Und es ist immer noch irgendwie Krise.

Im 65 000 Quadratmeter großen Lufthansa Cargo Center (LCC) fahren nur einzelne Gabelstapler Kisten von einer Ecke in die andere. Sie werden für die Abendmaschinen nach Asien und in die USA auf Paletten verbaut. Vor zwei Minuten, so blinkt es auf einer digitalen Anzeige an einer Förderanlage, hätte ein großes

Auf dem Frankfurter Flughafen wird ein Frachter der Lufthansa Cargo entladen. Wenn Krise ist, schickt Lufthansa solche Flugzeuge in die Wüste.

Bündel von Umzugskisten von einem Gabelstapler an einer Ladestation abgeholt werden sollen. Eine kleine Verspätung also. Aber die lässt sich an diesem Spätnachmittag locker auffangen.

Niemand wäre überrascht, wenn Florian Pfaff, Verkaufschef bei Lufthansa Cargo für Europa und Afrika, von vielen solchen Tagen berichten würde. Schließlich ist die Wirtschaftsleistung des Exportweltmeisters Deutschland 2009 um fünf Prozent gesunken. Welche Branche gibt es schon, die vom Außenhandel noch abhängiger sein könnte als die Luftfracht? Und waren nicht die Preise in diesem Geschäft um bis zu 40 Prozent eingebrochen, weil niemand mehr Güter per Flugzeug transportieren lassen wollte?

Doch seit Ende 2009 hat sich Erstaunliches getan. „Wir hatten im Dezember zweistellige Zuwachsraten", sagt Pfaff. In China, wo das Cargo-Geschäft immer wichtiger wird, habe es eine „Explosion bei der Nachfrage" gegeben. Deswegen hat die Lufthansa ihre Frachter Richtung Osten umgesteuert. Unternehmen in Europa hatten ihre Lagerbestände in den Monaten zuvor auf ein Minimum zurückgefahren. In vielen Branchen war der Nachschub knapp. Doch weil überall das Ende der Rezession ausgerufen wurde und sich Optimismus breit machte, stockten die Firmen ihre Bestände auf. Das Weihnachtsgeschäft lief besser als erwartet an.

Als sich diese Erkenntnis durchsetzte, war es für die Hersteller in Asien schon zu spät, um Spielzeuge und Computer mit dem Schiff nach Europa zu schicken, die Waren hätten es nicht mehr rechtzeitig in den Handel geschafft. „Man hat die Kauflust der Europäer unterschätzt", sagt Dirk Steiger, Chef der Fracht-Unternehmensberatung Aviainform.

Und so docken die Lastwagen fast schon wie früher in einer langen Reihe am LCC an. Mit Gabelstaplern werden die Waren ausgeladen und verteilt: Alles, was länger als acht Stunden auf den Abflug wartet, kommt in die Hochregale, sonst würde es im Weg stehen. Die restliche Fracht wird auf Flächen wie jene namens D31 verteilt. Das ist ein auf den Boden gepinseltes Rechteck, das einem Flug zugeteilt ist. Auf D31 wird heute die Fracht für den Flug nach Riad in Saudi-Arabien gesammelt, der am Abend starten soll.

Umgekehrt verteilen Hunderte von Lastwagen die Fracht, die in Frankfurt ankommt, in ganz Europa. Es gibt Linienfahrten dort, wo sich ein Flugzeug nicht mehr lohnt. Die Kisten mit dem Lastwagen zu transportieren kostet nur einen Bruchteil.

Lufthansa-Mann Pfaff glaubt mittlerweile, dass der Aufschwung in seiner Branche weitergeht: „Für einen reinen Nachholeffekt dauert das jetzt schon zu lange", sagt der Manager. Die ersten Januarwochen sind ebenfalls gut gelaufen. Die Luftfrachtbranche hat ihr „Annus Horribilis" wohl hinter sich.

Weltweit war der Umsatz 2009 für die Fracht-Airlines um etwa ein Drittel eingebrochen, er liegt nicht höher als 2003. Im langjährigen Durchschnitt wächst das Luftfracht-Geschäfte doppelt so schnell wie das Bruttoinlandsprodukt – es schrumpft aber im Abschwung auch doppelt so schnell.

Alleine Lufthansa Cargo hat in den ersten neun Monaten des Jahres 2009 etwa 750 Millionen Euro an Umsatz verloren, der Verlust betrug operativ 200 Millionen Euro. Cargolux, der luxemburgische Cargo-Spezialist, verbuchte ebenfalls hohe Verluste und musste sich bei Anteilseignern frisches Kapital holen. Air France-KLM beschloss, die Frachter-Flotte an die billigere Tochtergesellschaft Martinair zu übergeben. Einige kleinere Anbieter sind vom Markt verschwunden oder sie haben die Zahl der Flüge und der Maschinen reduziert.

Die International Air Transport Association (IATA) hat mittlerweile einen neuen Trend festgestellt: Die Nachfrage ist gegenüber Dezember 2008, dem absoluten Tiefpunkt, um 20 Prozent gestiegen. „Aber wir haben noch eine Menge nachzuholen", sagt IATA-Chef Giovanni Bisignani. Die guten Zeiten sind noch nicht zurück. Immerhin können die Fluggesellschaften seit dem Herbst 2009 wieder mehr Geld verlangen. Lufthansa Cargo machte den Anfang und schickte Briefe an die wichtigsten Kunden. Die Botschaft war eindeutig: Die Preise sollen um 25 Prozent steigen. Die meisten Konkurrenten wie Air France-KLM Cargo folgten binnen weniger Tage. An Flughäfen wie Schanghai oder Hongkong erhöhten die Airlines die Preise pro Kilogramm um das Fünf- bis

Sechsfache. Sie füllten dennoch die Bäuche ihrer Flugzeuge, weil die Fracht mitfliegen sollte, koste es was es wolle.

Und am Frankfurter Flughafen ist die Cargo City Süd entstanden, ein riesiges Areal, wo einst die Amerikaner mit ihrer Air Base viel Platz hatten. Hier stehen die Fracht-Jumbos der russischen Air Bridge Cargo oder Emirates Sky Cargo, die großen Lufthansa-Konkurrenten. Sie haben sich im Süden des Flughafens moderne Dependancen gebaut, während die Lufthansa den größten Teil der Fracht noch im veralteten LCC auf der Nordseite abfertigt, wo Flugzeuge auf dem Weg zur Startbahn West vorbeirollen – zwischen Wartungshallen und Treibstofftanks.

Der große Strukturwandel, den Experten seit Jahren prognostizieren, ist bislang ausgeblieben. „Viele Branchen, die ihre Güter aus Kostengründen eigentlich gar nicht fliegen dürften, haben Luftfracht genutzt", sagt Berater Steiger. Auf diese Weise seien auch Billigwaren wie T-Shirts, Schuhe oder Hemden an Bord gelandet und nicht nur teure Unterhaltungselektronik, bei der die Transportkosten nur einen geringen Anteil des Verkaufspreises ausmachen und die schnell in die Läden müssen. Immer, wenn die Branche kriselt, fürchten die Luftfracht-Manager, dass ihre Kunden einen großen Teil künftig mit dem Schiff transportieren lassen. Das dauert länger, kostet aber nur einen Bruchteil.

Doch selbst die Krise lässt Spediteure und Produzenten nicht umsteuern. Immer noch landen Flugzeuge voll mit Tulpen aus Kenia in Amsterdam. Und Seebarsch aus Chile ist in diesem Jahr in den USA nur deswegen schwer zu haben, weil ein großer Teil der Zucht einer Krankheit zum Opfer gefallen war. Stattdessen ist jetzt Fisch aus Norwegen in den Restaurants von New York gefragt – eingeflogen per Flugzeug über Frankfurt. Lufthansa-Verkäufer Pfaff ist auch wegen solcher Geschichten gelassen. Klar, es könne sein, dass Geschäft wegbreche. „Aber dann tun sich immer wieder neue Möglichkeiten auf, an die man vorher gar nicht gedacht hat."

Mit 70 Jahren noch begehrt

Die Gesellschaft wird älter – das ist kein Grund zur Sorge, wenn sich die Einstellung der Menschen ändert.

Von Sibylle Haas

Es ist das Jahr 2030. Ein Rentner, ärmlich angezogen und vom Leben gezeichnet, beklagt die niedrige Einheitsrente: „Erklären Sie mir mal, wie man mit 560 Euro im Monat auskommen soll. Wenn du Miete und Krankenkasse bezahlt hast, kannst du dir nur noch das Wasser aus dem Hahn leisten." Der Anteil der Alten in Deutschland ist 2030 so hoch, dass viele ums Überleben kämpfen. Alte brechen in Apotheken ein, um Medikamente zu klauen, die ihnen die Krankenkassen nicht mehr bezahlen. Auf dem Schwarzmarkt gibt es Plagiate, doch die machen erst recht krank. Ein Teil der Alten ist lethargisch. Andere sind zornig, entführen den Vorstandsboss eines Wellness-Konzerns, um den Staat zu erpressen, überfallen Banken und demonstrieren auf der Straße.

Aufstand der Alten heißt der Fernsehfilm des ZDF, dem die Szenen entnommen sind. Jeder dritte Rentner, so die Fiktion, fällt 2030 unter die Armutsgrenze. Häusliche und gute Pflege gibt es nur für Leute mit viel Geld. Den anderen wird nahegelegt, zum freiwilligen Ableben in Euthanasiekliniken zu gehen – um die Welt effizient und sozialverträglich zu verlassen. Die Doku-Fiktion des ZDF erinnert an den 1973 erschienenen Ökothriller *Soylent Green*, dessen Story im Jahr 2022 in New York spielt: Leichen aus Euthanasiekliniken werden zu künstlichen Lebensmittelkeksen namens Soylent Green werden. Eine Horrorvision.

Kaum eine Generation hatte so viel Angst vor dem Altwerden wie die Baby-Boomer, die Männer und Frauen aus den geburtenstarken Jahrgängen. Zum ersten Mal in der Menschheitsgeschichte lebt eine Generation in Deutschland mit stetig steigendem Wohlstand und ohne Krieg. Das macht skeptisch und verleitet zur Untergangsstimmung nach dem Motto: Es ging uns in der Jugend gut und in der Lebensmitte sehr gut, da kann es uns im Alter doch nur schlechter gehen. Der Jugendwahn erledigt den Rest: In den aufstrebenden Wirtschaftswunderjahren und vor allem danach hat die Werbewirtschaft eingeimpft, nur wer jung und schön sei, sei auch leistungsstark. Und nur wer leistungsstark sei, sei auch etwas wert als Mensch. Alt sein – ein Makel.

Heute ist die wohlstandsverwöhnte Boomgeneration allmählich in die Jahre gekommen, sie ist um die fünfzig. Ein größerer Teil als in früheren Generationen ist kinderlos geblieben. Das hat viele Gründe. Doch maßgeblich hängt Kinderlosigkeit mit dem steigenden Bildungsniveau der Frauen zusammen. Dies zeigt zumindest die erste umfassende Sondererhebung des Statistischen Bundesamtes. Jede vierte Frau in den alten Bundesländern im Alter von 40 bis 75 Jahren mit hoher Bildung hat keinen Nachwuchs. Bei Frauen mit niedriger Bildung ist es nur jede achte. Bei den Frauen der Jahrgänge 1957 bis 1966 – der Boomgeneration also – dürfte der Anteil gutausgebildeter Frauen, die kinderlos bleiben, noch höher sein. In dieser Altersgruppe hat unabhängig vom Bildungsstand fast jede vierte kein Kind.

Das hängt in erster Linie mit der nach wie vor großen Schwierigkeit zusammen, Beruf und Kinder unter einen Hut zu bringen. Einiges ist inzwischen zwar geschehen: Immer mehr Firmen bieten Teilzeitarbeit, Jobsharing und familienbedingte Auszeiten an. Das reicht aber nicht. Die Bundesrepublik hat sich beim Thema Familienfreundlichkeit in den vergangenen fünf Jahren verbessert, doch bei der Betreuung von Kindern muss erheblich nachgebessert werden, zeigt eine Analyse des Instituts der deutschen Wirtschaft in Köln. So werden in Deutschland nur gut 21 Prozent der unter Dreijährigen in Kindertagesstätten oder von Tagesmüttern betreut, in Dänemark sind es mehr als 70 Prozent.

Angesichts dieser eher verhaltenen Fortschritte zugunsten der Familien verfestigt sich bei der Boomgeneration die Angst, dass sie im Alter finanziell nicht mehr zurechtkommen könnte. Immerhin werden weniger Junge da sein, die für sie sorgen. Sollten also die heute um die Fünfzigjährigen darüber nachdenken, wie sie ihr Ableben einmal gestalten wollen, anstatt darüber zu grübeln, ob die Rente auch in dreißig Jahren noch für den Mallorca-Urlaub reichen wird?

Die Angst vor der Altersarmut mag übertrieben sein, doch sie kommt ja nicht von ungefähr. Modellrechnungen des Statistischen Bundesamtes zeigen nämlich, dass in Deutschland im Jahr 2060 nur noch 65 bis 70 Millionen Menschen leben werden. Heute sind es noch etwa 82 Millionen und jeder fünfte von ihnen ist über 65 Jahre alt. Bis 2060 wird dieser Anteil auf ein Drittel steigen. Jeder Siebente wird dann sogar älter als 80 Jahre sein. Experten erwarten für das Jahr 2040 in Deutschland doppelt so viele Pflegebedürftige wie heute.

Das ist alarmierend. Trotzdem warnen Wissenschaftler davor, Untergangsstimmung zu schüren. Sie halten die Katastrophenszenarien sogar für gefährlich. „Nur wenn wir gar nichts tun, treten die Horrorszenarien ein“, sagt Hilmar Schneider vom Institut zur Zukunft der Arbeit (IZA) in Bonn. Thomas Straubhaar, Direktor des Hamburgischen Weltwirtschaftsinstituts (HWWI), kann ob der eingangs geschilderten filmischen Darstellungen nur den Kopf schütteln. „Wie kann eine Gesellschaft nur so anmaßend sein, Älterwerden als Problem zu bezeichnen“, kritisiert der Wirtschaftswissenschaftler. Im Gegenteil: Er sieht in dieser demographischen Veränderung auch Vorteile. „Noch nie ist die Bevölkerung in Friedenszeiten geschrumpft. Erstmalig muss in Zukunft nicht immer mehr produziert werden, um immer mehr Menschen satt und zufrieden zu machen“, sagt Straubhaar. Auch eine Seniorenstudie der Nürnberger Konsumforscher GfK sieht Chancen in der demographischen Entwicklung. „Wir werden vermutlich mehr Geld für

Pflege, Gesundheit, für Putz- und Haushaltshilfen ausgeben", sagt der Sozialwissenschaftler und GfK-Experte für das Konsumverhalten Älterer, Wolfgang Adlwarth. Das Handwerk werde ebenfalls stärker gefragt sein als heute, weil alte Menschen vieles nicht mehr selbst in Ordnung bringen können.

Die Angst vor dem Altern der Bevölkerung lähme die Menschen und lasse sie an gesellschaftlichen und wirtschaftlichen Strukturen festhalten, die nicht zukunftstauglich seien, warnt Straubhaar. Viele Ökonomen loben deshalb die Arbeitsmarktreformen der Schröder-Regierung. Sie habe wichtige Weichen gestellt und zum Beispiel den Trend zur Frühverrentung durchbrochen. Ende 2006 wurde zudem durch die „Initiative 50 plus" ein Bündel an Maßnahmen auf den Weg gebracht, um die Chancen Älterer zu verbessern. Das hat sich in der Statistik der Bundesagentur für Arbeit niedergeschlagen: Sie weist für das Jahr 2006 exakt 568 264 Arbeitslose im Alter von 55 bis 64 Jahren aus – 2009 ist dieser Wert auf 496 600 gesunken. In nur kurzer Zeit sei damit die Erwerbstätigenquote der 55- bis 64-Jährigen von weniger als 40 Prozent auf heute über 50 Prozent gestiegen. „Das ist ein guter Erfolg", lobt IZA-Direktor Schneider. Ob Ältere am Arbeitsmarkt gebraucht werden, hänge weniger von biologischen Faktoren ab, sondern viel mehr von finanziellen Anreizen.

Ulrich Walwei, der Vizedirektor des Instituts für Arbeitsmarkt- und Berufsforschung (IAB) der Bundesagentur für Arbeit in Nürnberg, hält schon die politische Diskussion über „ein Zurückdrehen der rentenpolitischen Entscheidungen" für einen Fehler. Die Frühverrentung habe älteren Beschäftigten suggeriert, dass sie in den Firmen nicht mehr gebraucht würden. „Das ist total falsch gelaufen", sagt Walwei. Angesichts des drohenden Fachkräftemangels werden Erfahrung und Wissen älterer Arbeitnehmer für die Firmen zunehmend unverzichtbar. HWWI-Direktor Straubhaar spricht von einer „stillen Reserve" und meint gut ausgebildete Frauen und erfahrene Ältere, deren Wissen oft verschenkt werde. Diese „stille Reserve" müsse „mobilisiert" werden, so Straubhaar, um die steigende Zahl der Rentner zu finanzieren.

„Wenn wir die Alten ausbremsen, tun wir uns allen keinen Gefallen“, meint IAB-Vize Walwei. „Wir müssen sie arbeiten lassen, denn ansonsten bremst die schrumpfende Bevölkerung Investitionen und Konsum und schwächt damit das Wirtschaftswachstum“, erklärt er. Antreiber für das Wachstum einer Wirtschaft sind vor allem Innovationen. Und die entstehen in den Köpfen von Menschen. Das Fraunhofer-Institut für System- und Innovationsforschung in Karlsruhe hat herausgefunden, dass Teams in Unternehmen besonders innovativ arbeiteten, wenn junges, aktuelles Wissen mit langjähriger Erfahrung kombiniert wird. Schon deshalb fordern Arbeitsmarktexperten, dass ältere Menschen ihre sozialen Kompetenzen und ihre Berufs- und Lebenserfahrung in den Firmen einbringen müssen.

Es liegt also auf der Hand: Wenn die Menschen älter werden, müssen sie länger arbeiten, damit die Sozialsysteme nicht kollabieren. Das muss nicht zwangsläufig heißen, dass ein Leben lang derselbe Job gemacht wird. Arbeitgeber und Beschäftigte müssen flexibler werden; Umbesetzungen dürfen nicht automatisch eine Degradierung bedeuten. Außerdem müssen mehr Stellen mit kürzeren und flexibleren Arbeitszeiten her sowie mehr anspruchsvolle Teilzeitjobs. Ohne lebenslanges Lernen geht es schon heute nicht mehr. Nur so bleiben ältere Mitarbeiter produktiv. „Von der Qualifikation und von der Gesundheit der Arbeitnehmer hängt es ab, ob deren Beschäftigung bis ins hohe Alter möglich ist“, sagt IAB-Vizedirektor Walwei. Horrorvisionen übers Altwerden? Es liegt an den Deutschen selbst, ihr Eintreten zu verhindern.

Erfahren, zuverlässig und stabilisierend

Warum eine Münchner Firma gerne ältere Mitarbeiter beschäftigt – und wie Arbeitsvermittler gegen den Jugendwahn angehen.

Von Elisabeth Dostert

Ich hebe etwas den Altersdurchschnitt", kokettiert Hubert von Seidlein, Chef des Münchner Händlers Radspieler. Der 80-Jährige verkauft edle Stoffe, Geschirr, Möbel und Textilien. Auch ohne den Senior ist die Altersstruktur der Belegschaft ungewöhnlich. 25 der 40 Beschäftigten, das Gros von ihnen in Teilzeit, sind älter als 50 Jahre. „Meine ältesten Mitarbeiterinnen sind 75 und 76 Jahre alt", erzählt Seidlein: „Bei mir gibt es entweder sechs Monate oder lebenslänglich." Seidlein macht's vor. Zwar hat er in den vergangenen Jahren einige Aufgaben abgegeben. Die Mode, beispielsweise, die kauft er nicht mehr selber ein. Und früher, da schaffte er zwei, drei Vertreterbesuche am Tag, heute reicht ihm manchmal schon einer. Aber an einen kompletten Rückzug denkt Seidlein nicht. „Warum sollte denn jemand, der sich noch fit fühlt, mit 65 aufhören? Und über das finanzielle Zubrot zur Rente freut sich manch einer auch." Öfter krank als jüngere Kollegen seien sie auch nicht. Aber eigentlich spiele das Alter keine Rolle, beteuert Seidlein dann. „In meiner Stoffabteilung hilft gelegentlich ein 17-jähriger Schüler aus, der arbeitet glänzend."

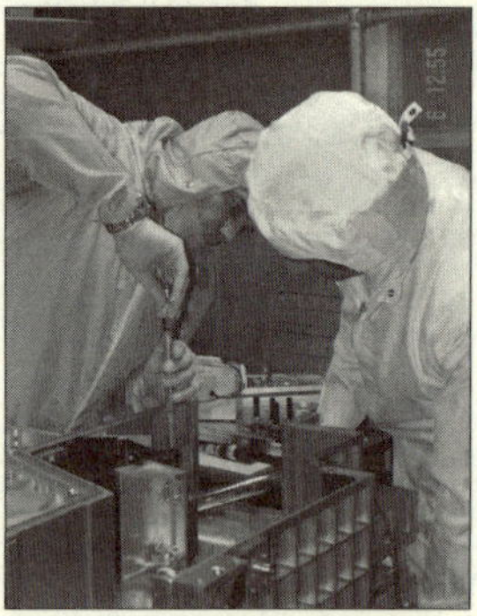

Ein Team der Raumfahrtfirma Kayser-Threde, in dem alte und junge Mitarbeiter zusammenarbeiten.

Die Altersstruktur ist nicht das Ziel, eher eine Folge des Anspruchs Seidleins. Sein Geschäft sei in gewisser Hinsicht eine Art „volkspädagogische Veranstaltung. Das ist so, wenn man ein paar Mal in der Woche den Unterschied zwischen Baumwolle und Seide erklären muss." Seidlein sucht Leute mit Erfahrung, einer hohen Affinität zu seinen Produkten und guten Umgangsformen. „Meine Leute müssen wissen, wann kann, wann muss und wann darf ich auf keinen Fall gnädige Frau zu einer Kundin sagen."

Die ideale Mischung zwischen Alt und Jung sieht in jedem Unternehmen anders aus. „Es gibt genügend Untersuchungen, die belegen, dass altersgemischte Teams am besten funktionieren", sagt Jakob Grau. Der 57-Jährige ist stellvertretender Geschäftsführer der Arbeitsgemeinschaft (Arge) für Beschäftigung München GmbH. „Ältere Mitarbeiter haben mehr Erfahrung, nicht nur berufliche, sondern auch Lebenserfahrung, sie wirken stabilisierend auf den Betrieb und können Veränderungen im Arbeitsprozess an die jüngeren weitergeben." Graus Arge hat 2005 zunächst für die Stadt München das Projekt KompAQT entwickelt zur Integration von über 50-Jährigen. Bundesweit gibt es mehr als 60 solche Projekte. Dem Münchner Modell haben sich mittlerweile fast ein Dutzend Landkreise angeschlossen. 2009 wurden allein im Stadtbezirk 4500 Empfänger von Arbeitslosengeld II in das Projekt einbezogen, etwa zwei Drittel aller in München gemeldeten Hartz-IV-Empfänger, die älter als 50 Jahre sind.

Wer mitmachen darf, stimmen KompAQT und die Vermittler der Arge untereinander ab. Die meisten der „Kundinnen und Kunden", wie Grau seine Klientel nennt, sind länger als ein Jahr arbeitslos. Akademiker, Fachkräfte, auch viele Menschen ohne Ausbildung – wer ist schon in Zeiten wie diesen vor dem Verlust des Arbeitsplatzes gefeit? „Häufig geben sich die Betroffenen selbst keine Chance mehr, wieder eine Arbeit zu finden", sagt Grau: „Die sehen nur noch ihre Defizite, weil sie doch entlassen worden sind. Die fühlen sich isoliert, denn mit dem Jobverlust geht häufig der Halt in der Sozialstruktur des Betriebes verloren." Es geht um viel mehr als materielle Verluste. „Da kommen viele psychologische Komponenten auf den Tisch", sagt Grau: „Alles, was das Leben so zu bieten hat: Eheprobleme, Scheidung, Krankheit. Manche Probleme sind so verkrustet, dass sie einem Neuanfang im Wege stehen." Deshalb arbeite KompAQT auch mit Psychologen des humanwissenschaftlichen Zentrums der Ludwig-Maximilians-Universität zusammen. „Wir müssen unseren Kundinnen und Kunden ihre Stärken erst wieder bewusst machen", doziert Grau. Künftig wollen die Vermittler auch mit Arbeitsmedizinern zusammenarbeiten, „denn viele flüchten sich in Krankheiten."

Die Wirtschaftskrise habe sich bislang in der Arbeitsmarktbilanz noch kaum niedergeschlagen, sagt Grau: „Aber sie macht unser Geschäft nicht einfacher. Wer kurzarbeitet, stellt so schnell keine Leute ein. Ohne Konjunktur läuft weniger." Aber auch in guten Zeiten sei die Vermittlung kein Selbstläufer, sondern harte Arbeit. 2009 vermittelte KompAQT 1100 Menschen einen Arbeitsplatz, gut die Hälfte der neuen Jobs war unbefristet. In gut einem Drittel der Fälle versüßte die Arge München die Einstellung mit einem Zuschuss, der zeitlich befristet bis zur Hälfte des Bruttolohnes ausmachen kann. „Aber kein Arbeitgeber stellt jemanden allein wegen der staatlichen Förderung ein, die steht in keinem Verhältnis zu dem formalen Aufwand einer Einarbeitung", meint Grau.

Allmählich gebe es einen Bewusstseinswandel in den Betrieben. Der „Jugendwahn", der vor allem die Einstellungspolitik der Großkonzerne und bestimmter Branchen in der Mitte des letzten Jahrzehnts prägte, schwinde. „In der IT-Branche galt man doch schon mit 35 als Senior." Mittelständler und kleine Unternehmen machen sich Grau zufolge „sehr viel mehr Gedanken" über ihre Belegschaft: „Die sehen die Vorteile eher." Im Kampf um Mitarbeiter hatten sie in den Boomjahren ohnehin die schlechteren Karten, weil klangvollere Namen die Hochschulabsolventen lockten. Immer mehr macht sich der demographische Wandel bemerkbar. „Die Unternehmen spüren, dass sie ältere Mitarbeiter nicht mehr so einfach durch qualifizierte Jüngere ersetzen können", erläutert Grau.

Das spürt auch Gerd Bräunig, Personalchef des Münchner Raumfahrtunternehmens Kayser-Threde: „Wir müssen unsere Personalpolitik demografiefest gestalten“, sagt er mit Blick auf die geburtenschwachen Jahrgänge. Das zur OHB-Gruppe gehörende Unternehmen baut mit 240 Mitarbeitern, rund ein Fünftel von ihnen älter als 50 Jahre, Teleskope und Satelliten. Die Auftragslage ist gut. Ende 2008 hat Kayser-Threde den bislang größten Auftrag der Firmengeschichte abgeräumt: über 90 Millionen Euro. Die Firma hat die Federführung beim Bau des Hyperspektralsatelliten EnMAP. Er erfasst geosphärische Prozesse. Anhand der Daten lässt sich dann der Zustand von Gewässern ausmachen oder Altlasten im Boden.

Bräunig sucht händeringend Mitarbeiter. 30 bis 40 will er in diesem Jahr einstellen. Kayser-Threde ist mal, genau wie Radspieler, von der Arge als „Unternehmer mit Weitblick“ ausgezeichnet worden. Aber die richtigen Leute konnte KompAQT bislang Bräunig nicht vermitteln. „Fachleute für optische Systeme und Instrumente gibt es nicht wie Sand am Meer“, sagt er. Das Alter spiele bei der Einstellung keine Rolle. „Es gibt keine Losung, nur Ältere oder vornehmlich Jüngere einzustellen“, so Bräunig. Die Frage sei vielmehr: Ist es der richtige Mann, die richtige Frau, für diese Aufgabe? „Es kommt auf die gesunde Mischung von Alt und Jung an, sonst werden Sie einseitig.“ Sie gehört für Bräunig zum Wissensmanagement, eine der zentralen Aufgaben. „Wir wollen unsere Mitarbeiter möglichst lange behalten und damit auch das Know-how bewahren. Erfahrung war für uns immer ein großes Asset.“

Erst neulich hat Bräunig einen „alten Kayserling“ eingestellt, der mit Ende 50 zu seinem ehemaligen Arbeitgeber zurückkehrte. Rein aus Kostengründen – ein 50-Jähriger koste die Firma doppelt so viel wie ein 30-Jähriger – habe sich die Konkurrenz von älteren Mitarbeitern getrennt. „Damit war dann auch das Know-how weg.“ Bei Kayser-Threde seien die Projektteams gemischt. Die Führungsduos werden häufig mit einem älteren und einem jungen Kollegen besetzt. „Der gegenseitige Respekt gehört zur Firmenkultur“, sagt Jürgen Burfeindt, 60, Projektmanager: „Ich kann von den jüngeren Kollegen viel aus der technologischen, ausbildungsnahen Szene lernen und die von mir viel über Methodik und Optimierung von Arbeitsmethodiken und Mitarbeiterführung."

Schon vor zwei Jahren hat Kayser-Threde in zahlreichen Workshops die Mitarbeiter befragt, wie ihr Arbeitsplatz aussehen müsste, damit sie sich noch in zehn Jahren in der Firma wohlfühlen. „Manchmal sind es ganz einfache Dinge: ein Stehpult oder ein größerer Bildschirm", sagt Bräunig. „Eigentlich lohnt es sich immer, in seine Mitarbeiter zu investieren, egal wie alt sie sind, ob sie am Band arbeiten oder in der Forschung", sagt Burfeindt: „Wenn einer einen Fehler macht, leiden alle."

5. Das Wachstum und der Crash

5.1. Der tiefe Fall der Wall Street
5.2. Der Kapitalismus und die Blasen
5.3. Die Gefahr einer neuen Krise

Der Webstuhl

Einen Entwurf für einen mechanischen Webstuhl gab es bereits 1678, aber erst fünfzig Jahre später baute ein Seidenweber aus Lyon den ersten automatisch steuerbaren Webstuhl. Fortan entwickelten ihn Tüftler ständig weiter. Dank Jacques de Vaucanson war es ab 1745 möglich, gemusterte Stoffe herzustellen. Edmond Cartwright baute um 1785 einen Web-Automaten, angetrieben zunächst von Ochsen, später von Dampfmaschinen. Seit den technischen Verbesserungen durch Joseph-Marie Jacquard konnte die Webmaschine ab 1805 massenhaft eingesetzt werden. Die Erfindung des mechanischen Webstuhls gilt als Meilenstein der Industriellen Revolution.

Es war einmal in Amerika

Die angelsächsischen Kasinokapitalisten sind für aufstrebende Länder keine Vorbilder mehr. Dennoch sollte niemand die Supermacht USA abschreiben.

Von Moritz Koch

Das Foto ist ein Dokument der Lässigkeit, die Barack Obama zur Ikone werden ließ. Den Kopf leicht angewinkelt und die rechte Hand in der Hosentasche, schreitet er über ein Rollfeld und ruft einem Mitarbeiter ein paar Worte zu. Es ist die Zeit des Vorwahlkampfs. Der Präsidentschaftsbewerber reist durchs Land, um sich die Kandidatur der demokratischen Partei zu sichern. Er trägt einen schwarzen Anzug, ein blütenweißes Hemd mit gelockertem Kragen und eine Sonnenbrille, die auch seinen Beschützern vom Secret Service gut stehen würde. In der linken Hand hält er ein Buch, den Zeigefinger als Lesezeichen zwischen die Seiten geklemmt. Deutlich erkennbar ist die Aufschrift: *The Post-American World. By Fareed Zakaria.*

Es dauerte nicht lange, bis rechte Blogger das Foto entdeckten und Alarm schlugen: Obama schmiedet Pläne für den Untergang Amerikas! Eine muslimische Verschwörung witterten sie und setzten doch nur Blödsinn in die Welt. Fareed Zakaria ist kein Hassprediger, sondern ein Newsweek-Journalist. Er sagt den Beginn einer neuen Ära in der internationalen Politik voraus, nicht den Sieg von Al-Qaida. Zakaria schrieb *The Post-American World* bevor die Wall Street kollabierte. Vor der Großen Rezession. Heute ist es relevanter denn je. Die Finanzkrise hat die Entwicklung beschleunigt, die Zakaria prophezeit: den Übergang von der uni- zur multipolaren Weltordnung. Das schleichende Ende des „Pax Americana", der amerikanischen Hegemonie.

Macht speist sich aus Kapital – seit Jahrzehnten wird dieser realpolitische Leitsatz in Washington befolgt, und auch Obama hat ihn verinnerlicht. Knapp ein Jahr nach seinem Wahlsieg sagte er in einer Grundsatzrede zum Krieg in Afghanistan: „Wohlstand verleiht unserer Macht ihr Fundament. Er zahlt für unser Militär. Er unterfüttert unsere Diplomatie." Macht, weiß Obama, bedeutet nicht allein, anderen den eigenen Willen aufzwingen zu können. Sie umfasst auch die Fähigkeit, den Willen anderer zu formen. Allen Atomraketen, Langstreckenbombern und Flugzeugträgern zum Trotz beruht Amerikas geopolitische Sonderstellung vor allem auf der Anziehungskraft der amerikanischen Werte und dem Leistungsvermögen der US-Wirtschaft. Erst die kulturellen Verlockungen Amerikas – ob Jazz, Fast Food oder Hollywood – und die Vormachtstellung der US-Konzerne ermöglichten den historisch beispiellosen Aufstieg der Vereinigten Staaten.

In keiner anderen Epoche war der Abstand zwischen der Führungsnation und dem Rest der Welt so groß wie in der Gegenwart. Als mit dem Eisernen Vorhang die Barrieren für die amerikanische Einflusssphäre fielen, sah der konservative Kolumnist Charles Krauthammer einen „unipolaren Moment" gekommen. „Es ist eine Dominanz in jeder Hinsicht: Militärisch, wirtschaftlich, technologisch, kulturell, selbst sprachlich", schrieb er.

Heute ist Krauthammers These überholt. Zwar bleiben die USA militärisch unangefochten. Doch die Finanzkrise erschütterte das ökonomische Fundament ihrer Überlegenheit. Der Kollaps der Investmentbanken Lehman Brothers und Bear Stearns, die Verstaatlichung des Versicherungskonzerns AIG, die Pleite der Autokonzerne General Motors und Chrysler – die Ereignisse der Krisenjahre 2008-2009 waren kein Zufallsprodukt, sondern die Folge einer politischen Fehlsteuerung. Der Crash legte die Schwachstellen des amerikanischen Kapitalismus frei, die seit der „Reagan Revolution" existieren.

Die Präsidentschaft von Ronald Reagan hat die USA nachhaltig verändert. Der Republikaner stellte die Weichen für eine neue Ära in der Wirtschaftspolitik. Vorschriften wurden geschliffen, Marktkräfte entfesselt. Autofabriken und Stahlwerke befanden sich im Griff der Gewerkschaften. Sie standen für Stagnation, und Reagan ließ sie verrosten. Die Wall Street hingegen versprach Aufbruch, und Reagan förderte sie. Das verführerische Konzept der Selbstregulierung zog bald auch die Demokraten in ihren Bann. Auch international war Reagan nicht allein. Margaret Thatcher schob in Großbritannien fast identische Reformen an. Das angelsächsische Wirtschaftsmodell formierte sich – als krasser Gegenentwurf zum kontinentaleuropäischen Korporatismus.

Die Wall Street florierte in den kommenden Jahrzehnten. Schließlich erwirtschafteten Finanzfirmen in den USA mehr als 40 Prozent aller Unternehmensgewinne. Die Banken sprühten vor Ideen und warfen bizarre Kreditkonstrukte auf den Markt. Wertpapiere, die durch Ramschhypotheken gedeckt waren, aber so sicher sein sollten wie amerikanische Staatsanleihen. Und Kreditversicherungen, die in praktisch unbegrenzter Höhe zu haben waren, aber nur minimale Rücklagen erforderten.

Das Fehlen staatlicher Vorschriften zwang die Banken in einen selbstmörderischen Wettbewerb, in dem steigende Gewinne nur mit Draufgängertum erwirtschaftet werden konnten. Für jeden eigenen Dollar setzten die Finanzkonzerne zu Boomzeiten mehr als 30 geliehene Dollar bei ihren Spekulationsgeschäften ein. Das vervielfachte die Gewinne, aber auch die möglichen Verluste. Die Spekulanten feierten wie Superstars, solange die guten Zeiten anhielten. Der Starinvestor Warren Buffett nennt den Schuldenhebel „die einzige Weise, auf die ein kluger Kerl bankrott gehen kann“.

Dem Glanz der Wall Street stand der Niedergang der Industrie gegenüber. Fabriken, die Arbeitern ein Mittelstandsleben ermöglichten, mussten schließen. Ohne Hochschulabschluss gab es kaum Chancen auf ein anständiges Gehalt. Und so wurde in den Jahren vor dem Crash fast alles auf Pump gekauft: Häuser, Autos, Sofaecken. Die finanzielle Sorglosigkeit der Bürger wurde nur von der ihrer Regierung übertroffen.

Nun ist das Haushaltsdefizit so groß wie seit dem Zweiten Weltkrieg nicht mehr, und Überschüsse sind in den nächsten zehn Jahren unvorstellbar. Wie lange kann der größte Schuldner der Welt die größte Macht der Welt bleiben? Kein antiamerikanischer Niedergangsprophet hat diese Frage aufgeworfen. Es war Obamas Wirtschaftsberater Larry Summers.

Amerika ist vom Geld der Schwellenländer abhängig, insbesondere von China. Peking pumpt seit Jahren Kapital in US-Staatsanleihen, um den Kurs des Dollars zu stützen und der eigenen Exportindustrie zu helfen. Je teurer der Dollar, desto mehr Flachbildfernseher made in China können die Amerikaner kaufen. Chinesische Fabriken gehören deshalb heute zu den modernsten der Welt. Chinas Kommandokapitalismus, ein begrenzt freier Markt, kontrolliert von einem autoritären Staat, fasziniert asiatische und afrikanische Eliten. Dagegen ist die Vorbildfunktion der angelsächsischen Kasinokapitalisten dahin. Ein Wirtschaftssystem, das Schuldenberge produziert, hat wenig Appeal.

Es ist ein radikaler Umbruch. Keine fünf Jahre ist es her, dass makroökonomische Ratschläge die erfolgreichsten Exporte Amerikas waren. Die einen sprachen vom „Washington Consensus", die anderen von der „Shock Doctrine". Gemeint ist ein außenwirtschaftliches Modernisierungsprogramm, das das amerikanische Finanzministerium, unterstützt von der Weltbank und dem Internationalen Währungsfonds (IWF), in aller Welt vorantrieb. Es umfasste Zollsenkungen, Bürokratieabbau und die Abschaffung von Kapitalkontrollen. In vielen Ländern folgten die Eliten aus freien Stücken, wo es Widerstand gab, wurde er gebrochen, nicht mit Panzern, sondern mit Krediten. Dabei kamen Krisen gerade recht. Als Ende der 1990er Jahre Boomländer wie Korea, Thailand und Indonesien Hilfe brauchten, diktierten IWF und Treasury Department die Bedingungen: Ausgaben runter, Zinsen rauf und strauchelnde Banken fallenlassen.

Die Protagonisten der Wall Street rieben sich die Hände. Westliche Finanzkonzerne konnten in die Lücken stoßen, die durch den Zusammenbruch der asiatischen Konkurrenten entstanden waren. Die Interessen von Regierung und Finanzkonzernen verschmolzen mehr und mehr. „Der Wall Street gelang es, Washington weiszumachen, dass alles, was gut für den Finanzsektor ist, auch gut fürs Land ist", sagt der Ökonom Simon Johnson. Dieser „stille Coup" sei der wahre Grund für den Crash von 2008: „Alle Finanzkrisen der jüngeren Geschichte wurden dadurch ausgelöst, dass eine wirtschaftliche Elite zu viel Macht bekam." Was Amerika zur Krisenbekämpfung beschloss, passt ins Bild. Die US-Regierung erhöhte die Ausgaben, senkte die Zinsen und rettete die Banken. Angesichts der Bedrohung, war dieses Vorgehen wahrscheinlich alternativlos. Doch es war das Gegenteil dessen, was Washington zehn Jahre zuvor in Asien gepredigt hatte. Diese Doppelmoral untergräbt Glaubwürdigkeit, die eine Führungsnation braucht.

Allerdings wird der amerikanische Supermachtstatus schon seit dem Sputnik-Schock in Frage gestellt. Man darf die USA nicht unterschätzen. Das Land wird sich erholen. Die Wirtschaft wächst schon wieder, die Universitäten bleiben die besten der Welt, und das amerikanische Freiheitsversprechen zieht ehrgeizige Einwanderer ins Land. Mit kluger politischer Führung können die Vereinigten Staaten das Vertrauen wieder aufbauen.

Dennoch gibt es kein Zurück zur alten Sonderstellung. In ein paar Jahrzehnten wird China die USA als größte Wirtschaftsmacht ablösen. Und auch Länder wie Indien und Brasilien holen auf. Obama muss sein Land auf die veränderten Realitäten einer multipolaren Welt einstellen. Das richtige Buch dafür hat er im Wahlkampf gelesen.

„Die Finanzwelt muss der Wirtschaft dienen, nicht umgekehrt"

Jakob von Uexküll, Erfinder des Alternativen Nobelpreises, über Probleme des Profitstrebens und ein neues Geldsystem, das ökologisch sinnvolles Wirtschaften fördert.

Interview: Simone Boehringer

Geldvermehrung ist zum Selbstzweck geworden und Ursache der Krise, meint Jakob von Uexküll. Der Stifter des Alternativen Nobelpreises und Initiator der Denkfabrik World Future Council sieht die Lösung in einem Wettbewerb der Währungen. Das beste Geld werde sich durchsetzen und die Wirtschaft in die richtige Bahn lenken.

SZ: Um die Zukunft der Wall Street tobt ein Kampf zwischen den Bewahrern aus dem Finanzsektor, den Regulierern um US-Präsident Obama und einigen wenigen Systemkritikern, zu denen auch Sie gehören. Wer wird sich durchsetzen?
Uexküll: Die Natur wird sich durchsetzen, egal was Menschen wollen.

Jakob von Uexküll will Terminmärkte rechtlich wie Kasinos behandeln.

SZ: Was meinen Sie damit?
Uexküll: Für eine Regulierung des bestehenden, auf unendliches Wirtschaftswachstum getrimmten Geldsystems ist es schon seit zwanzig Jahren zu spät.

Dazu hat die Erde zu viel Schaden genommen. Ressourcen werden knapp, die Umweltzerstörung nimmt zu. Hinzu kommt, dass für jeden Euro oder Dollar zusätzlichen Wirtschaftswachstums ein Vielfaches an Ressourcen eingesetzt werden muss.

SZ: Das sind die Folgen des Raubbaus an der Natur für die Wirtschaft. Wo sehen Sie die Verbindung zur Finanzwelt?
Uexküll: Die Bankenkrise ist ein Symptom unserer gesellschaftlichen Krise. Sie beruht auf der Illusion, man könne wirtschaftliches Wachstum vom Ressourcenverbrauch entkoppeln, indem man immer mehr Geld und Kredite schafft und auf Pump das Bruttosozialprodukt steigert. Jetzt bekommen wir die Rechnung präsentiert, etwa in Form steigender Umweltkosten. Wir können dieser misslichen Lage nur entkommen, wenn wir wieder eine Finanzordnung schaffen, die der Wirtschaft dient und nicht umgekehrt.

SZ: Was muss sich konkret ändern?
Uexküll: Geldgeschäfte zum Selbstzweck der Geldvermehrung müssen eingedämmt werden, dazu gehören die meisten Geschäfte mit Derivaten, die ein Vielfaches der realen Wertschöpfung ausmachen. Das geht am besten, wenn Terminmärkte rechtlich behandelt werden wie bis in die 80er Jahre: wie Kasinos.

SZ: Was soll das bringen?
Uexküll: Spielschulden sind Ehrenschulden, die nicht einklagbar sind. Sobald dies auch für Finanzwetten gilt, schrumpft der Markt schnell auf ein Minimum des heutigen Volumens. Da bedarf es dann keines Verbots bestimmter Spekulationsgeschäfte mehr, wie es die US-Regierung in Erwägung zieht.

SZ: Aber ist die Welt ohne Finanzwetten eine andere?
Uexküll: Je weniger Geldgeschäfte es gibt, die hohe Erträge versprechen, ohne dass sie noch Berührungspunkte zur realen Wirtschaft haben, desto weniger Renditedruck gibt es. Denn die Finanzwetten locken Geld an, das sonst in produktive Unter-

nehmungen fließen würde, per Aktienkapital oder als Darlehen. Stattdessen legen die Banken ihre Mittel deutlich gewinnbringender am Kapitalmarkt an. Über die Neubewertung der Finanzwetten hinaus muss überlegt werden, neues Geld einzuführen.

SZ: Ein neues Geldsystem wäre revolutionär. Wie soll das gehen?
Uexküll: Es muss zins- und schuldloses Geld sein, um nicht einseitige Profite und Abhängigkeiten zu schaffen. Herausgeben könnte es der Internationale Währungsfonds oder eine der Entwicklungsbanken. Das Geld darf nur ausbezahlt werden, wenn etwas Reales produziert wird, etwa um den globalen Umstieg auf erneuerbare Energien zu finanzieren. Dann gibt es auch keinen Inflationsdruck.

SZ: Das klingt abstrakt. Wie konkret kann das funktionieren?
Uexküll: IWF-Chef Dominique Strauss-Kahn hat beim Weltwirtschaftsforum in Davos vorgeschlagen, mit einem 100-Milliarden-Dollar-Fonds des Währungsfonds arme Länder im Kampf gegen den Klimawandel zu unterstützen. Das Geld könnte etwa zum Aufbau von Solaranlagen oder eines alternativen Energiesektors in Afrika oder Zentralamerika dienen.

SZ: Also eine Reform des Finanzsystems mit dem Ziel, ökologisch sinnvoller zu wirtschaften. Die Beispiele bedeuten auch eine Umverteilung von Reich zu Arm.
Uexküll: Wenn man Reichtum nur am Einkommenszuwachs festmacht, ja. Aber es gibt auch andere Maßstäbe für Reichtum, etwa innere Zufriedenheit oder Glück. Es gibt Umfragen, die zeigen, dass Amerikaner ab einem bestimmten Einkommensniveau nicht mehr glücklicher werden, im Gegenteil. Sie müssen immer mehr Aufwand betreiben für Reichtum im herkömmlichen Sinne.

SZ: Wie sollte man denn dann rechnen?
Uexküll: Wissenschaftler haben berechnet, dass ein Amerikaner kurz nach Neujahr, bis 4 Uhr morgens am zweiten Januar, so viel

CO2-Emissionen produziert hat wie ein Einwohner Tansanias im Jahr. Europäer erreichen den Punkt auch in der ersten Januarwoche. Es ist also wirkungsvoller, wenn Menschen in Industrienationen die Lebensweise ändern als die in armen Ländern. Es gibt kein Menschenrecht, für 20 Euro nach Mallorca zu fliegen. Wir sollten aber allen ein menschenwürdiges Dasein ermöglichen.

SZ: Wie wollen Sie das erreichen?
Uexküll: Eben durch die Einführung zinslosen Geldes, das der Wirtschaft dient und nicht nur den Börsen. Es muss nicht der Währungsfonds sein, der neues Geld schöpft. Auch Unternehmen können im Kleinen eine Währung schaffen, so wie es 70 000 Firmen in der Schweiz seit 70 Jahren mit dem Wir-Franken praktizieren. Hauptsache, es gibt einen Wettbewerb unterschiedlicher Geldsysteme. Es wird sich die Alternative durchsetzen, die der Wirtschaft am besten dient.

SZ: Eine Schweizer Regionalwährung soll als Vorbild für eine Währungsordnung dienen?
Uexküll: Warum nicht? Die beteiligten Unternehmen in dem Wirtschaftsring, kurz „Wir", haben praktisch ihre eigene Zentralbank geschaffen und geben sich untereinander zinsgünstig Kredit. Das reduziert den Wachstumsdruck.

SZ: Wie sollen Sparer mit alternativen, womöglich zinslosen Währungen Altersvorsorge betreiben?
Uexküll: Entweder sie investieren in Fonds, die Firmen mit Eigenkapital ausstatten, wie heute schon. Oder sie legen ihr Geld wie bisher in der staatlichen Währung an. Dort bekämen sie dann höhere Sparzinsen als in einem System ohne Wettbewerb. Denn staatliches Geld bleibt für Anleger nur attraktiv, wenn es gute Zinsen gibt.

SZ: Eine solche Vielfalt dürfte die Profite des Finanzsektors deutlich schmälern.

Uexküll: Das ist ja gewollt. Banken, die nur auf Profitmaximierung aus sind, sind nicht im Sinne der Gesellschaft. Kostendeckung, zum Beispiel, ist auch ein legitimes unternehmerisches Ziel.

SZ: Halten Sie Gewinnmaximierung an sich für schädlich?
Uexküll: Wenn sie zum Selbstzweck wird, schon. Aber es geht nicht darum, Profit grundsätzlich in Frage zu stellen. Es geht um die Verhältnismäßigkeit. Wir brauchen vernünftige Spannen zwischen dem höchsten und dem niedrigsten Gehalt, vor allem im Finanzsektor. Das Problem der uferlosen Boni bei Banken konnte ja erst entstehen, weil es einen Wettbewerb um Geldvermehrung gibt und nicht mehr um die besten Ideen.

SZ: Wie konnte es dazu kommen?
Uexküll: In weiten Teilen der Welt steht Geld für materiellen Wohlstand. Daher kommt ja das Streben nach Profit, was wiederum einen Zwang zu dauerndem Wirtschaftswachstum auslöst. Manche haben geglaubt, dass man Wachstum dauerhaft von den Grundlagen der Natur und den daraus entstehenden wirtschaftlichen Möglichkeiten entkoppeln kann. Das geht nicht, auch nicht mit noch so viel Kredit.

SZ: Ist das Streben nach materiellem Wohlstand falsch?
Uexküll: Zumindest sollte man es relativieren. Im alten Japan hat der Kaiser Bürger, die viel Geld hatten, enteignet, wenn ihr überbordender Besitz Neidgefühle bei anderen hervorrief. Heute werden sogar gesellschaftlich geächtete Dinge nicht verändert, wenn sie profitabel sind. Der Markt hat zu oft das letzte Wort. Dies führt zur Zerstörung vieler Werte.

Boom, Crash, Boom

Die Marktwirtschaft neigt seit jeher zu spekulativen Phasen. Ändern lässt sich das nur schwer. Denn der Markt wird von Menschen gemacht.

Von Catherine Hoffmann

Nie mehr Blasen. Politiker wünschen einen Kapitalismus ohne Spekulationsexzesse, eine Marktwirtschaft ohne Crashs und Depressionen. Barack Obama, Angela Merkel und all die anderen Staatslenker der G 20 wollen deshalb aufräumen: Es soll endlich Schluss sein mit dem wilden Auf und Ab an den Finanzmärkten, die die Weltwirtschaft an den Rand des Abgrunds geführt haben. Auch die Bürger sehnen sich wohl nach einem ruhigeren Kapitalismus, nach stabilem Wachstum ohne Krisen. Es ist ein historisches Projekt.

Denn die Marktwirtschaft neigt seit jeher zu spekulativen Phasen, der Mensch zu Euphorie und Überschwang. Deshalb kehren Boom and Bust, Achterbahnfahrten voller Aufschwünge und Abstürze, immer wieder. John Kenneth Galbraith, der 2006 verstorbene Harvard-Professor, forschte über die selbstzerstörerischen Kräfte des Marktes und schrieb *Eine kurze Geschichte der Spekulation.* Der Ökonom fand ein Muster der Übertreibung, erst nach oben und dann nach unten, das sich wiederholte. Die Menschen, so Galbraith, lassen sich immer wieder von neuen Ideen und erstrebenswerten Produkten dazu verleiten, auf höhere Preise zu spekulieren – Tulpen in Holland, Gold in Louisiana, Immobilien in Florida, deutsche Eisenbahnen, die erstaunlichen Wirtschaftspläne Ronald Reagans, egal. Der wirtschaftliche Verstand wird eingelullt, wenn Pionierunternehmen und Anleger die Zuversicht packt. Dann wird gekauft.

Der Preis für das Spekulationsobjekt steigt, und je höher er steigt, umso erstrebenswerter erscheint das Gut. Neue Investoren werden angelockt und sichern weitere Gewinne. Eine kollektive Hochstimmung erfasst die Anleger, ein „irrationaler Überschwang“, wie es der frühere Chef der US-Notenbank, Alan Greenspan, so einprägsam nannte. Ganz von selbst entwickelt sich eine Eigendynamik. Galbraith unterscheidet zwei Arten von Spekulanten: Die einen glauben an eine neue Welt grenzenlosen Wachstums durch die Erfindung von Eisenbahn oder Internet etwa. Die anderen erkennen das spekulative Element, sie wollen an der Übertreibung verdienen und sind überzeugt, aussteigen zu können, bevor sich der Hype totläuft.

Das Tückische daran beschrieb der US-Wissenschaftler noch bevor Verhaltensökonomen die menschlichen Mechanismen der Blasenbildung untersuchten: Die spekulative Euphorie erscheint den beteiligten Zeitgenossen als einleuchtendes Phänomen. „Diejenigen, die spekulieren, werden entweder reich oder noch reicher. Kein Mensch glaubt gern, dass dies auf Zufall beruht oder unverdient ist; alle möchten vielmehr glauben, dass es das Ergebnis des eigenen Durchblicks oder der richtigen Eingebung ist“, schreibt Galbraith. Zweifler werden belächelt als Vorgestrige, die nichts begreifen. Doch der Zusammenbruch ist fester Bestandteil dieses Szenarios.

Wenn die Habgier der Investoren in Furcht umschlägt, platzen Blasen erstaunlich schnell. Der Kollaps zeigt regelmäßig Züge einer Katastrophe. Auf dem Weg nach unten wird nicht nur der Wohlstand gefährdet, sondern oft das ganze System. Das galt Ende der 20er Jahre für die Aktienspekulanten an der Wall Street ebenso wie für den Tulpenschwindel in den Niederlanden des 17. Jahrhunderts. Ob Südsee-Spekulation, Immobilienblase in Japan, Internethype zur Jahrtausendwende oder eben der US-Hypothekenwahn – alle großen spekulativen Phasen folgen dem gleichen Muster, das sich nur schwer durchbrechen lässt.

Doch die finanziellen Pleiten werden schnell vergessen. Bald schon erliegen renditehungrige Anleger dem nächsten „Finanzgenie“ oder Politiker, der behauptet, es gebe etwas ganz Neues in der Welt, wir seien klüger und hätten aus vergangenen Fehlern gelernt.

5.2. Der Kapitalismus und die Blasen

Allzu bereitwillig lässt sich die Gesellschaft überreden, der aktuelle Aufschwung basiere – anders als frühere Boomphasen – auf soliden Grundlagen, technologischer Innovation, vernünftigen Reformen. Dabei wird doch nur Altes wiederentdeckt: der Leverage, also die scheinbar magische Hebelwirkung kreditfinanzierter Geschäfte. Pumpen Regierungen und Banken übermäßig viel Geld in die Märkte, wird die Wirtschaft aufgebläht. Das sorgt für phantastische Renditen und – wie der frühere Bundesfinanzminister Peer Steinbrück es nannte – „Wachstumsblasen". In Wirklichkeit fehlt dem Boom die Basis. Ein böses Erwachen droht.

Bricht die Hysterie zusammen, zeigt sich: Dem Wildwuchs an Schulden stehen kaum gesicherte Vermögenswerte gegenüber. Deshalb wird der Finanzwelt seit Jahrhunderten misstraut. Weit verbreitet ist die Auffassung, dass diejenigen, die vom Geldverleih leben, in einem parasitären Verhältnis zu den „realen" Wirtschaftstätigkeiten stehen, zu Industrie, Landwirtschaft und Bau. Verstärkt wird die Abneigung durch den Eindruck, dass das krisenanfällige Finanzwesen eher Armut als Wohlstand schafft.

Trotz dieser tiefsitzenden Vorurteile gegen den „schnöden Mammon" vertritt der amerikanische Historiker Niall Ferguson die Ansicht, „dass Geld die Wurzel beinahe allen Fortschritts ist" – vom antiken Babylon bis heute. Die Erfindung des Kreditwesens sei für den Wohlstand ebenso bedeutend gewesen wie technische Neuerungen. Für die Entwicklung der Zivilisation brauche es eben nicht nur Bergbau, Fabriken und Handys sondern auch Kredite und Schulden. Davon ist der Harvard-Professor überzeugt, der in seinem Buch *Der Aufstieg des Geldes* mit Siebenmeilenstiefeln durch die Weltgeschichte der Finanzen eilt.

Die Pracht der italienischen Renaissance beruhe auf dem Bankenwesen. Für die industrielle Revolution und ihre beiden Speerspitzen – Textilherstellung und Eisenproduktion – bilde eine finanzielle Revolution die unentbehrliche Grundlage: das moderne Bankensystem. Genauso wie der Triumph der Vereinigten Staaten im 20. Jahrhundert untrennbar mit Fortschritten im Versicherungswesen und in der Hypothekenfinanzierung verbunden sei.

5.2. Der Kapitalismus und die Blasen

„Das Finanzsystem ist das Gehirn der Wirtschaft", erklärte einst der frühere Fed-Chef Frederic Mishkin. Es führe das Kapital, das Lebenselixier der Wirtschaft, seiner produktivsten Verwendung zu. Das glauben die meisten Ökonomen. Wird Kapital für die falschen Zwecke eingesetzt oder fließt es überhaupt nicht, schadet das Wachstum und Wohlstand.

Nur leider bildet der Fortschritt keine glatte Kurve, die stets aufwärtsweist, eher gleicht er einem Sägezahnblatt. Die beiden amerikanischen Ökonomen Carmen Reinhart und Kenneth Rogoff haben in einem vielbeachteten Buch Bankenkrisen und Staatsbankrotte in acht Jahrhunderten untersucht. *This time is different* (Dieses Mal ist alles anders) heißt der ironische Titel ihres Werkes – ironisch, weil die Geschichte immer die gleiche ist: Auf den Boom folgt der Crash. Allein seit dem Beginn des 19. Jahrhunderts habe die Welt mehr als 100 große und kleine Bankenkrisen erlebt. 18 schwere Krisen zählen die beiden Forscher seit dem Zweiten Weltkrieg in reichen Ländern. Der Schaden für Menschen und Wirtschaft war enorm. Die Arbeitslosigkeit stieg im Durchschnitt um sieben Prozentpunkte, die Aktienkurse brachen um 55 Prozent ein, die Staatsverschuldung kletterte um 86 Prozent.

„Natürlich ist es möglich, Finanzblasen zu verhindern", sagt Frank Westermann, Volkswirt an der Universität Osnabrück. Es sei nur eine Frage der Regeln. Seit dem Platzen der jüngsten Spekulationsblase suchen viele Ökonomen nach Wegen, die zu einem blasenfreien Kapitalismus führen. Ihr Forderungskatalog ist dick: Verschuldung der Banken begrenzen, irrwitzig hohe Bonuszahlungen verbieten, einflussreiche Aufsichtsbehörden gründen, Derivate ausschließlich an Börsen handeln, Steueroasen austrocknen, Hedgefonds streng beaufsichtigen, große Banken zerschlagen, neue Finanzprodukte prüfen. Damit würde die neue Finanzwelt, die sich die Regierungschefs der G 20 wünschen, sicherer. Nur: Nach jeder Krise haben Politiker versucht, den Märkten Euphorie und Depressionen auszutreiben. Doch die Blasen kehrten immer wieder.

„Halb so schlimm", würde dazu der österreichische Ökonom Joseph Schumpeter sagen. Der Erfinder des Konzepts der „schöpferischen Zerstörung" glaubte, dass die Marktwirtschaft darwinistische Züge trägt. Unaufhörlich würden alte Strukturen zerstört und neue geschaffen. So betrachtet, haben Blasen auch ihr Gutes. Exzesse am Finanzmarkt gehen vorüber, aber sie helfen die Entwicklung neuer Techniken und Infrastruktur zu finanzieren. Und die bleiben. Noch heute profitieren wir von den Hinterlassenschaften früherer Spekulationswellen: Der Eisenbahnboom im 19. Jahrhundert vernichtete zwar viel Kapital, aber er schuf moderne Verkehrswege. Die Internet- und Telekomblase machte viele Anleger unglücklich, doch heute freuen sich die Menschen über schnelle Datenverbindungen und günstigen Mobilfunk.

Allerdings ist die Zerstörung, die mit dem Fortschritt einhergeht, ein hässliches Merkmal des Kapitalismus. Ändern lässt sich das nur schwer, denn die Märkte spiegeln die menschliche Natur wider, und steigern ihre Extreme noch. Nun sind aber Leichtgläubigkeit und Überschwang nicht strafbar. Ein wirksames Mittel dagegen sind wohl weniger scharfe Gesetze als gesunde Skepsis gegenüber den wiederkehrenden Versprechen einer neuen Ära des Wohlstands. Wenn das nächste Mal alle in eine Richtung laufen, täten die Menschen gut daran, jenen zu lauschen, die Zweifel und abweichende Ansichten äußern, wünschte sich der Historiker Galbraith. Vielleicht vermögen sie uns vor abwegigem Optimismus und finanziellen Torheiten zu schützen.

Kreativ aus der Krise

In der Weltwirtschaftskrise der 1930er Jahre experimentierten Bürger weltweit in vielen Orten mit Freigeld. Legendär ist bis heute der Weg von Wörgl.

Von Caspar Dohmen

In der Weltwirtschaftskrise der 1930er Jahre waren die Menschen vielerorts kreativ und experimentierten mit lokalen Währungen. Vor allem in den Vereinigten Staaten, aber auch in Europa ließen sich Menschen dabei von der Freiwirtschaftstheorie inspirieren. Bürger organisierten vielerorts Tauschringe, die ohne die jeweilige offizielle Landeswährung auskamen.

Viele dieser aus der Not geborenen Währungskinder überlebten nur eine kurze Zeit. Sie verschwanden, weil die rechtliche Grundlage fehlte, es Widerstand der etablierten Notenbanken gab, sie in Konkurs gingen oder nach dem Ende der Krise schlicht bedeutungslos wurden. Legendär ist das Experiment in der österreichischen Kleinstadt Wörgl, die nahe der heutigen Autobahn A 2 zwischen Kufstein und Innsbruck liegt.

Der Bahnhof in Wörgl Mitte der 1930er Jahre. Am 15. September 1933 mussten die Bewohner der Stadt ihr Währungsexperiment aufgeben.

Die Wirtschaftskrise erschütterte seit 1929 die ganze Welt. Verstärkt wurde die konjunkturelle Talfahrt durch das Währungssystem. Damals war die in Umlauf befindliche Geldmenge an die staatlichen Goldreserven gebunden. Angesichts der Deflation lohnte es sich für die Menschen aufgrund der monetären Wertsteigerung, Geld zu horten, statt es auszugeben.

Aufgrund der deswegen rückläufigen Nachfrage schrumpfte die Wirtschaft. Fabriken schlossen, Banken kollabierten – Massenarbeitslosigkeit, Armut und Verzweiflung breiteten sich aus und bildeten unter anderem den Nährboden für die Machtergreifung der Nationalsozialisten in Deutschland.

Die Krise traf auch Wörgl hart. Hier wurden unter anderem das Heizhaus und die Zellulosefabrik stillgelegt. Außerdem verloren einige Bahnarbeiter ihren Job. So steht es in der Stadtchronik. In der Tiroler Gemeinde mit ihren 4200 Einwohnern gab es nun 400 Arbeitslose und weitere 1500 in der näheren Umgebung. Die Stadt ächzte unter einem Schuldenberg und uneinbringlichen Steuerguthaben. Weil von den Arbeitslosen jeder zweite auf die Armenfürsorge der Gemeinde angewiesen war, blieb kein Geld mehr für Investitionen übrig – alles sah nach einem Teufelskreis aus.

Mit dieser Situation wollte sich einer nicht abfinden: Bürgermeister Michael Unterguggenberger, Sozialdemokrat und ehemaliger Lokführer, überzeugte seine Verwaltung und die örtlichen Kaufleute von einem Experiment mit Schwundgeld. Pate für diese Idee stand der Sozialreformer Silvio Gesell mit seiner Lehre vom dienenden Geld. Wenn das bisherige Geld keinen Austausch der Tätigkeiten und Waren mehr ermöglichte, dann brauchte man eben neues Geld, davon war auch Unterguggenberger überzeugt. Deswegen gab die Stadt nun selbst Arbeitswertscheine heraus.

Den Anfang machte der Bürgermeister bei den städtischen Mitarbeitern. Unterguggenberger ließ deren Gehalt auf den städtischen Konten der örtlichen Raiffeisenkasse ruhen. Statt Bargeld erhielten die Angestellten Arbeitswertscheine im Wert ihres Gehalts. Das Besondere an den Scheinen: Sie verloren jeden Monat an Wert. Der Besitzer der Scheine musste am letzten Geschäftstag eines Monats eine Marke auf den Schein kleben, und damit verringerte sich der Wert des Scheins um einen geringen Betrag. Damit gab es einen Anreiz für die Menschen, dieses Freigeld noch vor dem Monatsende auszugeben.

Tatsächlich zirkulierte dieses Freigeld sehr viel schneller als das gewöhnliche Geld durch die Wirtschaft der Kleinstadt, weil sich anders als bei diesem eine Hortung des Geldes nicht lohnte. Ganz im Gegenteil: Um einen Geldverlust bei dem Freigeld zu vermeiden, zahlten viele Bürger sogar ihre Steuern an die Kommune im Voraus. Die neuen Scheine wurden schnell populär in dem Ort. Schon bald akzeptierten nahezu alle Geschäfte die Scheine.

Das Stempelgeld floss in die Stadtkasse und wurde für Gemeindeaufgaben ausgegeben, beispielsweise um die örtliche Wasserversorgung auszubauen. Bürgermeister Unterguggenberger legte außerdem ein städtisches Konjunkturprogramm auf. Im Rahmen sogenannter Notstandsarbeiten wurden unter anderem Straßen kanalisiert und asphaltiert. Insgesamt vergaben die Stadtväter Aufträge mit einem Volumen von 100 000 Schilling. Auf diese Weise entstanden 50 bis 60 Jobs auf den Baustellen, weitere bei Zulieferern. Die Gemeinde beglich die Rechnungen der Bauunternehmer ebenfalls mit Wertscheinen.

Die Stadtangestellten konnten den Gutschein auch in echte Schilling umwandeln. Dafür mussten sie allerdings eine Gebühr zahlen. Tatsächlich gaben die Bewohner die Arbeitsscheine meist schnell aus. Damit befand sich ständig Geld im Umlauf – die entscheidende Voraussetzung für eine florierende Wirtschaft. Damit koppelte sich die kleine Gemeinde aus Tirol vorübergehend von der miserablen Wirtschaftsentwicklung im übrigen Land ab.

Während im Krisenjahr 1932 die Arbeitslosigkeit in der gesamten Alpenrepublik stieg, sank sie in Wörgl um ein Viertel. Jeder Schilling des Freigelds schuf etwa zwölf- bis vierzehnmal so viele Arbeitsplätze wie die herkömmlichen Schillinge, die ebenfalls in Umlauf waren. Der Mechanismus, durch den es unattraktiv wurde, Geld zu horten, erwies sich als enorm effektive Arbeitsbeschaffungsmaßnahme. Bald wollten mehr als hundert Gemeinden in Österreich das System kopieren. Doch dies verhinderte die Österreichische Zentralbank. Die Notenbanker sahen ihre zentrale Stellung im Geldsystem bedroht und erwirkten ein gerichtliches Verbot der Ausgabe von Notgeld.

Am 15. September 1933 mussten die Einwohner von Wörgl ihr Währungsexperiment aufgeben. Die Stadt kehrte zu ihrem alten

Währungssystem zurück, und schon wenig später stieg die Arbeitslosenrate in Wörgl wieder über die Marke von 30 Prozent. Ein weiteres Experiment mit Regionalgeld hat die Stadt bis heute nicht mehr gewagt.

Dagegen hat sich der WIR (Wirtschaftsring-Genossenschaft), eine Komplementärwährung einer Gemeinschaft kleiner Unternehmer in der Schweiz, bis heute gehalten. Gegründet wurde der WIR ebenfalls während der Weltwirtschaftskrise 1934 von 16 Mitgliedern in Zürich. Im Gegensatz zu vergleichbaren Organisationen wurde die Genossenschaft jedoch schon zwei Jahre später in eine Bank umgewandelt. Im Jahre 1948 verabschiedete man sich vom Schwundgeldexperiment, wirtschaftete fortan verstärkt nach klassischen kaufmännischen Grundsätzen und bot verschiedene Bankdienstleistungen an.

Ursprünglich hatten nur Schweizer Mittelständler Zutritt, mittlerweile ist der Kreis der Mitglieder weiter gezogen. Sie gelangen über zwei Wege an den WIR: Entweder sie verkaufen eine Ware oder Dienstleistung an ein Mitglied oder erhalten einen Kredit von dem Koordinationszentrum. Der WIR kann nicht bar ausgezahlt werden, er ist reines Buchgeld, mit dem sich Unternehmen zusätzliche Liquidität verschaffen können.

Ein Beispiel: Ein in Haus kostet eine Million Franken, und der Käufer hat ein Fünftel der Summe. Dann kann er als Genossenschaftsmitglied zwei Hypotheken aufnehmen: 400 000 WIR und 400 000 Franken. Die WIR-Hypothek ist deutlich geringer verzinst als der Franken-Kredit, und damit liegt auch die gesamte Zinsbelastung des Unternehmers deutlich unter dem Marktzins. Weil der Hauskäufer seine WIR-Schulden aber in der WIR-Währung abtragen muss, braucht er entsprechende Einnahmen. Damit steigt die Nachfrage nach Geschäftspartnern, die ebenfalls die Alternativwährung annehmen. Davon profitiert die regionale Wirtschaft.

Weil dieses Geld ein reines Zahlungsmittel ist, bekommen die Halter dafür keine Zinsen. Und ein Umtausch in Franken ist verboten. Deswegen geben die Unternehmen das Geld möglichst schnell wieder aus – ein wichtiges Element, das aus der Freigeldlehre von Gesell übrig geblieben ist und bereits in Wörgl für einen erfolgreichen lokalen Wirtschaftsaufschwung gesorgt hatte. Während das Experiment von Wörgl heute vor allem ein Thema im örtlichen Heimatmuseum ist, konnte der WIR im vergangenen Jahr sein 75-jähriges Bestehen feiern.

Von chronischer Bonitis und anderen Krankheiten

Banker und Politiker verschleppen eine Reform der Finanzordnung. Zehn Gründe, wieso die Welt gegen einen weiteren Crash nicht gefeit ist.

Von Alexander Hagelüken

Manche Ökonomen verbringen viel Zeit mit Versuchen, die Zukunft zu berechnen. Gerade hat die Zunft einen beruflichen Tiefstpunkt erlebt: Was die Finanzkrise auslösen würde, hatte so gut wie keiner von ihnen auf dem Radar. Wie ein Eissturm legten sich die Probleme der Banken in den vergangenen zwei Jahren auf Volkswirtschaften rund um den Globus. Auf dem ganzen Erdball gingen Millionen Arbeitsplätze verloren. Die meisten Regierungen häuften gigantische Schulden an, um Banken zu retten und die Konjunktur zu stützen. Die EU-Kommission hat geschätzt, was allein die Maßnahmen zur Rettung der Banken Europas Staaten kosten könnten: Im schlimmsten Fall wären es 1800 Milliarden Euro – 3500 Euro für jeden einzelnen EU-Bürger, Säuglinge und Greise eingerechnet.

Aus all dem ergibt sich, dass es eine zentrale politische Frage dieser Tage ist, wie sich eine weitere derartige Katastrophe verhindern lässt. Aber kümmern sich die Regierungen der wichtigsten Industriestaaten wirklich genug darum? Mehrfach haben sich die Führer der sogenannten G-20-Staaten zu Weltfinanzgipfeln versammelt und allerlei Beschlüsse gefasst. Sie haben markige Worte gegen die Banker geschleudert. Zahlreiche Beobachter haben dennoch den Eindruck, als ob bei weitem noch nicht alle nötigen Reformen durchgesetzt sind, um eine neue Krise zu verhindern. Zehn Gründe, warum der nächste Finanzcrash kommen könnte:

1. Banker sind Bonitis-infiziert

Schon Anfang 2010 berichteten Amerikas Topbanken mehr oder weniger verdruckst, mit welch üppigen Zusatzgehältern sie ihre vermeintlichen Spitzenkräfte verwöhnen. An der Wall Street sind die Super-Boni zurück. Die Logik stammt aus der Zeit, die zur Finanzkrise führte: Investmentbanker und andere Profis werden mit extremen Gehältern geködert, extreme Gewinne zu erwirtschaften. Mitarbeiter werden also aufs Neue motiviert, Risiken einzugehen, die die Stabilität des Finanzsystems gefährden. Das ist ein gefährlicher Anreizmechanismus, den die Branche offenbar nicht stoppen will – und die Politik nicht zu stoppen wagt. Alles, was die Regierungen bisher beschlossen haben, etwa eine Orientierung der Zusatzgehälter an längerfristigen Gewinnen, ist zu wenig, um die chronische Bonitis zu heilen.

2. Banken beharren auf Großgewinnen

Warum ist es gefährlich, Banker mit Boni auf Gewinne zu trimmen? Weil extrem hohe Gewinne sich in einer Marktwirtschaft meist nur erzielen lassen, wenn hohe Risiken eingegangen werden. Wenn aus diesen Risiken aber Verluste werden, reißt dies im Fall von Geldhäusern – anders als im Maschinenbau oder der Autoproduktion – schnell die ganze Volkswirtschaft mit. Natürlich gibt es auch andere Gründe für extreme Gewinne. Etwa, weil ein Unternehmen besonders innovative, nur mühsam zu kopierende Produkte entwickelt, seine Produkte wie der IT-Konzern Apple besonders geschickt vermarktet oder wie der Software-Riese Microsoft Wettbewerber verdrängt. Das alles trifft aber auf die Bankbranche eher weniger zu.

Über innovative Finanzprodukte wie die Stückelung von Kreditrisiken, also Verbriefungen, oder Versicherungen gegen den Ausfall von Darlehen, sogenannte Credit Default Swaps, steht das endgültige Urteil noch aus. Ja, sie ermöglichen es, Risiken auf mehr Schultern zu verteilen und dadurch die Stabilität der Finanzmärkte tendenziell zu erhöhen. Nur sind diese Produkte zu einer

Waffe in der Hand von Spekulanten geworden, die für den schnellen Profit Märkte destabilisieren – wie im Fall Griechenland. Längst dienen Credit Default Swaps nicht mehr in erster Linie dazu, einen Kreditgeber gegen die Zahlungsunfähigkeit des Schuldners abzusichern. Sie sind ein billiges Vehikel, um etwa auf die Staatspleite Griechenlands zu wetten. Das Gut-Wort Innovation bekommt einen negativen Beiklang. Ohne Kontrolle werden Finanzinnovationen zu den „Massenvernichtungswaffen", von denen der Investor Warren Buffett sprach.

Insgesamt ist das Streben der Banken nach Mega-Renditen der falsche Weg, weil es mit zu hohen Risiken einhergeht. Die goldene Zeit vor der Finanzkrise lässt sich nur um den Preis einer neuen Finanzkrise wiederherstellen. Das zeigen schon die Zahlen: 2007 stammten nach einer Studie 40 Prozent aller Gewinne von US-Unternehmen aus der Finanzbranche. Die aber hat nach Geschäftsvolumen und Mitarbeitern nur ein Gewicht von etwa zehn Prozent der Volkswirtschaft. Die Gewinne der Banken waren im Verhältnis zu ihrem Gewicht zu groß, um dauerhaft bestehen zu können.

3. Anleger beharren auf Großgewinnen

Der Renditewahn der Banken findet bei Investoren nah und fern nahtlose Entsprechung. Bei manchen Anlegern ist der Glaube an extreme Renditen unerschütterlich. Private-Equity-Firmen halten an dem falschen Modell fest, den Kauf von Firmen durch Schulden zu finanzieren, diese Schulden den Firmen aufzubürden und sie dann zu zerfleddern. Das Virus der kurzfristigen Gewinnmaximierung gefährdet die Gesundheit des Finanzsystems.

4. Aufseher sind immer hinterher

Die Geschäfte der Geldhäuser sind über die Jahre immer komplizierter geworden. Wer vollzieht die Verästelungen der mathematischen Modelle noch nach? Ist das Verbot bestimmter Geschäfte zwingend oder ein sozialistischer Eingriff in die Märkte, der Wohlstand kostet? Eines ist sicher: Die staatlichen Aufseher sind bei den meisten Diskussionen einen Schritt hinterher. Der Verdacht liegt nahe, dass sich die besten Fachleute ihr Wissen bei Investmentbanken vergolden lassen, statt sich mit dem Bundesangestelltentarif zu bescheiden.

5. Reformen bleiben im Vagen
Viel Aufhebens wurde darum gemacht, welche Reformen die Führer der G-20-Staaten beschließen. Von stärkerer Kontrolle war die Rede, von scharfer Regulierung, von einer Zähmung der Finanzmärkte gar. Wer genauer hinsieht, entdeckt aber, dass viele Beschlüsse im Vagen bleiben. Die Geldhäuser sollen mehr Eigenkapital ansammeln, damit sie im Sturm einer Krise weniger leicht umfallen? Ja, aber die Details werden erst Ende des Jahres festgezurrt. Die Geldhäuser sollen sich nur bis zu einer gewissen Grenze verschulden, damit sie weniger auf Pump spekulieren und damit weniger anfällig sind? Ja, aber die Details werden später festgezurrt. Die Geldhäuser sollen genaue Aufzeichnungen all ihrer Geschäfte anfertigen, damit sie durch solche Testamente im Krisenfall leichter abzuwickeln sind? Ja, aber die Details kommen später.

6. Banker bilden eine machtvolle Lobby
Für die Geldhäuser geht es um viel. Je schärfer die Regulierung ausfällt, die das Finanzsystem stabilisieren soll, desto geringer sind wahrscheinlich ihre Renditen. Also werfen sie alles ins Gewicht, um eine zu starke Kontrolle zu verhindern. Großbritannien und die Vereinigten Staaten haben jahrelang einen guten Teil ihrer wirtschaftlichen Kraft und Macht aus dem Finanzsektor bezogen. Wer verliert das schon gerne, weil ein Sektor schrumpft? Und wer in Deutschland Josef Ackermann, dem Chef der Deutschen Bank zuhört, kann die Botschaft zwischen all den sorgsam eingestreuten Bekundungen des angeblichen Veränderungswillens mühelos vernehmen: Die Finanzmanager setzen sich zur Wehr.

7. Der Leidensdruck der Politiker sinkt
Je weiter sich der Ausbruch der Krise entfernt, desto weniger sind die Regierungen zu harten Einschnitten bereit. Es liegt ja auch in

Deutschland schon länger zurück, dass das Finanzsystem am Abgrund stand und die Regierung sich rechtfertigen musste, all die Milliarden der Steuerzahler für die Hypo Real Estate oder die Commerzbank bereitzustellen. Die Zeit vergeht, der Leidensdruck sinkt, die Politiker wenden sich anderen Aufgaben zu in einer Forderdemokratie, in der stets aufs Neue etwas von ihnen verlangt wird: Sie sollen Arbeitsplätze schaffen, Amokläufe verhindern, das Schulsystem verbessern, Terroranschläge vermeiden – und vieles mehr.

8. Es gibt zu viele Ankündigungen und zu wenige Taten
Vor dem Weltfinanzgipfel im amerikanischen Pittsburgh im September 2009 machte eine linke Idee eine erstaunliche Karriere. Die Tobin-Steuer auf Finanztransaktionen soll die weltweite Spekulation etwas dämpfen und könnte Kapital mobilisieren, um Bankenrettungen zu finanzieren. Vor Pittsburgh gewann die linke Steuer plötzlich Sympathisanten wie Angela Merkel oder Nicolas Sarkozy. Und nach Pittsburgh verlor sie sie wieder. So gab es zahlreiche Ankündigungen, aus denen wenig wurde. Und inzwischen ist die Finanzbranche zu alten Gewohnheiten zurückgekehrt.

9. Geld ist zu billig
Die Finanzkrise ist auch eine Krise des billigen Geldes. Spekulanten nutzen aus, dass Geld in manchen Ländern wie den Vereinigten Staaten oder Japan über Jahre und heute wieder sehr billig zu leihen war und ist. Dieses Geld stecken sie in alle möglichen Anlagen rund um den Globus. So entstehen Finanzblasen. Anleger investieren auf Teufel komm raus. Und irgendwann kommt der Teufel raus. Vor allem die amerikanische Notenbank hat eine Tradition darin, mit billigem Geld und niedrigen Leitzinsen die Konjunktur anzukurbeln. Ob sie aus der Krise gelernt hat, künftig vorsichtiger zu sein? Und ob die Notenbanken rasch genug das Geld verteuern, mit dem sie in der Krise die Konjunktur stützen wollten? Das muss sich erst noch zeigen.

10. Die Bürger sind lethargisch
Es ist bequem, böse Banker, faule Politiker oder sonst jemanden verantwortlich zu machen. Die Wahrheit ist: Ohne Druck der Bürger und Steuerzahler wird wenig geschehen. Hat jemand Massendemonstrationen gesehen, auf denen eine Reform des Finanzsektors gefordert wurde? Hatte jemand den Eindruck, dass diese Reformen im Wahlkampf vor der Bundestagswahl eine größere Rolle gespielt haben? Die Bürger murren vielleicht, aber sie fordern nicht – jedenfalls nicht so, dass die Politiker Druck spüren würden. Das ist zu wenig, um eine Epochenfrage wie die Gefahr neuer Finanzkrisen ernsthaft anzugehen.

Dr. Doom warnt die Europäer

Nouriel Roubini, der Prophet der Wirtschaftskrise, sieht noch lange kein Ende der schwierigen Zeiten. Vor allem die hohen Staatsschulden beunruhigen ihn.

Von Nikolaus Piper

Er war der Prophet der Wirtschaftskrise. Nouriel Roubini, 51, hatte als Erster das Unheil kommen sehen. Bereits 2006 hatte der Wirtschaftsprofessor von der New York University vor einer schweren Weltrezession gewarnt. Er wurde damals von den meisten Experten als Kassandra belächelt, als Dr. Doom. Als die Krise dann da war, schockierte er die Öffentlichkeit mit immer schlimmeren Zahlen – und sollte immer recht behalten. Zuletzt schätzte er die Schäden, die die Krise weltweit in den Bankbilanzen hinterlassen würde, ziemlich präzise auf drei Billionen Dollar. Im Frühjahr 2010 war, auch nach Roubinis Ansicht, das Schlimmste vorbei, aber der Professor ist der Welt-Krisenexperte schlechthin geblieben, gefragt bei Konferenzen und Symposien auf allen Kontinenten.

Gilt als Prophet des untergehenden Kapitalismus, ist aber ein überzeugter Pragmatiker: Nouriel Roubini von der New York University.

Nach Roubinis Meinung hat sich die Welt zwar ein Stück vom Abgrund wegbewegt, die Gefahr ist aber noch lange nicht gebannt. Zum Beispiel Griechenland: In einem Beitrag, den er zusammen mit seinem Mitarbeiter Arnab Das veröffentlichte, warnte er eindringlich vor einer unkontrollierten Entwicklung in der Europäischen Währungsunion. Der EU bleibe gar nichts anderes übrig, als im Ernstfall den Griechen beizuspringen. „Eine Pleite Griechenlands hätte dieselben globalen systemischen Effekte wie der Zusammenbruch (der Investmentbank) Lehman. In den Zinsunterschieden ist bereits das Risiko eines Domino-Effekts einkalkuliert, ausgehend von Griechenland auf Spanien, Portugal und andere Euro-Mitglieder." Weil die Regierung in Athen dies wisse, habe sie gegenüber den anderen EU-Partnern einen Hebel an der Hand und werde deshalb nicht alle notwendigen, aber unpopulären Sparmaßnahmen durchsetzen. Daher sollten die Europäer eine Institution mit dem nötigen Durchsetzungsvermögen zu Hilfe holen: den Internationalen Währungsfonds (IWF). Bisher wollten die großen EU-Mitglieder diese Einmischung von außen aber möglichst verhindern.

Auch sonst bleibt Roubini der große Skeptiker. Seit vergangenem Herbst warnte er in mehreren Interviews vor der Gefahr eines „Double Dip" in den Industrieländern, also eines Rückfalls in eine zweite Rezession. Auf dem Weltwirtschaftsforum in Davos, auf dem der Ökonom seit 2007 Stammgast ist, setzte er sich Ende Januar für wesentlich strengere Bankengesetze ein, als sie bisher geplant sind. So forderte er, dass Banken, die Kundeneinlagen haben, auf riskante Investment-Geschäfte verzichten müssen, ein Prinzip, das mittlerweile „Volcker-Regel" genannt wird, nach Paul Volcker, dem früheren US-Notenbankchef und Berater von Präsident Barack Obama.

Und fast keine Woche vergeht, in der Roubini nicht in düsteren Farben die Risiken der wachsenden Staatsschulden beschreibt, nicht nur in Griechenland, sondern auch in den Vereinigten Staaten. Dort sei zwar kein Staatsbankrott zu befürchten, wohl aber ein steiler Anstieg der Finanzierungskosten für die Regierung. Für den Euro wiederum sei die Frage der Staatsschulden in den schwächeren Mitgliedsländern die entscheidende Bewährungsprobe.

Keine Frage: Die Wirtschaftskrise ist für den in Istanbul geborenen und in Israel und Italien aufgewachsenen Professor in Manhattan der Durchbruch in wissenschaftlicher und wirtschaftlicher Hinsicht. Vor der Krise war er ein in Fachkreisen geschätzter Experte, heute ist er ein Star. Seine gerade fünf Jahre alte Firma RGE-Monitor in New York ist zu einem erfolgreichen Kleinunternehmen für Wirtschaftsanalyse geworden. RGE startete 1998 als eine Webseite, auf der Roubini mit Studenten aus wissenschaftlichem Interesse weltwirtschaftliche Nachrichten sammelte und analysierte. 2004 wandelte sich RGE von einer Amateurveranstaltung zu einem gewinnorientierten Gewerbe. Und seit die Krise den Ruhm des Gründers mehrte, sind RGE-Analysten weltweit gefragt. Der Inhalt der Webseite ist zum Teil frei, zum Teil aber nur für gut zahlende Kunden zugänglich – darunter viele Finanzinstitute und alle großen Zentralbanken der Welt.

Die Art und Weise, wie Roubini die Finanz- und Wirtschaftskrise analysiert, hat sehr viel mit seiner wissenschaftlichen Herkunft zu tun. Ursprünglich hatte er in Italien studiert, wanderte dann jedoch in die Vereinigten Staaten aus und lernte dort bei dem berühmten Ökonomen Jeffrey Sachs, der damals an der Harvard-Universität lehrte und Roubini nach Kräften förderte. Unter der Anleitung von Sachs wurde er zum Spezialisten für die Ökonomie der Dritten Welt. Bereits 2004 veröffentlichte er ein Buch über den Umgang mit Finanzkrisen in der Dritten Welt: *Bail-Outs or Bail-Ins*.

Seine bemerkenswerten Prognose-Erfolge in den vergangenen Jahren erzielte er dadurch, dass er Wirtschaftsverläufe aus Entwicklungsländern auf Industrieländer übertrug und dann per Analogieschluss Prognosen abgab. Diese Analogiemethode brachte ihm viel Kritik ein, vor allem weil bei der Übertragung der Daten Willkür fast nicht zu vermeiden ist. Bis jetzt hat sich die Methode allerdings bewährt. Die globale Finanzkrise hat in ihrer Struktur eine bedrückende Ähnlichkeit mit regionalen Krisen, die Länder in Lateinamerika, Afrika und Südostasien seit Beginn der neunziger Jahre durchmachten.

Wegen seiner pessimistischen Prognosen galt Roubini schnell auch als ein Prophet des untergehenden Kapitalismus. Tatsächlich ist er jedoch überzeugter Pragmatiker, ein typischer Neu-Keynesianer, der den wirtschaftspolitischen Ansatz von John Maynard Keynes mit den wissenschaftlichen Erkenntnissen der vergangenen 30 Jahre verbindet. Er fordert, dass die Weltgemeinschaft notleidende Regierungen vor dem Bankrott bewahrt, aber auch, dass diese dann zu einem rigiden Sparkurs gezwungen werden.

Bei einer Umfrage zum ersten Jahrestag des Zusammenbruchs von Lehman Brothers im September 2009 legte er den Notenbanken nahe, ihre Geldpolitik grundlegend zu ändern. Sie sollten nicht wie bisher nur die Inflation der Verbraucherpreise im Auge haben, sondern auch die Inflation von Vermögenswerten wie Aktien und Häusern beobachten und notfalls bekämpfen. Er beklagte, dass mit der zunehmenden Beruhigung der Lage der politische Wille zu Reformen nachlasse, während die Banken gleichzeitig wieder größere Risiken eingingen: „Um eine noch gefährlichere Spekulationsblase und eine noch größere Finanzkrise zu verhindern, sollten die Reformen jetzt schnell umgesetzt werden."

6. Das Wachstum der Aufsteiger

6.1. Supermacht China
6.2. Weltstar und Entwicklungsland
6.3. Die Glitzerwelt der Golfstaaten

Der Computer

Die Erfindung des Computers ist nicht genau zu datieren. Schon im Mittelalter wurden mit dem englischen Begriff Menschen umschrieben, die komplexe Berechnungen ausführten. Später gab es mechanische Rechenmaschinen. Den ersten programmierbaren Rechner stellte der Deutsche Konrad Zuse 1938 her – seither hat sich die Technologie rasant entwickelt. Bis in die 70er Jahre hinein dominierten die Großrechner, dann wurden etwa von Apple erste Geräte für den Gebrauch auf dem Schreibtisch zu Hause ausgeliefert. Mittlerweile gibt es weltweit mehr als eine Milliarde Computer, die in ungeheurem Tempo arbeiten. So erledigte der Z1 von Zuse noch eine Berechnung pro Sekunde. Moderne Oberklasse-Handys, die mehr und mehr Computern gleichen, schaffen in der gleichen Zeit problemlos eine Milliarde.

Ein Riese, der immer größer wird

Experten warnen davor, dass Chinas Wirtschaft nicht ewig in so hohem Tempo zulegen kann und eine Krise droht. Doch das muss nicht sein.

Von Marcel Grzanna

Wie stark kann ein Land eigentlich werden? Man hört immer davon, dass Chinas Wirtschaft wächst und wächst und wächst. Irgendwann muss doch auch China ausgewachsen sein. Dann ist Schluss mit dem Größerwerden, dann wird nur noch in Würde gealtert. Bei Menschen ist das so. Sie hören auf zu wachsen, wenn sie etwa 20 Jahre alt sind. Sie gehen dann höchstens noch in die Breite. Aber wachsen? Keine Chance.

Chinas Wachstumsprozess hat erst in den vergangenen drei Jahrzehnten an Tempo gewonnen. Auch einem Menschen kann es passieren, dass er erst relativ spät in die Höhe schießt und plötzlich alle anderen um sich herum überragt. Im Extremfall kann das für ihn auch gefährlich werden – nämlich dann, wenn das Knochengerüst der enormen Größe nicht mehr gewachsen ist. Dieses Phänomen gibt es auch in der Wirtschaft. Dort heißt es „Blase". Jedenfalls kann es vorkommen, dass Menschen übermäßig groß werden. Dann misst jemand vielleicht 2,42 Meter. Und die Welt bestaunt den Riesen, weil er nicht normal ist, weil er etwas Unmenschliches an sich hat.

China wird schon jetzt bestaunt, weil es dramatisch schnell herangewachsen ist zu einem Riesen, von dem manche glauben, dass er in 20 Jahren größer sein wird als alle anderen Riesen auf der Welt. Heißt das also im Umkehrschluss, dass ein Land wie China unmenschlich ist? Zumindest gibt es eine Menge Menschen, die darunter leiden, dass das Land so schnell wächst: Billige, ausgebeutete Arbeitskräfte zum Beispiel, die mit Mühe und Not sich und ihre Familien durchbringen, aber kaum Sicherheiten haben, wenn sie nicht mehr arbeiten können. Oder Menschen, die im Weg stehen, wenn eines der gigantischen Bauprojekt geplant ist. Sie werden zur Seite geschafft, umgesiedelt, ohne dass man sie fragt, ob sie einverstanden sind. Entschädigungen gibt es meist nicht, und wenn doch, dann sind sie lächerlich gering.

Der bekannte chinesische Ökonom Mao Yushi sagt, das rasante Wachstum seines Landes basiere auf der Nichtbeachtung von Menschenrechten. Wer sich um das Wohl des Einzelnen nicht zu kümmern brauche, der spare eine Menge Zeit. Und Zeit ist Geld, das wiederum in neue Projekte investiert werden könne. In demokratischen Ländern sei es nicht möglich, Millionen Menschen einfach umzusiedeln, nur um einen Damm zu bauen. In einem politischen System wie China gehe das sehr wohl. Der Drei-Schluchten-Damm in Zentralchina ist ein solches Beispiel. Das Bauwerk ist der dramatische Versuch der Chinesen, die Natur zu bändigen. Koste es, was es wolle.

Die Legitimation für diese Politik liefert die Kommunistische Partei regelmäßig selbst mit ihrer Propaganda. Der ehemalige Staats- und Parteichef Jiang Zemin hat es einmal so ausgedrückt: Die Kommunistische Partei, sagte er, vertrete die Interessen der Mehrheit des Landes. Mit anderen Worten bedeutet dies, dass die Interessen der Minderheiten im Land ignoriert werden können. Das sei ja zum Wohle der meisten anderen im Land, so die Theorie. Dieses Vorgehen ist riskant. Denn es funktioniert nur, wenn es immer die gleiche Minderheit ist, die benachteiligt wird. In einer solchen Konstellation müsste die Mehrheit die Minderheit nur aufmerksam genug im Auge behalten und die Kräfteverhältnisse zu ihren Gunsten ausnutzen, um die Situation zu kontrollieren.

Doch die chinesische Realität sieht anders aus. Niemand ist davor gefeit, plötzlich zur Minderheit zu zählen. Die Zusammensetzungen von Minderheiten ändern sich ständig. Heute sind es die Familien, deren Häuser abgerissen werden, weil genau dort, wo sie leben, eine Straße gebaut werden soll. Morgen ist es der private Unternehmer, dessen Fabrikanlage aus fadenscheinigen Gründen konfisziert wird, weil ab sofort der Staat das Geschäft übernehmen will. Und übermorgen sind es die Angestellten einer Chemiefabrik, deren Chef sich aus dem Staub gemacht hat, ohne die ausstehenden Gehälter zu zahlen.

Für sich genommen sind das jeweils nur kleine Minderheiten. Aber in der Addition hat sich bei vielen Menschen eine Menge Ärger und Wut aufgestaut, und diese Menschen wollen sich die Rechtlosigkeit nicht mehr bieten lassen. Für die Kommunistische Partei gibt es also zwei Möglichkeiten. Entweder sie ignoriert, dass eine unzufriedene Mehrheit heranwächst, und riskiert damit, dass es zu sozialen Unruhen kommt, die in einem Machtverlust des Regimes enden könnten. Dann wäre erst einmal Schluss mit dem Wachstum im Schwellenland. Oder sie schafft ein Ventil für den Ärger, indem sie endlich Rechtsstaatlichkeit garantiert, statt nur große Worte darüber zu verlieren. Oder sie gewährt gesellschaftlichen Gruppen zumindest einen beschränkten Zugang zur Macht.

Beides würde eine schrittweise Demokratisierung bedeuten und damit einen Machtverlust der Partei. Das Wachstum in China würde dann gebremst werden, weil es mehr Reibungen gäbe. Aber es könnte sich auf einem immer noch stattlichen Niveau stabilisieren. Denn es herrscht ja kein Mangel an Wachstumsmöglichkeiten. Allein die Urbanisierung, also der massive Zuzug in die Städte, wird frühestens in zehn Jahren beendet und bis dahin ein starker Motor für das Bruttoinlandsprodukt sein. Auch der öffentliche Dienst steckt noch in den Anfängen und bietet die Chance für mehr Wachstum.

Sogar bei der Billigproduktion für den Export sind noch nicht alle Möglichkeiten ausgeschöpft. Die Industrie will die Qualität ihrer Waren verbessern und höherwertige Produkte anbieten. In anderen Schwellenländern hat dies in der Vergangenheit Arbeitsplätze und Firmen vernichtet. Zugleich sind andere Entwicklungsländer eingesprungen und haben fortan die Nachfrage der Industrienationen befriedigt. In China warten indes die Menschen im Hinterland darauf, endlich in die Produktionskette einbezogen zu werden. Wenn Chinas Industrie entlang der Küste auf höherwertige Produkte umstellt, könnten sich die ärmeren Provinzen darum streiten, wer die Lücken stopfen soll. An der Infrastruktur des Landes wird seit Jahren eifrig gebastelt, so dass eine solche Verschiebung möglich würde. Fast jede Provinz protzt mit neuen Straßen, Flughäfen und Eisenbahnlinien.

Dies alles ist allerdings weniger eine Kann-Option als vielmehr ein Muss. China ist zum überdurchschnittlichen Wachsen förmlich verdammt, um andere negative Einflüsse auszugleichen, die sich längst abzeichnen. Die Überalterung der Gesellschaft zum Beispiel: Sie nimmt so rapide zu, dass kaum noch Zeit bleibt, das Politik und Volk sich darauf vorbereiten können. Hui Liangyu, Vize-Premierminister und Mitglied des Staatsrates, hat schon vor einer Weile eingestanden, dass die Überalterung der Gesellschaft nicht nur früher als erwartet spürbar geworden sei. Sie entwickle sich auch schneller als erwartet. „Das wird herbe Auswirkungen auf die Wirtschaft, die Gesellschaft, die Kultur und andere Bereiche unseres Lebens haben", sagte Hui.

Als Folge der Einkindpolitik wird der Anteil der über 60-Jährigen in den kommenden zehn Jahren von heute 12,6 auf 17 Prozent klettern. 243 Millionen wären das im Jahr 2020. Rund 70 Millionen mehr als heute. Wer soll sich um die Alten kümmern? Die Jungen werden immer weniger. Der Staat muss zwangsläufig Milliarden in die soziale Sicherung der Menschen investieren, in ihre Gesundheit und in ihre Unterbringung. Mehr Ausgaben bedeuten weniger Investitionen. Und die wirken wie Bremsklötze auf das Wachstum. Zwangsläufig wird sich die Dynamik des chinesischen Booms in den nächsten Jahren verringern.

Die Umwelt in China hat diese Verlangsamung bitter nötig. Sie leidet dramatisch unter dem Wachstum. Der Raubbau an Flüssen und Wäldern hat einen hohen Preis, das zeigt sich schon heute mehr als deutlich. Besonders durch die gesundheitliche Schädigung vieler Menschen, die wiederum zu einer Belastung für das soziale Gefüge werden.

Das Wirtschaftswachstum eines Landes hat auch natürliche Grenzen. Je früher ein Land deshalb den Schutz der Umwelt als unerlässliche Basis für künftigen Wohlstand anerkennt, desto länger wird die Gesellschaft dieses Landes davon profitieren. Denn sicher ist: Wenn es nicht diese Generation ist, die den Preis für den Raubbau an der Umwelt bezahlen muss, dann wird es die nächste sein.

Der Verschleiß an Mensch und Natur ist in China auch deshalb so groß, weil das Aufholbedürfnis so gewaltig ist. So sehr die Bevölkerung unter dem Regime von Mao Zedong zu leiden hatte – und so sehr die Chinesen vielfach auch Angst hatten, so sehr zeigen sie jetzt eine Opferbereitschaft, die über alle normale Maße hinaus geht.

Und diese Opferbereitschaft mischt sich derzeit mit der Dynamik einer Einparteien-Diktatur, in der Politiker fast jede Maßnahme zügig durchsetzen können. In der es vor allem darum geht, dass die Politiker untereinander einen Kompromiss finden. Und natürlich profitieren vor allem die Politiker von der Struktur, weil sie sowohl die politischen als auch die wirtschaftlichen Zügel in der Hand halten. Erst ich, dann die Partei, dann das Land, lautet die Reihenfolge.

Die Wirtschaftswissenschaften liefern das Erklärungsmodell für dieses Verhalten, dem eine große Portion Egoismus zugrunde liegt. Sie haben diesen Akteur Homo oeconomicus getauft. Es ist ein Menschentypus, der ausschließlich nach der Maximierung des persönlichen Vorteils strebt. Nach dieser Theorie ist das außerordentliche Wachstum in China wohl doch menschlich. Und hat deswegen auch Grenzen.

Wer Geld hat, der flieht

Die Stadt Linfen in der Kohleprovinz Shanxi erlangte vor drei Jahren traurige Berühmtheit: Als einer von zehn Orten mit der höchsten Umweltbelastung weltweit.

Von Marcel Grzanna

Der kleine Jinhua tobt durch das Schlafzimmer der Familie, er springt auf das Bett und wieder herunter, und wenn er lacht, blitzen seine Milchzähne. Für Fremde ist Jinhua ein ganz normales fröhliches Kind aus Linfen in der chinesischen Stahl- und Kohleprovinz Shanxi. Für seine Mutter Zhang Mei und ihren Mann aber grenzt es an ein Wunder, dass ihr heute dreijähriger Sohn überhaupt noch lebt. Vor drei Jahren hatten sie sich innerlich von dem Kind schon verabschiedet.

Jinhua war mit einem Herzfehler auf die Welt gekommen. Er bekam kaum Luft, seine Lippen waren bläulich. Der Säugling, das war den Ärzten sofort klar, musste dringend operiert werden. Nur ein Katheter konnte sein Leben retten. Doch Geld für die Operation besaß die Familie nicht. Es war purer Zufall, dass der behandelnde Arzt einem deutschen Reporter vom Schicksal des Jungen erzählte. So fand Jinhuas Geschichte den Weg in deutsche Medien. Ein Zeitungsleser aus Bayern übernahm schließlich die Kosten der Operation: Jinhua überlebte.

Ihre Masken tragen die Einwohner von Linfen nicht etwa aus Angst vor ansteckenden Krankheiten. Die chinesische Kohle-Stadt gehört zu den schmutzigsten Regionen weltweit.

Dabei hätten wohl ganz andere für Jinhuas Herz zahlen müssen. Der Junge ist mit sehr großer Wahrscheinlichkeit ein Opfer der Umweltverschmutzung in seinem Geburtsort. Die fünfköpfige Familie samt Schwester und Großvater lebt am Rand Linfens. Traurige Berühmtheit erlangte die Stadt im Jahr 2007, als das New Yorker Blacksmith Institute Linfen zu den zehn Orten der Welt mit der größten Umweltverschmutzung zählte. Hier ist nicht nur die Luft mit Schadstoffen belastet, auch das Wasser ist verseucht, weil Fabriken ihren Abfall in die Flüsse, Bäche und Seen entsorgen. Die Giftstoffe sickern ins Grundwasser. Mehr als die Hälfte der Brunnen der Region, so die Blacksmith-Forscher, seien belastet. Schilder mit der Aufschrift: „Giftig! Nicht trinken!" sucht man aber bis heute vergeblich.

In einem der umliegenden Dörfer erzählen die Bauern, dass sich in ihrem Fluss Kohleschlamm absetzt. Die Menschen sammeln den Matsch, trocknen ihn und verwenden ihn zum Heizen. Noch immer bewässern sie ihre Felder mit der Brühe – sie haben kaum eine Alternative. Große Mengen von Mais und anderem Gemüse gehen ein, ehe die Bauern es ernten können. Das Gemüse, das überhaupt noch wächst, enthält mehr Schadstoffe als Vitamine.

Seitdem das Blacksmith Institute Linfen international bekannt machte, haben die Behörden damit begonnen, gegen die Verschmutzung und den schlechten Ruf anzukämpfen. Sie sprengen illegale Minen und haben die Umweltkontrollen verstärkt. Wenn der Wind auffrischt, gibt es Tage in Linfen, an denen alles nur halb so schlimm scheint. Tage, an denen man den Himmel sehen kann. Doch wenn die Brise nachlässt, legt sich schnell wieder ein Schleier über die Stadt und ihre Menschen. Vor einigen Monaten stand sogar in der Volkszeitung, dem Sprachrohr der Kommunistischen Partei, dass Linfen seinen Platz in der unrühmlichen Blacksmith-Liste verdient habe. Zugleich stand in dem Artikel aber auch, dass Linfen nicht die einzige Stadt in China sei, die mit solchen Problemen zu kämpfen habe.

Die Menschen in der Region sind die ersten Opfer dieser Umweltverschmutzung. Sie leben mit Krankheiten, Behinderungen und Tod. Die Lebenserwartung in Linfen liegt um etwa zehn Jahre unter dem Landesdurchschnitt. Zwei von drei Kindern leiden an Atemwegserkrankungen. Ärzte stellten immer mehr Bleivergiftungen fest, die unter anderem Hirn- und Nervenschäden hervorrufen können. Ein Drittel mehr Menschen sind an Krebs erkrankt als noch in den 90er Jahren.

Es ist die dunkle Kehrseite des wirtschaftlichen Aufschwungs, die in Shanxi offenbar wird. Die Provinz ist so etwas wie der Maschinenraum der chinesischen Wirtschaft. Hier kommt die Kraft her, die China für seinen Aufstieg benötigt. Ein Viertel des gesamten Energiebedarfs des Landes wird in Shanxi produziert – vornehmlich in Kohlekraftwerken. Lange Zeit zählte nur das Wachstum. Für die einstige Agrarprovinz Shanxi schien die Industrie eine Chance zu sein, im Kampf um Wohlstand mitzumischen und zu einer angesehenen Provinz des Landes heranzuwachsen. Doch das Gegenteil ist eingetreten. Shanxi gilt heute als Dreckschleuder. Wer genug Geld hat, verlässt die Region. Den meisten Menschen aber, die hier leben, fehlt das Geld für die Flucht.

An einer Schotterstraße in einem Industriegebiet, wo sich ein Bergwerk an das andere reiht, steht eine Frau mit einem Kleinkind auf dem Arm. „Ich würde hier sofort wegziehen, wenn ich die Möglichkeit dazu hätte. Man sagt uns ja nicht, wie gefährlich die Verschmutzung wirklich ist“, beklagt sie sich. Der Unmut über die Zustände wächst.

Seit dem Klimagipfel in Kopenhagen versucht die Kommunistische Partei, kritische Stimmen im Land zu ersticken. Peking hätte bei den Verhandlungen über die Verringerung der Emissionen zu mehr Zugeständnissen bereit sein müssen, heißt es. Und vielen Chinesen wird immer bewusster, dass sie die Ersten sind, die unter den Bedingungen massiv leiden.

An diesem Vormittag ist sogar die Autobahn nach Linfen gesperrt, weil der Smog so dicht ist. „Es ist sogar schon etwas besser geworden“, sagt ein Mann, der am Zaun eines Fabrikgeländes lehnt. Für die Kranken, die Behinderten und erst recht für die Toten kommen diese Besserungen, so es sie denn tatsächlich gibt, jedenfalls zu spät. Und den meisten ist es auch egal, ob es jetzt die

Luft ist oder das verseuchte Wasser, das die Menschen hier krank macht.

Schwangere Frauen sind all dem hilflos ausgesetzt. So wie Zhang Mei, die Mutter von Jinhua. „Der Arzt hat uns gesagt, dass die Luft schuld ist an dem Herzfehler“, sagt sie. Mediziner aber müssen vorsichtig sein. Sie bekommen Druck von den Behörden. Wenn sie öffentlich sagen, welchen Risiken Kinder ausgesetzt sind, droht ihnen der Verlust des Arbeitsplatzes.

Alle 30 Sekunden wird in China ein Kind mit einer Fehlbildung geboren: 145 auf 10 000 Geburten. Im Jahr 2001 waren es noch 105. Die wenigsten von ihnen teilen das Glück, das der kleine Jinhua hatte, der jetzt auf dem Bett seiner Eltern herumtobt. Doch auch der Dreijährige ist noch nicht endgültig über den Berg. Sein Herz wächst, aber der Katheter in seinem Inneren nicht. Wahrscheinlich muss der Junge noch einmal operiert werden. Auch für diesen erneuten Eingriff haben die Eltern nicht das Geld.

Auf dem Weg zur Supermacht

Von der wirtschaftlichen Öffnung Indiens profitieren nicht alle – die Schere zwischen Arm und Reich klafft auseinander.

Von Tobias Matern

Kumar ist immer erreichbar, immer im Dienst seiner Kunden. Wenn der gläubige Hindu gerade im Tempel ist und einen Anruf nicht sofort beantwortet, entschuldigt er sich danach. Lieferungen führt er, wenn es sein muss, auch sonntagabends um 22 Uhr durch. Gefällt dem Kunden die Farbe der Bestellung nicht, nimmt er das Produkt eben wieder mit und lässt es neu herrichten. Sein Lieblingssatz ist kurz und knapp: „Wird erledigt, kein Problem". Kumar fertigt erstklassige Möbel aus Teakholz: Schaukelstühle, Esstische, Betten – alles so, wie es die Kunden wünschen. Sein Laden liegt am Rande Delhis im weniger hübschen Teil der indischen Hauptstadt. Hier schreinert er ein Doppelbett in Handarbeit für umgerechnet etwa 200 Euro zusammen.

Die Läden an der Hauptstraße, keine 500 Meter von seiner Werkstatt entfernt, unterbietet er mit seinen Preisen mühelos. Das kann der Kleinunternehmer allein schon deshalb, weil er keine auf Hochglanz gewienerte Verkaufsfläche hat – die Mieten für solche gewerbliche Immobilien sind in den vergangenen Jahren in Indien steil gestiegen. Kumar ist nicht nur Produzent und Direktverkäufer, er beliefert auch genau diese Hochglanzshops, in denen mindestens zwei Angestellte mit nichts anderem beschäftigt sind, als ständig die Böden zu putzen. Kein Staubkorn soll die zahlungskräftige Oberschicht der aufstrebenden Wirtschaftsmacht Indien von ihrem Kaufvergnügen abhalten.

Fährt man vorbei an diesen mehrstöckigen Kaufhallen, eine größer als die andere, landet man in dem Hinterhof, in dem Kumar wie Dutzende anderer Möbelhändler seine Werkstatt samt Verkaufsfläche betreibt. Hier wird einem wie so häufig in Indien klar: Zwischen Hochglanz und Schmutz, Arm und Reich, Großunternehmer und Ein-Mann-Firma liegt manchmal nur eine einzige Straße. Der Weg vor Kumars Werkstatt ist nicht mehr befestigt, eine Kuh steht seelenruhig auf der Buckelpiste, es riecht streng. Wenn der Kunde Kumar einen Tisch beschreibt, den er bislang nicht im Sortiment hat, fährt der Händler sofort in einen anderen Laden, schaut sich die Auswahl an, kommt zurück und macht sich an die Arbeit. Kumar, der nicht möchte, dass sein richtiger Name in der Zeitung erscheint, kopiert nicht einfach, was andere anbieten, er gibt den Möbeln seine eigene Note, benutzt aber das gleiche Material. Und nimmt dafür weniger als die Hälfte des Preises, der an der Hauptstraße verlangt und auch bezahlt wird.

Händler wie Kumar passen sich ständig an, suchen wirtschaftliche Überlebensstrategien. Ein Teil seines Erfolgs ist der direkte Draht, den er zu den Kunden hat. War es zunächst die junge, urbane Elite, die sich in Indien ein Handy leisten konnte, sind es heute die Massen. Dazu gehört auch der Maler, der manchmal nicht genug Geld verdient, um selbst Anrufe tätigen zu können, aber genau wie der Möbelhändler Kumar stets für den nächsten Auftrag erreichbar ist. Es sind diese findigen Kleinunternehmer, die Indiens wirtschaftlichen Wandel personifizieren. Auch wenn natürlich Stahlmagnaten wie Mittal oder das Familienunternehmen Tata die Wachstumsraten entscheidend prägen. Tata etwa stellt nicht nur das Billigauto Nano her, sondern verkauft Satellitenschüsseln, Mineralwasser, Tee, bietet Dienstleistungen an und besitzt Hotels.

Indiens superreiche Unternehmer haben sich von der Wirtschaftskrise erholt: Nach Angaben des *Forbes*-Magazins sind 52 Inder Dollar-Milliardäre. Das Vermögen der 100 Reichsten des Landes entspricht etwa einem Viertel der gesamten Wirtschaftsleistung. Der Wohlstand basiert auf Wachstumsraten, die in den vergangenen Jahren stets um neun Prozent lagen, die während der Krise zwar einen Dämpfer erlitten haben, aber nicht eingebrochen sind – vor allem weil das 1,1-Milliarden-Volk eine Binnennachfrage schafft, von der andere Länder nur träumen können. Selbst wenn Hunderte Millionen Inder noch vom Aufschwung ausgeschlossen bleiben, die ökonomischen Prognosen sind rosig: Bis Mitte des 21. Jahrhunderts wird Indien demnach das drittgrößte Bruttosozialprodukt der Welt erwirtschaften und China wahrscheinlich als das bevölkerungsreichste Land abgelöst haben.

Dieser Aufstieg ist Resultat einer wirtschaftlichen Entwicklung, deren Grundstein Anfang der neunziger Jahre gelegt wurde. Damals entledigte sich Indien seiner sozialistischen Selbstbeschränkung. Jahrzehntelang galt für das erst nach dem Zweiten Weltkrieg von den Briten in die Unabhängigkeit entlassene Land: Eine „Hindu-Wachstumsrate" von etwas mehr als drei Prozent ist ausreichend. Während die asiatischen Nachbarn schon mächtig ihre Märkte liberalisierten, dümpelte Indien noch vor sich hin.

Dann fiel der Eiserne Vorhang, der Golfkrieg brach aus. Die Ölkrise traf Indien hart, es geriet in Zahlungsnöte. Aus dieser Extremlage heraus leitete die damalige Regierung mit Manmohan Singh als Finanzminister eine Öffnung der Märkte ein und ermöglichte ausländische Investitionen. Allerdings hat die Deregulierung bis heute ihre Grenzen, der Bankensektor bleibt weitgehend abgeschottet. Er hat von den Folgen der Finanzkrise nicht so viel abbekommen wie dies im Westen der Fall war.

Singh ist heute Premierminister, die Regierungsphase seiner Kongress-Partei wurde in der Zwischenzeit schon einmal von den Hindu-Nationalisten unterbrochen. Aber egal, wer in Neu-Delhi bestimmt: Seit dem Richtungswechsel vor fast 20 Jahren gibt es im Land nun einen Grundkonsens: Die wirtschaftliche Entwicklung soll ihren Lauf nehmen. Indien befindet sich schon wegen seiner schieren Größe und seines wirtschaftlichen Aufschwungs auf dem Weg zur Weltmacht. Politisch ist Neu-Delhi das noch nicht geheuer, und der Nachbar China spielt seine Ambitionen wesentlich geschickter aus. Doch der ökonomische Aufstieg macht sich bereits in vielen Teilen des Landes bemerkbar.

Die neuen Möglichkeiten und viele Erfolgsgeschichten sind vor allem in den Großstädten zu finden, in Städten wie Bangalore, dem indischen Silicon Valley, der IT-Schmiede des Landes. Nirgendwo auf der Welt arbeiten mehr Informatiker und Ingenieure als hier. Auch die Biotechnologie kann auf dem Weltmarkt mithalten. Im Dienstleistungssektor ist Indiens wachsende Mittelschicht tätig. Diese schafft mehr als die Hälfte des Bruttoinlandsproduktes, obwohl sie nur 25 Prozent der Beschäftigten stellt.

Aber das einst proklamierte „scheinende Indien“ bleibt ein Land der krassen Gegensätze. Denn dort, wo die Sonne scheint, gibt es bekanntlich auch Schatten: Millionen Menschen arbeiten in Indien noch immer in der Landwirtschaft, ihr Leben ist ein täglicher Kampf. Sie bekommen nicht viel mit von dem Aufschwung, genauso wenig wie diejenigen, die in die Städte abgewandert sind und nun in Slums hausen oder – auch das ist nicht selten im Wirtschaftswunderland Indien – auf dem Bürgersteig.

Etwa jedes zweite Kind in Indien ist unterernährt. Längst mag das Land von außen als aufstrebende Weltmacht gesehen werden, in sozialer Hinsicht bleibt es ein Entwicklungsland. Und vor allem die armen Menschen leiden unter der massiven Inflation, unter gestiegenen Lebensmittelpreisen. Selbst wer Arbeit hat, lebt kein menschenwürdiges Leben. Löhne sind in Indien extrem: Eine Putzfrau in Delhi verlangt 25 Euro im Monat – und arbeitet dafür 50 Stunden.

Die soziale Frage, die Schere zwischen Arm und Reich, ist nicht das einzige Problem des Landes. Die Infrastruktur kann mit der wirtschaftlichen Entwicklung noch nicht Schritt halten. Die Stromversorgung bricht nicht nur im ländlichen Raum weiterhin häufig zusammen. Aber auch wenn die Entwicklung alles andere als perfekt ist, wenn Korruption in der Bürokratie verbreitet ist: Die wirtschaftliche Öffnung, die Indien in den vergangenen zwei Jahrzehnten vollzogen hat, ist für Millionen Menschen wie den Möbelhändler Kumar vor allem eine Chance, selbst wenn er sich zunehmend mächtiger Konkurrenz ausgesetzt sieht. Denn große Handelsketten breiten sich aus, die ihre Produkte nicht mehr von Händlern wie Kumar bestellen, sondern selbst fertigen, die Preise nach unten treiben und ihre Produkte in den neuen Lieblingszielen der Mittelschicht anbieten: den Malls, Einkaufszentren nach amerikanischem Vorbild. Allein in Delhi gibt es davon Dutzende, sie könnten genauso gut in Chicago oder Los Angeles stehen.

Die westlichen Ketten haben sich auf den indischen Markt eingerichtet: Der Burgerbrater McDonald's bietet hier keine BigMacs an, verkauft überhaupt keine Produkte aus Rindfleisch – dafür viel vom Huhn und Burger mit Namen wie „Maharadscha Mac“ – mit typisch indischer Gewürzmischung. In den seelenlosen Einkaufstempeln gibt es auch die großen Anbieter, die Decken verkaufen, um die auf den wuseligen, staubigen Basaren gefeilscht wird. Oder Kerzen, die auch der Kleinhändler in seinem Verschlag anbietet, Gemüse, das auch der Verkäufer an der Ecke loswerden möchte. Was aus den Ein-Mann-Unternehmern wird im neuen Indien – es ist noch nicht gewiss. „Sie werden sich anpassen, sie werden einen Weg finden, mit der neuen Situation umzugehen, alle sind hier immer in Bewegung, suchen nach neuen Möglichkeiten“, sagt ein mittelständischer Firmenbesitzer in Delhi. Genau wie der Möbelhändler Kumar, der stolz davon berichtet, dass er nach wenigen Tagen bereits fünf Bestellungen für sein neues Tischmodell hat.

Der Maharadscha und das Wunderkind

Rahul Roy ist in den USA zum Millionär aufgestiegen, der einstige Regent Gaj Singh II. in Indien zum Geschäftsmann mutiert. Beide setzen sich für ihre Heimat ein.

Von Steffen Uhlmann

Rahul Roy ist nervös. Eigentlich ist er frühzeitig losgefahren, um das Flugzeug nach Delhi zu bekommen, doch die Hauptstraße von Jodhpur ist dicht. Bettler klopfen an die Autoscheiben, Rikschafahrer kurven zwischen der zweireihig wartenden Blechlawine hindurch. Am Rand der Straße bieten Händler ihre kümmerlichen Waren feil. Bauarbeiter flicken notdürftig Straßenlöcher. Frauen balancieren schlafwandlerisch sicher Wasserkrüge auf dem Kopf. Dazwischen streunen Hunde, Ziegen und natürlich Kühe, die in Indien heilig sind.

Roy ist mit seinem chromblitzenden Landrover eingekeilt im staubigen Stau, und das Chaos vermittelt ihm schlagartig die Probleme seines Heimatlandes Indien, das er schon vor Jahrzehnten verlassen hat: Lebensmut trifft auf Hoffnungslosigkeit, drückende Armut auf schreienden Reichtum. „Der indische Elefant schlurft und stampft dennoch voran", sagt Roy. „Warten Sie ab, bald galoppiert er."

Rahul Roy ist in Kanpur im Bundesstaat Uttar Pradesh in einer vielköpfigen Unternehmerfamilie aufgewachsen. Er war das jüngste von sieben Kindern und stand unter besonderer Obhut seines Vaters, der in Indien Bengal-Lampen herstellte und vertrieb. „Er war sehr stolz darauf", erinnert sich der Mitfünfziger. „Es waren die ersten Lampen aus eigener Produktion, die schon vor der Unabhängigkeit in Indien gefertigt wurden." Eigentlich wollte sein Vater, dass er Wirtschaftsprüfer oder Arzt wird. Studiert aber hat er in Kanpur am Indian Institute of Technology Computerwesen. Und damit erschloss sich für den jungen Inder eine Welt, die sein ganzes weiteres Leben beeinflussen sollte. „Nach der Ausbildung bin ich bald nach Amerika gegangen, dorthin, wo schon meine älteren Brüder lebten."

Im kalifornischen Fremont, mitten in Silicon Valley, hat der Inder Karriere gemacht. Bei einer kleinen Firma fand der Softwareexperte nach langem Suchen seinen ersten Job. „Ich habe dort die Buchhaltung in Ordnung gebracht", erinnert er sich, „für 28000 Dollar im Jahr." Später entwickelte Roy Softwareprogramme auf eigene Rechnung, gründete mit MirrorPlus in den neunziger Jahren seine eigene Firma, die inzwischen zum Softwarekonzern American Reprographics gehört, einem börsennotierten Unternehmen, das weltweit fast 5000 Mitarbeiter beschäftigt. Roy ist dort verantwortlich für die Technologieentwicklung im Konzern. Das und diverse andere Geschäfte haben ihn reich und stolz gemacht.

Roy hat über sich und seinen Weg ein Buch geschrieben. *Ein Traum wird wahr*, heißt es. Es erzählt von einem Inder, der den Westen quasi im Alleingang übertrumpfte – mit harter Arbeit, viel Geschäftssinn und noch mehr Ehrgeiz. Aber ebenso von seinen indischen Wurzeln und dem tiefen familiären Gemeinschaftssinn, den Roy auch fernab der Heimat niemals verloren hat. Wenn er nach Hause in sein Heimatland kommt, dann trifft der zum Millionär aufgestiegene Inder auf zwei Welten. Ein Indien, das ihn mitreißt und begeistert, das sich mit seinem schnellen Wirtschaftswachstum mit dem benachbarten Aufsteiger China misst. Es ist ein Land, dessen hochgebildete Fachleute Indien weltweites Renommee eingebracht haben, dessen Großkonzerne wie Mittal oder Tata längst Weltkonzerne geworden sind und dessen Mittelschicht es mit Unternehmergeist zu Wohlstand gebracht hat. Mit diesem Indien hat Roy geschäftlich zu tun. „Indien", betont Roy, „ist für uns nach China der wichtigste Wachstumsmarkt in Asien geworden."

Das andere Indien, auf das er bei seinen Reisen trifft, hat damit nichts zu tun. Denn das Land ist auch Heimat von 300 Millionen Analphabeten, von fast einer halben Milliarde Menschen, die wie die Bauarbeiter am Straßenrand von Jodhpur von nicht mal zwei Dollar am Tag leben müssen, und von 220 Millionen unterernährten Kindern. Rahul Roy, der einem alten indischen Brauch folgend gerne alles das an Insignien zeigt, was seinen beruflichen Aufstieg auch äußerlich dokumentiert, will darüber nicht hinwegsehen. Er ist eines der indischen Wunderkinder, die kritisch, aber mit Anteilnahme die Probleme ihrer Heimat betrachten. „Und sich einmischen", sagt der von der indischen Regierung hochdekorierte Geschäftsmann. „Wir brauchen in Indien ein Ziel, das uns zu Innovationen zwingt, die es so in der Welt noch nicht gegeben hat."

In Jodhpur war Roy bei Gaj Singh II. zu Gast. Der Maharadscha von Jodhpur (Bundesstaat Rajasthan) hat im mächtigen Meherangahr-Fort sein alljährliches Kulturfestival veranstaltet. Ein rauschendes Fest der Sinne hat Gaj Singh II. in der imposanten Sonnenzitadelle hoch über der blauen Stadt inszenieren lassen, als wolle er damit noch einmal das Schicksal der Maharadschas beschwören, die einzig dazu ausersehen sind, der Menschheit ein Spektakel zu bieten.

Dabei ist der Glanz feudaler Zeiten längst vorüber. Nach der indischen Unabhängigkeit 1947 verloren die Maharadschas ihre Position als regierende Fürsten, ihre Titel und ihre stattlichen Apanagen. Von ihren ehemaligen Untertanen aber werden sie immer noch mit Highness angeredet. „Sie sind und bleiben unsere Könige", sagen die Rajasthanis stolz. Dabei sind die meisten von ihnen längst zu knallharten Geschäftsleuten mutiert. Der traditionsbewusste Gaj Singh II. verwaltet sein Erbe mit großem Engagement.

Der einstige Eton-Schüler und Oxford-Student lebt mit seiner Familie im Umaid Bhawan Palace, jedoch nur noch in einem Flügel. Die mit 347 Zimmern größte Privatresidenz der Welt ist nun ein Luxushotel, das zur edlen Kollektion der Taj Resorts & Palaces gehört, der Hotelkette des Tata-Imperiums. Gaj Singh II. sieht die Machtverschiebung gelassen, schließlich profitiert er geschäftlich davon. Er steht außerdem noch immer ganz oben im längst abgeschafften indischen Kastensystem. Viele Jahre saß er im Oberhaus von Delhi, war Botschafter seines Landes und Tourismuschef von Rajasthan. Er ist Präsident des feinen Poloclubs und Vorsitzender diverser kultureller und karitativer Stiftungen.

Als umtriebiger Geschäftsmann lässt er jetzt für die solvente Mittelschicht Häuser bauen, kümmert sich um Wasser- und alternative Energieprojekte, vor allem im von Dürren bedrohten Jodhpur, das mitten im „Tal des Todes" errichtet wurde. „Rajasthan und ganz Indien haben noch einen langen Weg vor sich, gerade was Architektur, Infrastruktur und Umwelt betrifft", räumt er ein. Aber er ist überzeugt, dass auch kleine Schritte sein Land voranbringen.

Einig sind sich der Maharadscha und der Unternehmer Roy, dass Indien nur über die Bildung seiner Bevölkerung in den Kreis der neuen Wirtschaftsmächte aufsteigen wird. „Das Land braucht in den nächsten 15 Jahren eine halbe Milliarde gut ausgebildeter Fachkräfte", schätzt Roy. Über die Hälfte der Inder ist jünger als 25 Jahre. Sie sind das eigentliche Kapital des Landes. Doch mehr Bildung und damit auch der Anspruch auf eine höhere soziale Dividende für die heranwachsende Generation sind in Indien längst kein Selbstläufer. Eine schier unüberwindliche Barriere aus Bürokratie, Korruption, altertümlicher Vetternwirtschaft und Arbeitsgesetzgebung macht den jungen Leuten das Leben sauer.

Roy zuckt mit den Achseln: „Wir reden stolz von der größten Demokratie der Welt, doch was nutzt das Indien, wenn sie nicht effektiv und erfolgreich ist?" Der gebürtige Inder mit dem US-Pass in der Tasche kann seine jungen Landsleute verstehen, die sich ihn zum Vorbild nehmen und ihr berufliches und soziales Wohlergehen im Ausland suchen. „Solange das Land in diesem lähmenden gesellschaftlichen Gleichmut verharrt, wird es die Abwanderung von Fachkräften nicht verhindern können", sagt der Geschäftsmann. Zu groß seien die Aufstiegschancen für junge indische Talente im Ausland. Roy sieht sich selbst als den besten Beweis dafür. Trotzdem glaube er an eine künftige Gegenbewegung. Inzwischen seien indisch-amerikanische Experten dabei, das Terrain für eine Rückkehr zu sondieren, um, wie er sagt, endlich „ihr Glück" in der Heimat zu finden. Er selbst freilich will nicht wieder nach Indien zurück. „Schon wegen der Kinder, die in Amerika aufgewachsen sind", sagt Roy und klopft ungeduldig auf das Lenkrad. „Aber ich komme immer wieder her."

Hohe Türme, kaputte Aufzüge

Die arabischen Staaten sind sehr unterschiedlich, doch ihre Probleme einen sie: Die Bevölkerung wächst zu schnell, die Wirtschaft zu langsam.

Von Tomas Avenarius

Der Emir von Dubai weiht den höchsten Turm der Erde ein: Mehr als 800 Meter sind es bis zur Spitze des Burj Khalifa. Wie eine Lanze bohrt sich das höchste Gebäude der Erde in den Himmel, es symbolisiert auf diese Weise Dubais Eigenanspruch auf die arabische Moderne. In der saudischen Hauptstadt Riad reiht sich Baukran an Baukran. In Ägypten am Roten Meer schießen Touristenparadiese aus dem Boden. Im jordanischen Amman schlängelt sich eine futuristische Hängebrücke über ein Tal mitten in der Stadt: Die arabische Welt baut an ihrer Zukunft.

Während in der Wüste vor allem Beton gemischt wird, haben die Scheichs aus Katar zehn Prozent des deutschen Autobauers Porsche gekauft, bei Daimler ist das Emirat Abu Dhabi mit neun Prozent Anteilseigner: Arabische Staatsfonds investieren international. Das alles klingt nach einer Erfolgsgeschichte. Dass die Zukunft des arabischen Wirtschaftsmodells aber noch lange nicht gesichert ist, hat Anfang 2010 das Schuldendebakel von Dubai gezeigt: Der Emir als oberster Bauherr über das „Übermorgenland" am Golf konnte angesichts fallender Immobilienpreise am Jahresende die Schulden seines nur offiziell eigenständigen Bauprojekts „Dubai World" nicht bedienen.

Getrieben von hohen Ölpreisen und steigenden ausländischen Investitionen wuchsen die arabischen Volkswirtschaften zwischen 2003 und 2008 um durchschnittlich fünf bis sechs Prozent jährlich. Doch die Glitzerwelt der Golfstaaten täuschte über die Hälfte der Wahrheit hinweg, wie auch die anhaltenden Erfolgsmeldungen der Ägypter aus dem Tourismus: Bestimmte Branchen oder einzelne Staaten der arabischen Welt mögen sehr gute Zukunftschancen haben. Als politisch, wirtschaftlich und kulturell eng verflochtene Region aber sind die 22 in der Arabischen Liga zusammengeschlossenen Staaten eines der Schlusslichter der Weltwirtschaft. Sie folgen in den Negativ-Ratings der Wirtschaftsleistung direkt auf Schwarzafrika.

Und das, obwohl rund 60 Prozent der weltweit bekannten Öl- und 30 Prozent der Gasreserven unter arabischem Boden liegen. Rund 80 Prozent der Einnahmen der Golfstaaten stammen allein aus deren Öl- und Gasexporten. Die Perspektiven für die Mehrheit der 300 Millionen Araber sind dennoch insgesamt schlecht: Der gesamtarabische Raum – in der Fläche um 50 Prozent größer als die USA – droht sich politisch und wirtschaftlich von der globalen Entwicklung abzukoppeln. Die Wirtschaftsleistung der Region, die von der Atlantikküste Nordafrikas bis zum Persischen Golf im Osten reicht, ist noch immer nicht wesentlich höher als die des EU-Landes Spanien. Im internationalen Vergleich fällt der Lebensstandard weiter zurück.

Das war einmal anders. In den 60er und 70er Jahren des vorigen Jahrhunderts, der Zeit des politischen Pan-Arabismus, erlebten arabische Staaten ihr goldenes Zeitalter: Sie schufen umfassende Bildungs- und Gesundheitssysteme und eine moderne Infrastruktur; Ägypten zog beim Wachstum fast gleich mit südostasiatischen Erfolgsstaaten. Doch in den vergangenen 25 Jahren stieg der Lebensstandard der breiten Masse kaum noch. Die oft staats- und planwirtschaftlich ausgerichteten Wirtschaftssysteme verfallen. Statt konsequenter Reformen der Institutionen prägt vielerorts eine ziellose Politik der Teilliberalisierung das Bild. So bleiben von Mauretanien bis zu den Golfstaaten alle arabischen Länder auch im 21. Jahrhundert Schwellen- oder Entwicklungsländer – trotz ihrer 1400 Jahre alten islamischen Kultur und ihrer engen Verbindung zu Europa.

6.3. Die Glitzerwelt der Golfstaaten

Von einem um zwei Prozent steigenden Pro-Kopf-Einkommen wie in vielen anderen Entwicklungsländern etwa können Ägypter oder Syrer nur träumen. Wer in Kairo als Ingenieur oder Lehrer arbeitet, verdient im Monat um die 150 Euro – und fährt nach Feierabend Taxi, um seine Familie über Wasser halten zu können. Auch der Reichtum der „Ölscheichs" täuscht: Die Angehörigen der saudischen Herrscherfamilie des Königshauses oder superreiche Geschäftsleute mögen mit eigenen Jets nach Beirut, Monaco oder Marbella fliegen und in den Garagen ihrer Privatpaläste Dutzende Ferraris und Bentleys parken. Aber auch in Saudi-Arabien steigen Armut und Arbeitslosenzahl.

Der Begriff „arabische Welt" oder der noch mehr Staaten umfassenden MENA-Region führt schnell in die Irre: Die arabischen Staaten unterscheiden sich zu stark voneinander, um ein einheitliches Bild zu ergeben. Die Mittelmeeranrainer von Marokko über Ägypten bis zum Libanon und Syrien stehen im engeren Austausch mit Europa als etwa die Golfregion mit ihrem Öl- und Gasreichtum. Die Vereinigten Arabischen Emirate müssen sich Fremdarbeiter in Millionenzahl vom indischen Subkontinent holen, weil die eigene Bevölkerung zu klein ist und die Emiratis sich einfachen Tätigkeiten als Form des Lebensunterhalts verweigern.

In Ägypten hingegen mit seinen mehr als 75 Millionen Einwohnern liegt die inoffizielle Arbeitslosenrate bei weit über 30 Prozent: Ägypter ziehen in Millionenzahl als Gastarbeiter in Länder wie Kuwait, Saudi-Arabien und Algerien oder machen sich in kleinen Booten auf den lebensgefährlichen Weg übers Mittelmeer, um in Italien als illegal Eingewanderte für Hungerlöhne auf Baustellen schwarz zu arbeiten.

Ein anderes Beispiel ist das winzige Inselland Bahrain: Mit seinen Banken, Luxushotels und Bars inzwischen das Wochenendparadies für trink- und lebensfreudige Saudis, hat es außer der arabischen Sprache und der islamischen Kultur nur wenig Gemeinsamkeiten etwa mit dem südarabischen Armenhaus Jemen. Dort kauen die Menschen vom Nachmittag an die Droge Kat und verbringen den Rest des Tages im Rausch. Auch zwischen dem Golf-

Emirat Katar mit rund 30000 US-Dollar Pro-Kopf-Einkommen und dem nordafrikanischen Mauretanien mit knapp 350 Dollar liegen Welten.

Aber es gibt Gemeinsamkeiten, die die Strukturprobleme der arabischen Region mit begründen: Das Wirtschaftswachstum ist gering, die Integration in die Weltwirtschaft ebenfalls. Die Bevölkerung wächst zu stark, die Armut steigt. Politische Instabilität prägt die arabische Welt. Im Jemen, im Irak oder im Sudan herrscht Krieg, die autoritären Regime in Libyen, Syrien oder Ägypten könnten ins Wanken geraten. Demokratische Wahlen sind, wenn sie stattfinden, reine Fassadenveranstaltungen.

Dazu kommt die Rentierswirtschaft reicher Ölstaaten: Der „Fluch des Öls" prägt die Golfstaaten bis heute. Der Rohstoffriese Saudi-Arabien etwa beginnt erst langsam, von einer unproduktiven Ölökonomie mit umfassender staatlicher Versorgung auf Wirtschaftsmodelle mit Eigenverantwortung der Bürger und starkem Dienstleistungssektor umzustellen. Von einer neuen Elite-Universität verspricht sich König Abdullah den Einstieg in die Wissensgesellschaft. Angesichts der extrem konservativen Kultur seines Landes ist der Erfolg aber fraglich.

Das Hauptproblem der arabischen Welt ist das Bevölkerungswachstum. Es liegt bei durchschnittlich 2,5 Prozent. Nirgendwo sind die Geburtenraten so hoch wie in den Armenhäusern unter den islamischen Ländern, und dazu zählen viele der arabischen Staaten. Die Bevölkerung des Jemen etwa wird sich bis 2050 verdoppeln, in Ägypten mit seinen mehr als 80 Millionen Menschen werden bis Mitte des Jahrhunderts 130 Millionen leben. Selbst im reichen Saudi-Arabien wird die Einwohnerzahl von derzeit 26 auf 43 Millionen im Jahr 2050 steigen.

Um die derzeitigen Arbeitslosenzahlen auch nur stabilisieren zu können, müssten bis 2030 mindestens 50 Millionen Arbeitsplätze in der arabischen Welt geschaffen werden. Für Vollbeschäftigung müssten es sogar 70 Millionen sein: Was heranwächst, ist eine arabische Generation ohne Zukunft. Das Bildungswesen ist in den meisten Staaten schon heute marode: Die Zahl der Analphabeten in der gesamten Region liegt bei weit über 20 Prozent, schulische und akademische Ausbildung gelten als schlecht. Keine einzige arabische Universität zählt international zu den Spitzenhochschulen, ein Viertel der Akademiker verlassen ihre Heimatländer. Hinzu kommen die Eigenheiten des Islam. Strenge arabische Traditionen halten die Frauen in großer Zahl vom Arbeitsprozess fern.

Damit nicht genug: Bei steigender Bevölkerungszahl fehlen Anbauflächen für Getreide, der Wassermangel steigt dramatisch, Erosion und Versalzung der Böden schreiten voran. Der Jemen mit 3,5 Prozent Bevölkerungswachstum etwa könnte schon in wenigen Jahren zu wenig Wasser haben. Saudis und Ägypter beginnen bereits, landwirtschaftliche Flächen in Schwarzafrika anzukaufen, um ihre wachsende Bevölkerung in naher Zukunft noch ernähren zu können.

Der „Arab Human Development Report", seit 2002 von der UN veröffentlicht, hat die entscheidenden Strukturhemmnisse der arabischen Welt benannt: Es fehlt an politischer Freiheit, an einer Wissensgesellschaft und an der Gleichberechtigung der Frau, die vom wirtschaftlichen und öffentlichen Leben in Teilen weiter ausgeschlossen bleibt. Zwei solcher Strukturfehler könne eine Gesellschaft vielleicht verkraften, analysierten die Experten, drei mit Sicherheit nicht. Der Region mit ihren 300 Millionen Einwohnern fehlt die Perspektive.

Selbst der Burj Khalifa lieferte ein Beispiel für die Unsicherheit: Schon wenige Tage nach der Eröffnung brach das Aufzugssystem zusammen. Dutzende verschreckter Besucher mussten aus den Aussichtsterrassen in mehreren hundert Metern Höhe evakuiert werden.

Dubais Dirigent

Seit fünf Jahren leitet der Augsburger Philipp Maier das Orchester der Vereinigten Arabischen Emirate. Geschätzt wird seine Arbeit nicht – weder kulturell noch monetär.

Von Alexander Mühlauer

Drei Jahre also. Drei Jahre haben all jene Zeit, die von überall her kommen, um das Glück in Dubai zu suchen. Danach erlischt ihr Aufenthaltsrecht. Nun, da die Krise das Golf-Emirat gehörig ins Taumeln gebracht hat, kommt es immer öfter vor, dass die Suche nach dem Glück früher zu Ende ist als geplant: Ein Ausländer, der in den Emiraten seinen Job verliert, muss das Land sofort verlassen. So steht es im Gesetz.

Philipp Maier ist noch immer da. Vor fünf Jahren kam der Deutsche nach Dubai. Sein Bleiberecht musste er bereits einmal neu beantragen. Damals wurde er von seinen Freunden bewundert, galt das Glitzer-Emirat am Golf doch als Schlaraffenland des 21. Jahrhunderts. Und Maier sollte sein Dirigent werden. So hatte er es sich vorgestellt. Und so ist es auch gekommen. Philipp Maier, 48, blondgraue Haare, brauner Teint, geboren in Augsburg, leitet das Philharmonische Orchester der Vereinigten Arabischen Emirate.

Dirigent Philipp Maier: „Dass Musik Förderung braucht, auch wenn keine Rendite herausspringt, ist den Herrschern schwer begreifbar zu machen."

Was sich ungemein bedeutend anhört, ist in Wahrheit ungemein unbedeutend. Jedenfalls aus Sicht der Einheimischen. „Die verstehen nicht einmal eine Mozart-Sonate", sagt Maier und legt seine hohe Stirn in Falten. Er meint das nicht abschätzig. Es sei einfach so. Als die Wiener Philharmoniker im vergangenen Jahr eine Art Neujahrskonzert in Abu Dhabi spielten, war der Konzertsaal halb leer. Und die Scheichfamilie in der ersten Reihe spielte lieber mit ihren Mobiltelefonen.

Kein Wunder also, dass zu den Konzerten von Maiers Ensemble gerade mal zwei Dutzend Zuhörer kommen. Vielleicht liegt es auch daran, dass die Musiker des arabischen Orchesters aus aller Welt kommen, aus 27 Staaten der Erde, nur nicht aus den Emiraten. Maier arbeitet mit Amerikanern, Indern, Iranern, Deutschen, Syrern und Japanern. In den Emiraten spielt klassische Musik keine große Rolle. Junge Menschen, die Klavier oder Geige spielen lernen, gibt es so gut wie nicht.

In Dubai herrscht nach wie vor eine Kultur des Kommerzes. Nur was Geld bringt, gilt als erstrebenswert. Lange Zeit verdrängte das Primat der Ökonomie alles andere. „Dass Kultur Förderung braucht, auch wenn keine Rendite herausspringt, ist den Herrschern selbst nach dem Platzen der Geldblase schwer begreifbar zu machen", sagt Maier.

Diese Erfahrung machte auch ein anderer Deutscher, der in Dubai sein Glück versuchte. Michael Schindhelm sollte die Kultur des Abendlandes an den Persischen Golf bringen. Drei Jahre lange versuchte der Eisenacher, Dubai zur neuen Heimat der globalen Elite zu machen. Theater, Museen und Opernhäuser sollten entstehen. Daraus wurde nichts. Die Finanzkrise brach über das Emirat herein. Schindhelm gab seinen Job als Direktor der Dubai Culture and Arts Authority auf. Heute lebt er wieder in Europa und sagt: „Alles, was kein Geld bringt, interessiert hier niemanden."

Einmal war Schindhelm bei einem der wichtigsten Stellvertreter des Scheichs. Er saß mit ihm im 52. Stock der Emirates Towers. Schaut man von dort oben aus dem Fenster, sieht alles ganz klein aus. Dubai wirkt beherrschbar, wenn man im Himmel sitzt oder arbeitet. Schindhelm sagte, dass der Bau und der Betrieb einer Oper eine Milliarde Dollar kosten würde. Okay, sagte der Vertraute des Emirs, und wann bekommen wir die wieder? Nie, antwortete Schindhelm, eine Oper funktioniere nicht wie eine Shopping-Mall. Er versuchte dem Scheich klarzumachen, dass Kultur immer ein Zuschussgeschäft ist. Für ihn aber war es nichts als Geldverschwendung.

Philipp Maier lacht, wenn er diese Geschichte hört. Sie kommt ihm vertraut vor. „Schindhelm bekam ja von der Regierung in Dubai wenigstens Geld, ich bekomme überhaupt nichts", sagt er. Maier ist auf die Gunst anderer angewiesen. Bis vor kurzem suchte sein Orchester mal wieder einen Proberaum. In Dubai fanden die Musiker nichts. Und so müssen sie seit Februar ins Nachbar-Emirat Abu Dhabi fahren. Dort dürfen sie nun im „Officers Club" ein Mal pro Woche proben. Das ist natürlich viel zu wenig für ein professionelles Orchester. Aber was bleibt Musikern anderes übrig, die dafür nicht bezahlt werden? Für sie alle ist die Arbeit im Orchester ein Nebenjob.

Es kommt nicht von ungefähr, dass Maier und sein Ensemble eine Autostunde von Dubai entfernt proben. Abu Dhabi war in Sachen Kultur schon immer weiter als Dubai. Dort gibt es einen Konzertsaal, und der Architekt Frank Gehry baut eine Filiale des New Yorker Guggenheim-Museums. Auch bei Bildungseinrichtungen, im Gesundheitswesen und Umweltschutz hat Abu Dhabi die Scheichs von Dubai längst abgehängt.

So gut Abu Dhabi im Vergleich auch dasteht, ein Problem bleibt: Die Einheimischen nutzen die kulturellen Angebote äußerst selten. Immerhin: Die Regierung des Emirats hat Maiers Orchester die Finanzierung von acht Konzerten zugesichert. Vier Mal darf sich Maier aussuchen, was gespielt wird, vier Mal die Herrscherfamilie.

Aber das allein genügt nicht, um ein Orchester zu finanzieren. Deshalb spielen Maier und seine Kollegen auf Firmenfesten. Die Unternehmen geben dann die Playlist vor, sie sagen, was gespielt wird. „Es ist frustrierend, wenn man deren Wünsche hört: die Nationalhymne und irgendwelche Filmmusik", sagt Maier.

Eines Tages, als das Geld mal wieder knapp war, trat das Philharmonische Orchester der Vereinigten Arabischen Emirate bei einer Privatparty auf. Gastgeber war der Chef von Pepsi, dem amerikanischen Brause-Konzern. „Wir wurden behandelt wie eine Jukebox, in die man Geld einwirft", erzählt Maier. Wie er das sagt, legt er seine Stirn in Falten und blickt auf den Boden. In Augenblicken wie diesen denkt Maier daran, alles aufzugeben und Dubai zu verlassen.

Er tut es dann doch nicht. „Ich habe so viel aufgebaut, das will ich nicht einfach zerstören", sagt er. Aber es stimme schon, für die meisten Ausländer sei die Stadt am Golf ein riesiges Transithotel. Sie kommen in dem Glauben, schnell reich zu werden und verschwinden dann schell wieder. Nun, da der Traum vom raschen Reichtum ausgeträumt ist, kommen viele erst gar nicht. Andere bleiben dafür länger.

„Vielleicht", sagt Philipp Maier, „ist es ganz gut, dass die Geldblase jetzt geplatzt ist." Es lebe sich seitdem viel entspannter. Alles laufe ein wenig normaler. Wobei, so ganz stimmt das auch wieder nicht. Im zur Hysterie neigenden Dubai macht ein neues Gerücht die Runde: Thomas Gottschalk, so heißt es, soll mit der Samstagabend-Show „Wetten, dass ...?" bald nach Dubai kommen. Die Sendung soll im Emirates Palace, einem Sieben-Sterne-Hotel, aufgezeichnet werden. „Wer weiß", sagt Philipp Maier, „vielleicht könnten wir dort auftreten." Tja, wer weiß das schon, vielleicht hätte er es dann gefunden: das große Glück in Dubai.

7. Das Wachstum der Anderen

Der Buchdruck

Vor fast tausend Jahren hatte der Chinese Sheng die Idee, für jedes Schriftzeichen einen Stempel aus Keramik anzufertigen. Durchgesetzt hat sich das damals in China nicht, weil es wegen der vielen Zeichen zu aufwendig war. Anders in Korea, hier breitete sich die Technik dank der einfachen Schrift aus. Seit Anfang des 15. Jahrhunderts wurden auch in Europa Bücher mit Drucktafeln hergestellt. Johannes Gutenberg vereinfachte die Technik zwischen 1440 und 1450 stark. Lettern aus Metall wurden gegossen und dank der neuen Drucktechnik erschienen Bücher erstmals in Massenauflage. Seit dem Digitaldruck braucht man keine feste Vorlage mehr.

Wenn die Sonne untergeht

Ein Modellversuch aus der Mandschurei diente als Blaupause für Japans wirtschaftlichen Erfolg. Das hat gut funktioniert. Bis vor zehn Jahren.

Von Christoph Neidhart

Es ist noch nicht lange her, da galt Japan als das Vorbild für Wirtschaftswachstum schlechthin. Unzählige Manager westlicher Industriestaaten pilgerten in das Land, um nach Erfolgsrezepten zu fahnden, Nachbarstaaten aus der Region kopierten das Modell. Diese Zeiten sind vorbei. Weg ist der Schwung, weg das Wachstum, der zweitgrößten Wirtschaftsmacht der Welt sitzen die Nachahmer von einst im Nacken. Dabei war der Aufstieg ebenso rasant wie von langer Hand geplant.

Vor dem Zweiten Weltkrieg war Japan wirtschaftlich, was man heute ein Schwellenland nennen würde. Militärisch war es eine regionale Großmacht. Nach seiner Kriegsniederlage jedoch musste Japan fast bei null beginnen. Die Menschen hungerten, die Städte waren zerbombt, über die Hälfte der Industrie war zerstört. Fabrikarbeiter flüchteten aufs Land. Noch 1955 arbeiteten 40 Prozent aller erwerbsfähigen Japaner in der Landwirtschaft, doch dies änderte sich schnell. Zehn Jahre später waren es nur noch 23 Prozent. Und heute sind in der Agrarwirtschaft gerade einmal 4,5 Prozent der Beschäftigten tätig.

Die Wirtschaftsleistung ist atemberaubend. Zwischen 1955 und 1980 verzehnfachte sie sich, in den 60er Jahren erreichte das jährliche Wachstum bis zu 13,9 Prozent (1964). Als Mitsubishi 1985 das New Yorker Rockefeller Center übernahm und Sony das Hollywood-Studio Columbia Pictures, schürte das amerikanische Nachrichtenmagazin *Time* die Angst der Amerikaner vor Japan. Der Westen begann, Japans Managementmethoden zu studieren, ging dabei allerdings stets davon aus, Japan funktioniere demokratisch und kapitalistisch. Führungskräfte aus aller Welt untersuchten, wie paternalistische Hierarchien, ein strenges Senioritätsprinzip, Fleiß bis zur Selbstaufgabe und die unausgesprochene Garantie einer lebenslangen Anstellung Japans Wirtschaft dem Westen so überlegen machten. Doch die Asiaten ernteten dafür nicht nur Anerkennung. Die französische Premierministerin Edith Cresson zum Beispiel höhnte, die Japaner seien gelbe Ameisen. Der Westen beschwerte sich außerdem über Japans Zölle und andere Import-Barrieren. Und über den Wechselkurs des Yen, den Tokio angeblich künstlich niedrig hielt. Das sind Vorwürfe, die heute der Wirtschaftssupermacht China gemacht werden.

Als Japan 1985 auf Druck der USA und der Europäer den Yen steigen ließ, bremste dies allerdings Japans Exportgiganten nur unwesentlich. Sie verlegten Teile ihrer Produktion nach China und halfen so, den chinesischen Boom anzuschieben.

Indes haben viele Länder ihre Binnenmärkte geschützt und ihre Wechselkurse manipuliert, einige weit massiver als Japan, und ihre Leute waren ebenso fleißig. Obwohl andere Länder ähnliche Strategien verfolgten, gelang kaum einem anderen ein Aufstieg wie Japan. Da muss also noch mehr dahinter stecken.

Mit einem geschützten Binnenmarkt, manipulierten Wechselkursen und Fleiß allein lässt sich der Erfolg also nicht erklären.

Das Modell zu Japans rasanter Modernisierung und Industrialisierung wurde von der japanischen Armee in den 1930er Jahren in der Mandschurei erarbeitet und bis zum Ende des Zweiten Weltkriegs dort erprobt. Das MITI, das Ministerium für Industrie und Handel, die zentrale Institution, die Japans Nachkriegsaufstieg plante und dirigierte, war eine Fortführung der Wirtschaftsverwaltung der Mandschurei und des japanischen Munitionsministeriums. An seiner Spitze saßen Ökonomen, die in der Mandschurei gearbeitet hatten. Das 1949 gegründete Wirtschaftsministerium MITI war das Zentrum der Macht in Japan und zugleich Schaltstelle zwischen Industrie und Politik.

7.1. Das japanische Modell

In Japans offizieller Darstellung war die Mandschurei, etwa das Gebiet der drei Nordost-Provinzen Chinas heute, seit 1931 ein unabhängiges Land unter japanischem Protektorat, dem Tokio geholfen hatte, sich aus der Hegemonie Chinas zu befreien. Anerkannt wurde die Region freilich nur von den Achsenmächten. In Wirklichkeit war sie eine Kolonie Japans mit mandschurischer Marionettenregierung. Für den Aufbau einer Industrie in der Mandschurei erließ die japanische Armee nach Stalins Beispiel Fünfjahrespläne. Doch anders als in der Sowjetunion verstaatlichte Japan die Wirtschaft nicht, sondern überließ es privaten Konzernen, die Fünfjahrespläne umzusetzen. Die Ökonomen der Armee bestimmten nur, worin die Konzerne investieren und was sie produzieren sollten. Wie sie das taten, entschieden die Konzerne selber. Während die Makroökonomie somit geradezu leninistisch geführt wurde, überließ man die Mikroökonomie dem freien Markt. Die Mandschurei wurde schon vor dem Krieg als Labor für die Zukunft der Großmacht Japan gesehen. Hier erprobte Japan sogar Hochgeschwindigkeitszüge.

Der wichtigste Aspekt der japanischen Wirtschaftspolitik in der Mandschurei war die Kombination von Plan und Markt. Diese Kombination übernahm das MITI für Japan, dazu bezog es von Anfang an private Unternehmer ein. 1955 startete es den ersten Fünfjahresplan; er wurde, wie Stalin das vorgemacht hatte, in vier Jahren erfüllt. 1960 folgte der zweite Plan zur Verdoppelung des Volkseinkommens. Anders als Stalin übte das MITI freilich keinen Zwang aus, sondern belohnte die Unternehmen mit Mitsprache und Einfluss für ihre Teilnahme, oft fast bis zur Symbiose mit dem Staat. Es gewährte ihnen Privilegien und garantierte ihnen Profite. Außerdem appellierte es an den Patriotismus der Unternehmer: Es sei typisch japanisch, sich dem Plan unterzuordnen.

Anders als die Wirtschaftspolitiker in der Mandschurei musste das MITI allerdings selber festlegen, welche Zweige es fördern wollte. Das wichtigste Kriterium dazu war die Exportfähigkeit einer Branche. „Export or perish“ galt als Motto des MITI. Dieses schuf zur Entscheidung zwei Kategorien, sogenannte Sonnenaufgangs- und Sonnenuntergangsindustrien. Sonnenaufgangsindustrien waren Branchen der Zukunft, die mit Gesetzen und Zuschüssen gefördert werden sollten, Sonnenuntergangsindustrien solche, deren langsamer Untergang oder Abwandern ins Ausland erstrebenswert schien. Als Sonnenaufgangsindustrien profilierten sich nach dem Krieg die Kohleförderung, in den 50er Jahren die Schwerindustrie und der Schiffbau. In den 60er Jahren erklärte das MITI die Automobilindustrie, in den 70er Jahren die Computer- und IT-Branche und seither die Flugzeug- und Biotech-Industrie zu Sonnenaufgangsindustrien.

Wenn kein privates Unternehmen in eine solche Zukunftsbranche investierte, gründete der Staat die Unternehmen selbst und privatisierte sie später. Schon Ende der 50er Jahre machte das MITI die Kohleförderung zur Sonnenuntergangsindustrie, in den 60er Jahren auch die Textilindustrie. In den 70er und 80er Jahren hörte das MITI auf, die Schwer- und die metallverarbeitende Industrie zu fördern, in den 1990er Jahren verlor die Kamera-Branche die Gunst. Heute sind Autos mit Verbrennungsmotoren dem Sonnenuntergang zugeordnet.

Allerdings musste niemand eine Branche verlassen, weil sie zur Sonnenuntergangsindustrie erklärt wurde. Er konnte nur nicht mehr mit der Unterstützung des Staates rechnen, da dieser seine Fördermittel und Privilegien bündeln wollte wie ein Treibhaus die Sonnenstrahlen. Die Sonnenuntergangsindustrien wurden auch nicht aufgegeben. Obwohl Japan sich bis heute schwer tut mit der Idee einer ostasiatischen Integration, wie der derzeitige Premier Yukio Hatoyama sie vorgeschlagen hat, sah Tokio schon in den 60er Jahren zu, dass die Sonnenuntergangsindustrien, möglichst unter japanischer Regie, in Nachbarländer verschoben wurden, die billiger produzierten, etwa nach Taiwan und China. So wurde Taiwan auf japanische Veranlassung zum größten Schuhhersteller der Welt, und die Auslagerung der Produktion von Teilen für die japanische Unterhaltungselektronik legte den Grundstein für Taiwans IT-Industrie. Der Ökonom Kaname Akamatsu prägte für diese Verlagerung von Industrien das Bild der fliegenden Wildgänse, die zusammen aufsteigen. Demnach zieht die Leitgans Japan, indem sie einfache Aufgaben an die zweite Reihe weitergibt, und die zweite später an die dritte, alle Länder Ostasiens in die Höhe.

Zusätzlich zur gezielten Politik des MITI profitierte Japan vom Kalten Krieg. Eigentlich hatte Douglas McArthur, der US-General, der als Statthalter der Besatzer von 1945 bis 1951 regierte, die Japaner zu demokratischen Musterbürgern erziehen wollen, bevor er ihnen die Reindustrialisierung erlauben würde. Als in China jedoch Mao nach der Macht griff und der Korea-Krieg ausbrach, gab Washington die Erziehung Japans auf und holte viele Handlanger der militaristischen Regierung aus der Versenkung. Schließlich brauchten die USA in Japan verlässliche Militärbasen und ein politisches Bollwerk gegen China und die Sowjetunion. So gelangten die Kriegsökonomen, die einst die Mandschurei zwangsmodernisierten, ans Regiepult des japanischen Aufschwungs.

Die USA gingen noch weiter: Sie investierten in Japan und gewährten japanischen Firmen und später solchen aus Südkorea und Taiwan, ihren beiden anderen Bollwerken des Kalten Krieges in Ostasien, privilegierten Zugang zu ihrem Markt. Außerdem profitierte Japan vom Vietnam-Krieg. Auch dies trug, ohne Japans Zutun, zum wirtschaftlichen Aufschwung bei. Zuweilen liest man auch, Japan habe die Wirtschaft zur Priorität gemacht und dafür insbesondere an den Verteidigungsausgaben gespart. Das stimmt. Allerdings ließen die Besatzer Japan keine Wahl. Sie erlaubten dem Land keine Armee.

Japans Modell zerbrach an seinem Erfolg. In den 1980er Jahren zog es Investoren aus aller Welt an. Bis die Investitionsblase 1990 platzte. Seither sind zwei Jahrzehnte vergangen, Japans Wirtschaft funktioniert, sie exportiert, aber sie stagniert auf hohem Niveau. Und die Preise fallen. Bis heute hat keine Regierung ein Rezept zur Wiederbelebung der Wirtschaft gefunden. Auch das MITI nicht, das seit 2001 METI heißt und viel von seiner Macht verloren hat.

„Deutschland droht eine längere Stagnation“

Der Ökonom Peter Bofinger über Parallelen zur verlorenen Dekade Japans, über die Angst vor Deflation und den Teufelskreis der Rabattschlachten.

Interview: Markus Balser

Seit mehr als einem Jahrzehnt leidet Japan unter der chronischen Krankheit Deflation. Diese Angststarre der Wirtschaft drohe auch Deutschland, warnt der Würzburger Ökonom Peter Bofinger, 55, und fordert ein Ende des „Steuersenkungswahns". Die Bundesregierung müsse endlich mehr für Investitionen tun, sagt das Mitglied der Wirtschaftsweisen.

SZ: Herr Professor Bofinger, Ökonomen fürchten, Deutschlands Zukunft könne der verlorenen Dekade Japans auf unheimliche Weise gleichen. Droht wirklich Stillstand wie in Asien?

Dem Ökonomen Peter Bofinger ist bange um Deutschland.

Bofinger: Das Risiko besteht. Auch Deutschland bewegt sich seit Jahren am Rande der Deflation. Und der Weltwirtschaft stehen schwierige Zeiten bevor. Ich fürchte: Die Bürger müssen mit mageren Zeiten rechnen.

SZ: Nach einer Spekulationsblase vor 20 Jahren laboriert Japan noch immer an den Folgen der Deflation. Wann wird aus einem Crash ökonomische Eiszeit?

Bofinger: Die Vorgeschichte Japans erinnert frappierend an die aktuelle Krise. Das Finanzsystem wurde nach dem Platzen der Blase nur mit Nothilfen vor dem Kollaps bewahrt. Es fehlte der Politik am Mut, das Bankensystem umfassend zu restrukturieren. Die Folge: Kreditvergabe und die Investitionstätigkeit verliefen lange Zeit sehr schleppend. Zugleich suchte das Land die Lösung seiner Probleme vor allem im Export und damit in einer extrem zurückhaltenden Lohnpolitik. Das setzte die Deflation erst richtig in Gang.

SZ: Auch in Deutschland ist das Bankensystem instabil. Auch hier fehlt eine entschlossene Restrukturierung. Auch hier explodieren die Schulden. Erschreckend viele Parallelen?
Bofinger: Rechnet man die Energiepreise heraus, ist das Preisniveau in Deutschland seit Monaten nicht mehr gestiegen. Von einer echten Restrukturierung des Bankensystems ist auch drei Jahre nach Ausbruch der Krise nichts zu erkennen. Und wir sitzen gebannt da und warten darauf, dass Ausländer wieder anfangen, mehr Geld auszugeben und unsere Exporte ankurbeln.

SZ: Entscheidend wird sein, wie lange wir mit den Folgen der Krise kämpfen. Wann kommt der Aufschwung?
Bofinger: Meine Befürchtung ist, dass wir in eine längere Phase der Stagnation geraten. Die Wachstumstreiber fehlen. Vor der Krise waren es Privathaushalte in den USA, in Süd- und Osteuropa, in Großbritannien und Irland, die dank großzügiger Kredite die Weltkonjunktur am Laufen hielten. Seit dem Einbruch 2008 haben öffentliche Haushalte mit ihren Konjunkturprogrammen den Laden in Schwung gehalten. Doch auch damit wird nun definitiv Schluss sein.

SZ: Was bedeutet Deflation für die Wirtschaft?
Bofinger: Nehmen wir die aktuelle Krise als Beispiel: Aufgrund des Wirtschaftseinbruchs ist die Arbeitslosigkeit weltweit stark angestiegen. Deutschland ist dank der Kurzarbeit eine erfreuliche Ausnahme. Die Folge ist aber in jedem Fall, dass die Löhne der Be-

schäftigten stagnieren oder sogar zurückgehen werden. Wer aber arbeitslos ist oder weniger verdient, gibt weniger aus. Die Folge: Unternehmen sind zu Preissenkungen und Rabattschlachten gezwungen.

SZ: Das klingt doch für Verbraucher verlockend. Warum ist das eine Gefahr?
Bofinger: Weil lange Phasen sinkender Preise der Gesamtwirtschaft schweren Schaden zufügen. Sie leiten eine Spirale nach unten ein. Unternehmen leiden bei einer Deflation nicht nur unter dem Zwang, die Preise zu senken. Häufig wird übersehen: Sie sind auch der größte Schuldner unserer Volkswirtschaft. Eine Deflation begünstigt Sparer, deren Guthaben preisbereinigt im Wert steigen, und sie benachteiligt Schuldner, deren Verbindlichkeiten steigen. Damit verschlechtert sich die Finanzierungssituation und gefährdet die Stabilität des Bankensystems. All das löst wieder dämpfende Effekte auf die Gesamtwirtschaft aus.

SZ: Wie können Notenbanken den Teufelskreis bekämpfen?
Bofinger: Wenn die Deflation erst einmal ausgebrochen ist, sind sie zum Zuschauen verdammt. Im Falle der Inflation, der Preissteigerung, können sie mit immer höheren Zinsen gegensteuern. Doch bei der Deflation stoßen Währungshüter schnell an ihre Grenzen. Bei null ist Schluss. Dann ist das währungspolitische Pulver verschossen. Ökonomien drohen an den Rand der Handlungsfähigkeit zu geraten.

SZ: Was kann die Politik tun?
Bofinger: Zentral sind die Löhne. In Japan kann man sehen, dass durch starke Lohnzurückhaltung die Verbraucherpreise sanken. Idealerweise sollten sich Lohnerhöhungen am mittelfristigen Produktivitätsanstieg orientieren und einen Inflationsausgleich in Höhe von knapp zwei Prozent enthalten. Dann könnten Deflationstendenzen vermieden werden. Die Löhne sind Sache der Tarifparteien. Aber Berlin kann an einer wichtigen Schraube mit Lohn-

wirkung drehen. Die Regierung sollte sich endlich fragen, wie sie Investitionen gezielt fördern kann. Die Zeit drängt.

SZ: Wo genau sehen Sie Hinweise für erste deflationäre Entwicklungen?
Bofinger: Die Preise für Wohnimmobilien sind in den letzten fünfzehn Jahren deutlich gesunken. Hinzu kommt die schwache Lohnentwicklung. Die Nettolöhne sind im vergangenen Jahr bereits um 0,9 Prozent gesunken. In diesem Jahr wird es wegen der Steuererleichterungen nicht ganz so schlimm kommen, aber der Konsum wird ebenso wenig dynamisch verlaufen wie die der Export.

SZ: Was schwebt Ihnen vor? Neue Konjunkturprogramme?
Bofinger: Wir brauchen Anreize für mehr Investitionen. Gut wäre es, die Abgeltungsteuer auf Zinseinnahmen ersatzlos zu streichen und solche Einkommen wieder dem regulären Steuersatz zu unterwerfen. Bei der jetzigen Regelung werden Investoren benachteiligt, die ihr Geld nicht in Anleihen, sondern in Aktien oder Immobilien stecken. Ich könnte mir auch eine temporäre Abwrackprämie für Maschinen vorstellen. Unser Maschinenbau hat riesige freie Kapazitäten. Warum sollen wir Unternehmen nicht fördern, die bereit sind, alte Produktionsanlagen einzumotten? Und warum gibt es keine degressive Abschreibung für energiesparende Wohnimmobilien? Da haben wir eine wirtschaftsnahe Regierung und die kommt vor lauter Steuersenkungswahn gar nicht auf die Idee, etwas für Investitionen zu tun. Mal ganz abgesehen vom Stillstand beim Umbau des Finanzwesens.

SZ: Was meinen Sie?
Bofinger: Ich finde es erschreckend, dass wir seit Monaten über nichts anderes reden als die Frage, wie die Bürger mehr Geld in die Tasche bekommen sollen, obwohl mehr als deutlich ist, dass der Staat finanziell mit dem Rücken zur Wand steht. Ähnlich unsinnig ist die Neiddiskussion über Hartz IV. Wir müssen uns fragen, wie wir uns mit klugen und ausreichend hohen Zukunftsinvestitionen

im intentionalen Wettbewerb behaupten können. Statt Hoteliers zu entlasten, sollten wir mehr in Unis und unsere Infrastruktur stecken.

SZ: Deutschland hat sich lange auf den Export verlassen. Brauchen wir ein neues Geschäftsmodell?
Bofinger: Langfristig müssen wir die Abhängigkeit reduzieren. Wir konsumieren heute im Inland preisbereinigt genauso viel wie vor zehn Jahren. Gleichzeitig sind unsere Exporte um 50 Prozent gestiegen. Wenn sich alle Länder in Europa und der Welt so verhalten hätten, wären in der Weltwirtschaft im letzten Jahrzehnt die Lichter ausgegangen.

Fluch der milden Gaben

Der schwarze Erdteil ist gefangen in einem Teufelskreis aus Armut, Korruption und Tod. Doch er lässt sich durchbrechen.

Von Silvia Liebrich

Ajaokuta, der Name steht für einen der größten Industriekomplexe Afrikas – und eine der teuersten Wirtschaftsruinen der Welt. Gut 20 Milliarden Dollar verschlang der Bau des Stahlwerks am Ufer des Niger. Ein Prestigeprojekt, das bei seiner Grundsteinlegung 1972 als Symbol für den wirtschaftlichen Aufschwung Nigerias galt. Doch bis heute hat nicht eine Tonne Stahl die Fabrik verlassen. Dafür produziert das Werk Schlagzeilen in Serie, über Korruption und Misswirtschaft. Ajaokuta ist ein Musterbeispiel dafür, wie afrikanische Länder ein Vermögen verschleudern, während ihre Bevölkerung in ärmsten Verhältnissen lebt. Trotz seiner großen Rohöl- und Eisenerzreserven zählt Nigeria zu den ärmsten Ländern der Welt.

Wenn von Afrika die Rede ist, macht sich bei vielen Ökonomen und Politikern Ratlosigkeit breit. Vor allem, wenn es um die Länder südlich der Sahara geht. Ihre am Reißbrett entworfenen Theorien und Rettungspläne helfen wenig, wenn es darum geht, den Teufelskreis aus Armut, Hunger, Krankheiten und Tod zu durchbrechen. Die Zahl der Skeptiker, die den Kontinent aufgegeben haben, wächst. Ihnen stehen jene gegenüber, die überzeugt sind, dass es ihn geben muss, den Weg in eine bessere Zukunft. Ein Weg, der mühsam, hart und steinig wird.

Der schwarze Erdteil bildet das Schlusslicht der Weltwirtschaft. 50 Länder bringen es zusammen auf eine Wirtschaftsleistung, die ungefähr der eines Schwellenlandes wie Brasilien entspricht. Ihr Anteil am Welthandel liegt unter einem Prozent. Drei Viertel der afrikanischen Bevölkerung, 750 Millionen Menschen, leben in Armut. Jedes dritte Kind ist unterernährt. Viele Länder werden erdrückt durch eine hohe Schuldenlast. Eine scheinbar ausweglose Situation, die sich durch die weltweite Finanzkrise noch verschärft hat.

An Schuldzuweisungen mangelt es nicht. An erster Stelle taucht dabei immer wieder der Vorwurf auf, Afrika und seine korrupten Führer seien selbst schuld am Niedergang. Dieses häufig strapazierte Klischee reicht jedoch nicht aus, um die Misere des Kontinents zu erklären. Selbst vergleichsweise gut regierte Länder wie Ghana oder Burkina Faso verzeichnen kaum Wachstum, während Indien oder Indonesien deutlich zulegen, obwohl es in diesen asiatischen Ländern Transparency International zufolge mehr Korruption gibt.

Andere, unter ihnen der kenianische Wirtschaftskritiker James Shikwati, machen die verfehlte Entwicklungshilfepolitik des Westens für den permanenten Notstand des Kontinents verantwortlich. Die Hilfe mache Afrika auf Dauer abhängig und rede den Menschen ein, dass sie ihre Probleme nicht selbst lösen könnten. „Wir brauchen einen Mentalitätswechsel, weg vom Betteln, hin zum Selbermachen", sagt Shikwati. Eine Kerbe, in die auch die sambische Ökonomin Dambisa Moyo schlägt, eine ehemalige Investmentbankerin, die mit ihrem Buch *Dead Aid* (Tote Hilfe) viel Zuspruch, aber auch Kritik erntete. Sie fordert gar den Stopp der Entwicklungshilfe und damit eine Abkehr von der Politik der milden Gaben. „Mehr als eine Billion US-Dollar in den vergangenen 50 Jahren haben kaum etwas erreicht", meint sie.

Der amerikanische Ökonom Jeffrey Sachs sieht Afrika dagegen in einer Armutsfalle gefangen, aus der es sich nicht aus eigener Kraft befreien kann. Der Leiter des UN-Millenniumprojekts zur globalen Armutsbekämpfung ist davon überzeugt, dass die reichen Länder mindestens 60 bis 70 Milliarden Dollar jährlich ausgeben müssen, wenn sie Afrika wirklich helfen wollen. Gleichwohl verkennt auch er nicht die Fehler der Entwicklungshilfe, die viele Länder in eine unheilvolle Abhängigkeit geführt und ihre Wirtschaft geschwächt hat.

7.2. Afrika – Geschichte des Scheiterns

Wer eine Lösung finden möchte, muss sich zunächst auf Spurensuche in die Vergangenheit begeben. Afrika, das ist die Geschichte einer beispiellosen Ausbeutung, die im 15. Jahrhundert ihren Anfang nahm, als die Portugiesen begannen, die afrikanischen Küsten zu erforschen. Es folgten 400 Jahre Sklaverei und noch einmal 100 Jahre Kolonialherrschaft. Mensch und Natur wurden rücksichtslos ausgebeutet. Ein Verlust, der nach Berechnungen des Wirtschaftshistorikers Angus Maddison dazu führte, dass die Sub-Sahara-Länder in den vergangenen 200 Jahren das niedrigste Wachstum weltweit verzeichneten.

Schon vor Beginn der Sklaverei zählte Afrika zu den ärmsten Erdteilen. Es fehlten Häfen an den Küsten sowie schiffbare Flüsse. Beides sind wichtige Voraussetzungen, um Handelsbeziehungen mit fernen Ländern zu knüpfen. Jahrhundertelang waren arabische Händler die Verbindung zur Außenwelt. Ein Wegenetz für den Transport von Waren, das sich über den ganzen Kontinent spannte, existierte ebenfalls nicht. Schon Adam Smith, der im 18. Jahrhundert die klassische Volkswirtschaftslehre begründete, sah darin eines der größten Hemmnisse für eine Wohlstandsentwicklung in Afrika.

Hinzu kommt: Afrika ist kein historisch gewachsenes Staatengebilde, sondern ein künstliches Konstrukt, das im Jahre 1885 an einem Konferenztisch in Berlin entstand. Auf Einladung von Reichskanzler Otto von Bismarck trafen sich dort die Vertreter der europäischen Mächte, der USA sowie des Osmanischen Reiches. Sie teilten den Kontinent auf: Grenzen wurden willkürlich gezogen, Königreiche und Stämme auseinandergerissen, Handelskreisläufe zerstört und afrikanische Führungseliten vernichtet.

Die Folgen dieser von Rassismus und Unterdrückung geprägten Kolonialpolitik sind noch heute spürbar. Als die „weißen Herren“ Mitte des vergangenen Jahrhunderts Afrika räumten, hinterließen sie führungslose Länder, ohne funktionierende Verwaltungen, ohne Beamte, Lehrer, Ärzte, Ingenieure, Handwerker, Richter, Polizisten oder Unternehmer.

Kaum in die Freiheit entlassen, wurden die afrikanischen Länder zum Spielball der Ost-West-Mächte. Internationale Bergbaukonzerne plünderten die reichen Rohstoffvorkommen, den größten Schatz Afrikas. Sie machten gemeinsame Sache mit grausamen Kleptokraten wie Joseph-Désiré Mobutu, der mehr als drei Jahrzehnte über Zaire, die heutige Demokratische Republik Kongo herrschte. Sein Privatvermögen wurde zeitweise auf 14 Milliarden Dollar geschätzt. Als Ausdruck seines Größenwahns gilt sein persönliches „Versailles", das er in den siebziger Jahren des 20. Jahrhunderts im Dschungel errichten ließ: prunkvolle Paläste, die längst vom Urwald überwuchert sind.

Mit der Auflösung des Sowjetreichs versiegte schlagartig der Geldstrom, an den sich viele Staatsführer gewöhnt hatten. Es fehlten die Mittel für Investitionen in die Infrastruktur und den Unterhalt ihrer aufgeblähten Staatsapparate – Zaire zum Beispiel beschäftigte zeitweise 600 000 Staatsdiener, dabei hätten einer Studie der Weltbank zufolge 50 000 ausgereicht. Folge des wirtschaftlichen Niedergangs waren politische Konflikte und Bürgerkriege.

Afrika fehlt es an vielem, an Kapital, Bildung, einer nachhaltigen Nutzung des Rohstoffreichtums – vor allem aber fehlt es an guter Führung. Es ist Aufgabe der afrikanischen Regierungen, Visionen zu entwickeln, wie sie die Zukunft ihrer Länder gestalten wollen. Ohne Perspektiven werden auch künftige Milliardentransfers an Entwicklungshilfe fruchtlos bleiben. Ein in den sechziger Jahren diskutierter Marshall-Plan für den Aufbau des Kontintents wurde damals verworfen. Doch er ist notwendiger denn je. Ein solcher Plan muss jedoch von beiden Seiten, Geldnehmern und -gebern, entwickelt werden, wenn er Erfolg haben soll.

Es sind vermeintlich selbstverständliche Dinge wie Straßennetze, Strom-, Wasser- und Gesundheitsversorgung sowie ein Bankwesen, die systematisch aufgebaut werden müssen. Dies sind die Grundvoraussetzungen, damit sich Unternehmen ansiedeln und Arbeitsplätze entstehen können. Eine nachhaltige Wertschöpfungskette lässt sich nur in Gang setzten, wenn es mehr afrikanische Firmen gibt, die mit heimischen Arbeitskräften für lokale Märkte und umliegende Länder produzieren. Gefördert werden muss außerdem der sträflich vernachlässigte Agrarsektor. Nur so lässt sich auch die fatale Abhängigkeit von Importen beseitigen. Da jedoch den meisten afrikanischen Ländern das Startkapital für einen solchen Aufbau fehlt, müssen ausländische Geldgeber in die Bresche springen. Nicht nur mit Entwicklungshilfe, sondern vor allem mit Kapital für Direktinvestitionen, das sich später einmal auch für die Kreditgeber auszahlen soll.

Dass „Wirtschaftswunder“ in Afrika möglich sind, zeigt das Beispiel Ruanda, ausgerechnet jenes Land, das vor 15 Jahren Schauplatz eines grausamen Völkermordes war. Die Regierung unter Präsident Paul Kagame geht nicht nur energisch gegen Korruption vor, sondern hat mit einer transparenten Wirtschaftspolitik auch das Vertrauen ausländischer Investoren gewonnen. Kagames Konzept scheint aufzugehen. Ruandas Wirtschaft wächst jährlich um sieben Prozent, ein Zuwachs, den sonst kaum ein anderes afrikanisches Land vorweisen kann. Dabei verfügt das Land noch nicht einmal über nennenswerte Bodenschätze.

Und Ruandas Präsident wehrt sich gegen die Bevormundung des Westens. „Viele Menschen glauben, dass Afrika ein hoffnungsloser Fall ist. Doch das ist falsch, wir sind keine Opfer, sondern Partner“, betont er.

Wegbereiter des Wohlstands

Wie der Banker Moses Opio Ogal mit einer kleinen Kreditgenossenschaft seinen Landsleuten im Norden Ugandas neue Hoffnung gibt.

Von Arne Perras

Moses Opio Ogal könnte längst im fernen Europa leben. Vermutlich hätte er dort einen gut bezahlten Job und vielleicht ein schönes Häuschen. Es boten sich dort immer wieder Chancen, weil er ein kreativer Mensch ist. Und weil sein Vater einst darauf achtete, dass der Sohn eine gute Ausbildung bekam. Der Banker Opio hätte seinen Platz gefunden in der Finanzwelt Großbritanniens, wo er studierte. Stattdessen ist er zurückgekehrt in sein Land Uganda. Weit hinauf in den Norden, nach Kalongo, wo er aufgewachsen ist. Dort ist mein Platz, sagt er.

Und Opio arbeitet emsig an einem Plan: Aufschwung und Arbeit, Wohlstand und Bildung. Für all das, was hier fehlt, will der Banker die Tore öffnen. Er hat viele Ideen, mehr als 20 Jahre Erfahrung im Bankgeschäft, und er hat schon einiges erreicht. Seine Arbeit ist weithin anerkannt. Wenn mehr Leute vom Schlage Opios in ihrer Heimat Afrika blieben, um etwas aufzubauen, dann stünde es vermutlich besser um diesen Kontinent.

Der Bankmanager Moses Opio Ogal sorgt dafür, dass Bauern Kleinkredite für den Wiederaufbau und Investitionen bekommen.

Es geht um Entwicklung und einige nahezu banale Erkenntnisse, die in abgehobenen Debatten über Afrikas möglichen Aufschwung oft verloren gehen. Erkenntnis eins: Hole die Leute dort ab, wo sie stehen. Erkenntnis zwei: Binde sie in jeden Schritt ein, der sie weiterbringen soll. Erkenntnis drei: Fördere Methoden und Technologien, denen die Menschen trauen, weil sie sehen, dass sie ihnen nützen.

Opio beherzigt das, es fällt ihm leichter als anderen, weil er seine Landsleute kennt, ihre Stärken und Schwächen, Ängste und Hoffnungen. Er weiß, was sie durchgemacht haben: Denn in Norduganda tobte viele Jahre lang ein Buschkrieg zwischen Armee und Rebellen der Widerstandsarmee des Herrn (LRA). Aber jetzt ist Rebellenchef Joseph Koni verjagt, die Menschen Nordugandas kehren aus Flüchtlingslagern zurück auf ihr Land. So ist es in vielen Gegenden Afrikas, die in eine Post-Konflikt-Phase eintreten, wie Politologen das nennen.

Vieles lag so lange brach in diesen Kriegsgebieten. Aber wer einmal über Norduganda hinweggeflogen ist, bekommt eine Ahnung davon, was der größte Schatz der Region ist: Land, so weit das Auge reicht. Fruchtbare Böden. Hier liegt das Wachstumspotential, man muss es nur zum Keimen bringen und sorgsam pflegen, so dass aus dem Pflänzchen ein tragfähiger Baum wird.

Ich will dort oben einmal alt werden, sagt Opio. Aber ich will zu Hause nicht umgeben sein von Armut und Elend. Also packt er an mit seinen Leuten, damit sie herausfinden aus der Armutsfalle. Als Banker denkt Opio natürlich oft an Geld. Und wie absurd das alles war, als noch der Krieg tobte. Wer Bargeld brauchte, musste mehr als hundert Kilometer bis zur Bank fahren. Und die Reise war lebensgefährlich. Opio kennt Dutzende, die auf diesem Weg bei Überfällen ihr Leben ließen.

Jetzt, da die Kämpfe vorbei sind, ist alles etwas leichter, Opio und seine Weggefährten haben eine Kredit- und Spargenossenschaft namens Agaru Sacco aufgebaut, die ihren Mitgliedern gehört. Durch sie können Bauern kleine, aber lebenswichtige Investitionen tätigen und ihre Wirtschaft wieder in Gang setzen. So modernisieren wir unsere traditionellen Methoden. In der Mischung von alt und neu liegt das Geheimnis. Dabei helfen heute Computer und Internet.

Entscheidend aber ist, dass einheimische Kräfte in den neuen Techniken ausgebildet werden, was Opio vorangetrieben hat. Dabei stand ihm die deutsche Gesellschaft für technische Zusammenarbeit (GTZ) zur Seite.

Fast 15 000 Menschen profitieren inzwischen von der Genossenschaft, die Spareinlagen von über einer Million US-Dollar hat. Kredite in Höhe von 850 000 Dollar wurden ausgegeben. So können die Menschen vieles anbauen, was auf den Märkten Geld einbringt: Sesam, Erdnüsse, Sonnenblumen, Reis. Wenn sie die Ernte lagern und erst dann verkaufen, wenn die Preise gut sind, haben sie schon viel gewonnen. Also müssen Lagerhäuser aufgebaut werden und ein System, mit dem Bauern ihre Produkte in ein großes Informationsnetz einspeisen können. Das nützt Käufern und Anbietern.

Opio schöpft Kraft, wenn er Menschen wie den Nachbarn Otim sieht: Der Junge hatte nichts, als er aus dem Lager kam. Mit einem Kredit von 100 Euro hat er angefangen und inzwischen 180 Säcke Reis geerntet. Damit konnte er sogar seinen Bruder auf die Schule schicken. Bauern können sich jetzt Ochsengespanne zulegen oder Traktoren nutzen, um die Felder zu bearbeiten.

Nicht dass es ein Spaziergang wäre. In den Vertriebenen-Camps haben viele junge Leute nie gelernt, Felder zu bestellen. Sie müssen aufholen. Die Unwägbarkeiten des Wetters machen den Bauern zu schaffen, Dürre bedroht ihre Arbeit. Opio sagt, dass es ganz ohne Hilfe von außen nicht gehen wird. Er denkt an Systeme der Bewässerung, aber dafür haben sie alleine nicht die Mittel. In jedem Fall müsse es ein Weg sein, der die Landrechte der Bauern wahrt. Sie wollen keinen anonymen Großinvestor, der Agroindustrie in großem Stil betreibt und Einheimische nur als Arbeitskräfte nutzt. Die wenigsten glauben, dass sich ihr Leben dadurch verbessern würde. Sie wollen ihre eigenen Chancen suchen.

Wenn es darum geht zu investieren, denkt Opio auch an seine Landsleute, die im Ausland leben. Er will die Diaspora einbinden. Dort ist Geld, die können viel hier tun. Dies ist schließlich ihre Heimat, die sie vermissen. Vielleicht steckt darin das größte Kapital.

Wohlstand hinter Stacheldraht

Im Kalten Krieg behielten liberale Staaten gegenüber Diktaturen die Oberhand. Doch Chinas Aufstieg zeigt: Wachstum ohne Demokratie ist möglich.

Von Sonja Zekri

Es waren Exzellenz-Cluster hinter Stacheldraht, aber nicht ohne Ergebnis. Ende der 1940er versammelte Josef Stalin in einem Spezialgefängnis in Marfino am Rande Moskaus die besten und klügsten Gefangenen des Sowjet-Imperiums: Techniker, Physiker und Geisteswissenschaftler, darunter der Ingenieur Alexander Solschenizyn und der Philologe Lew Kopelew. Ein abhörsicheres Telefon sollten sie entwickeln, außerdem die menschliche Stimme analysieren. Bald konnte Kopelews Abteilung tatsächlich einen ersten Erfolg vorweisen. Sie stellte die Identität eines Mannes fest, der mit der amerikanischen Botschaft telefoniert hatte. Ein Spion war entlarvt.

Scharaschka hießen diese Lager, in denen das Essen etwas besser und die Arbeit erträglich war, die aber dennoch zum Archipel Gulag gehörten. Hier wurde viel Militärisches entwickelt, aber auch zivil Nutzbares wie Flugzeugmotoren. Der Flugzeugkonstrukteur Andrej Tupolew forschte ebenfalls in einem solchen Lager, wie auch Sergej Koroljow, der später den Sputnik entwickelte. Sie alle waren besessen von der Angst vor einer Verlegung in ein schlimmeres Lager und von der irren Hoffnung, sich mit einem Durchbruch die Entlassung zu verdienen. Und doch ließen sie sich auch von der Konkurrenz beflügeln und von ewigem Wissensdrang.

Unter Menschenrechtsgesichtspunkten ist die stalinistische Wissenschaftspolitik unannehmbar. Aber unter Innovationsaspekten?

Wie viel Freiheit braucht die Forschung? Kann es Fortschritt ohne Demokratie geben? Ist Wohlstand ohne freie Wahlen möglich? Gut 60 Jahre später sind diese Fragen für Russland mindestens so existentiell wie der Ölpreis. Die Krise hat gezeigt, wie riskant die Rohstoffabhängigkeit ist. Innovation ist das Wort der Stunde. Deshalb hat Präsident Dmitrij Medwedjew den Bau eines Silicon Valley angekündigt, einer Hightech-Schmiede, unter anderem für IT, Biotechnologie und Nukleartechnik. Als Standort ist die Wirtschaftsschule Skolkowo am Moskauer Stadtrand im Gespräch, die in einer ironischen Wendung ausgerechnet neben einem Dorf namens Marfino liegt.

Es gibt Zweifel, ob dieses neue Projekt nach der schleppenden Entwicklung ähnlicher Zentren in Sankt Petersburg, Tomsk und Dubna den Wiederaufstieg in die Liga der Hightech-Nationen ermöglichen wird. Vor allem aber debattieren Politiker und Politologen, ob es eine wirtschaftliche Modernisierung ohne politische Modernisierung geben kann. Wenn schon Silicon Valley, dann bitte auch kalifornischen Liberalismus, sagen sie. Und russische Nobelpreisträger fragten unlängst in einem offenen Brief, welcher Wissenschaftler freiwillig in einem Land bleibe, in dem kritische Forscher in fingierten Verfahren wegen Hochverrats verurteilt werden können? Für die Ideologen des starken Staates wie Wladislaw Surkow, den Vizestabschef des Kreml, hat das eine mit dem anderen nichts zu tun. Einzig der konsolidierte Staat und eine dirigistische Politik garantierten einen Fortschritt ohne Chaos. Russlands Zukunft sei die autoritäre Modernisierung oder gar keine. Politischer Wettbewerb im westlichen Sinne, eine westliche Demokratie stellten sich später ein, sobald der ökonomische und wissenschaftliche Durchbruch gelungen sei. Wieder winkt die Freiheit als Belohnung für Höchstleistungen unter Zwang wie in der Scharaschka.

Vor 20 Jahren hätte sich diese Argumentation spielend als wirklichkeitsfremd entkräften lassen. Die Sowjetunion war implodiert, weil sie sich – wie es der kapitalistische Westen sah – eben doch als Obervolta mit Atomraketen erwiesen hatte, weil sie den Anbruch des digitalen Zeitalters verschlafen hatte, wenn auch nicht aus ideologischen, sondern aus organisatorischen Gründen. Die Anstrengungen zerfaserten, die Forscher lähmten sich gegenseitig, Ressourcen waren knapp. 1982 explodierte in Sibirien eine Pipeline. Die amerikanischen Geheimdienste hatten Moskau manipulierte Software für die Steuerung von Turbinen, Pumpen und Ventilen zugespielt, die schließlich die Sprengung auslöste. Der Knall erschütterte nicht nur das bolschewistische Zukunftsversprechen, sondern die Lebensfähigkeit des digital unterentwickelten Staates. Die Kombination aus liberaler Demokratie und marktwirtschaftlicher Wirtschaftsordnung, die Glücksformel westlicher Industriestaaten, war nicht nur durchsetzungsstärker als Planwirtschaft und Diktatur. Sie war alternativlos. Dachte man.

Heute weiß man, dass das Ende der Geschichte, wie der Politologe Francis Fukuyama es ausrief, in Wahrheit ein Anfang neuer, weit unübersichtlicherer Verhältnisse war. Heute gibt es China, einen Ein-Parteien-Staat, der nicht einmal bürgerrechtliche Mindeststandards erfüllt, und dennoch nicht nur die größten Währungsreserven der Welt angehäuft hat, sondern auch eine so gewaltige Wirtschaftsmacht, dass die chinesische Nachfrage das Geschehen auf den globalen Märkten entscheidend beeinflusst. Ausgerechnet einem so archaischen politischen System gelang die Integration in die Weltwirtschaft und die erfolgreiche Anpassung an die ökonomische Ordnung der ideologischen Gegner. Zu Beginn mochte das chinesische Wirtschaftswunder auf millionenfacher Selbstausbeutung und schonungsloser Produktpiraterie gründen. Inzwischen aber werben chinesische Eliteuniversitäten um Forscher, und Europas Innovationsvorsprung schrumpft.

Erhöhte Experimentierfreude, wirtschaftspolitische Dezentralisierung, das erfolgreiche Management von Sonder- und Freihandelszonen, in denen verschiedene Modelle bei überschaubarem Risiko ausprobiert werden, bevor sie zu Gesetzen werden das alles mag für den Aufstieg Chinas eine Rolle gespielt haben. Zugegeben, die meisten Menschen verdienen dort ihren Lebensunterhalt nicht in den Silicon Valleys von Peking, Shanghai oder Suzhou, sondern auf den Reisfeldern. Skeptiker warnen vor den tönernen Füßen des chinesischen Wirtschaftskolosses, vor gefälschten Statistiken, Arbeitslosigkeit und sozialen Unruhen.

Und doch ist China als Gegenmodell zu den demokratischen Marktwirtschaften nicht mehr aus der Welt zu schaffen. Für die Halb- oder Volldespotien in den Entwicklungsländern ist es eine verführerische Alternative: Wenn in einem so repressiven Staat ein solches Wachstum möglich ist, wozu soll man sich dann mit Meinungsfreiheit, Rechtsstaatlichkeit und politischem Wettbewerb abmühen? Mehr noch: Nicht Europa, sondern China finanziert Straßen, Tunnel, Kraftwerke in Afrika und Zentralasien, und dass dies aus reinem Eigennutz geschieht, um einen rascheren Zugang zu Märkten und Rohstoffen zu gewinnen, ist den Autofahrern in Tadschikistan herzlich gleichgültig.

Und China ist nicht allein. Das kommunistische Vietnam etwa ist Mitglied der Welthandelsorganisation, hat sich der IT-Technologie in die Arme geworfen und schafft noch unter Nachkrisenbedingungen Wachstumszahlen, von denen Industrieländer nur träumen. Singapur und Südkorea sind ebenfalls keine Demokratien im westlichen Sinne, aber wirtschaftlich erfolgreich, während der demokratische EU-Mitgliedsstaat Griechenland sich selbst und das Eurosystem fast in den Bankrott gewirtschaftet hätte.

Vielleicht ist die Idee einer ökonomischen Überlegenheit der liberalen Demokratie, ja, von Freiheit überhaupt als conditio sine qua non für Fortschritt nur westliches Wunschdenken? Vielleicht sollte man stattdessen lieber allgemeiner davon sprechen, dass es verschiedene Gründe für eine wirtschaftliche Mobilisierung geben kann und dass die Aussicht auf Freiheit ein starkes Motiv ist, aber nicht das einzige. Veränderungen in der Weltwirtschaft, überraschend eingetretene politische Stabilität, Nationalismus, die Aussicht auf privaten Wohlstand, Bildungsoffensiven – all das kann unternehmerische Initiative freisetzen.

Aber Demokratie? Wohlstand stützt zweifellos häufig die Demokratie. Man stelle sich ein Nachkriegsdeutschland ohne Wirtschaftswunder vor. Wie viele Befürworter hätte der Parlamentarismus nach zehn Jahren Hunger wohl noch gehabt? Umgekehrt aber liegt die Sache nicht so klar.

Und selbst Wohlstand, vor allem anstrengungsloser Wohlstand aus Rohstoffen, ist nicht immer hilfreich, sondern kann sogar zu einer Erosion politischer Partizipation führen. Russland ist dafür ein Beispiel und nicht mal das schlimmste, verglichen mit den Renten-Staaten am Golf. In Saudi-Arabien etwa verschwanden die rudimentären Elemente der Mitbestimmung des Volkes mit dem Öl-Boom. Nur wer Steuern zahlt, kann Anspruch auf Mitsprache erheben. Rohstoffe können geradezu zum Fortschrittsverhinderer werden. Unter den 500 besten Universitäten der Welt ist nicht eine arabische. Trotz eines Pro-Kopf-Einkommens von 16 000 Dollar im Jahr liegt Libyens Bildungssystem nach Einschätzung des Schweizer Weltwirtschaftsforums auf Platz 128 hinter Burkina Faso.

Für afrikanische Staaten haben die leicht verdienten Milliarden aus dem Verkauf von Öl, Diamanten oder Coltan sogar oft mörderische Folgen. Das Geld finanziert korrupte Herrscher und Guerilla-Armeen. Der ehemalige Weltbank-Ökonom Paul Collier hat die Lage der Bottom Billion untersucht, der Milliarde der Ärmsten, und herausgefunden, dass in sehr armen Ländern plötzlich entdeckter Rohstoffreichtum eines der Hauptrisiken für einen Krieg ist. Zu den anderen gehören ein Überschuss junger bildungsferner, unbeschäftigter Männer, ethnische Spannungen, weil eine Gruppe größer und einflussreicher ist als die andere und Demokratie.

Ein womöglich segensreicher Effekt von freien Wahlen und politischem Pluralismus verpufft nämlich in armen Staaten nicht nur, so hat Collier herausgefunden, er verkehrt sich ins Gegenteil: In Gesellschaften, die nicht arm sind, erhöht Demokratie die ohnehin sicheren Lebensbedingungen, während sie in armen Gesellschaften große Gefahren noch verstärkt, schreibt er in seinem Buch *Wars, Guns and Votes*, also Kriege, Waffen und Wählerstimmen. Verdient eine Gesellschaft weniger als sieben Dollar am Tag, werden demokratische Prozesse zum Risiko und können in Attentaten, Aufruhr, sogar Bürgerkriegen enden, die wiederum jede Wertschöpfung vernichten. Dies alles sind statistische Wahrscheinlichkeiten, keine Naturgesetze. Die Entwicklung lässt sich beeinflussen, aber nicht ohne Rücksicht auf regionale Unterschiede. Ohne Demokratie und Wohlstand als Fernziele aufzugeben, plädiert Collier daher gegen missionarischen Schematismus. Was in Norwegen positiv wirkt, kann für Uganda verheerend sein.

Vor wenigen Jahrzehnten noch standen einem reichen Sechstel der Weltbevölkerung fünf Sechstel Arme gegenüber. Heute, so Collier, gibt es eine Milliarde Reiche, eine Milliarde Arme und einen großen Rest dazwischen. Dass diesem erfreulichen Trend auch eine politische Liberalisierung folgt, ist möglich.

„Nach Putin gibt es weniger Demokratie als vorher"

Der russische Wirtschaftsexperte Sergej Gurijew über das Erbe des früheren Präsidenten und die Angst der Menschen vor Veränderung.

Interview: Frank Nienhuysen

Sergej Gurijew hat das Krisenjahr 2009 in guter Erinnerung, denn er traf Barack Obama. Der US-Präsident sprach auf dem Abschlussfest der Moskauer Elite-Hochschule New Economic School, und Gurijew ist ihr Rektor. Der Professor gehört zu den einflussreichsten Wirtschaftsexperten Russlands.

SZ: Herr Gurijew, wäre Russland reicher, wenn es mehr Demokratie gäbe?

„Russland ist zu groß, um es allein von oben zu führen", meint Wirtschaftsprofessor Sergej Gurijew.

Gurijew: Langfristig ja. Russlands Wirtschaft hängt von den Rohstoffen ab, denen es viel von seinem heutigen Wohlstand verdankt. Die politischen Eliten sind mehr daran interessiert, dies so zu belassen, als daran, Bedingungen zu schaffen für künftigen Reichtum. Aber das Land braucht funktionierende Gerichte, Schutz des Eigentums, korruptionsfreie Bürokratie, eine Kontrolle der Regierung.

SZ: Nur was ist der Weg dorthin?

Gurijew: Es gibt zwei Szenarien. Das

erste: Die Regierung erlaubt mehr Redefreiheit und hebt Einschränkungen der Oppositionsparteien auf. Eine freie Direktwahl der Gouverneure in den Provinzen wäre schon ein großer Schritt nach vorne, aber ich bin mir nicht sicher, dass diese Regierung das erlaubt. Das zweite Szenario: Die Regierung verliert die Kontrolle über das Geschehen, weil nicht genug Geld da ist, um es denen zu geben, die unglücklich sind. Dann kann es eine Demokratisierung von unten geben.

SZ: Das russische Volk schiebt die Demokratie an? Das wäre neu.
Gurijew: Bis jetzt haben wir das noch nicht erlebt. Aber schauen Sie zurück in die Geschichte: Russland war nie so reich wie jetzt, und das ändert vieles. Es gibt eine Mittelklasse, Menschen glauben, dass sie ein Leben verdienen, wie sie es im Ausland kennengelernt haben. Millionen von Russen sehen Länder, in denen die Menschen frei sind.

SZ: Präsident Dmitrij Medwedjew benutzt oft das Wort Demokratie, das im Land doch einen schlechten Ruf hat. Ist Premier Wladimir Putin mit seiner „gelenkten Demokratie" gescheitert?
Gurijew: Es ist unklar, welches Modell Putin eigentlich meinte. Er hat die Opposition zerschlagen, die Meinungsfreiheit eingeschränkt, die Wahlen der Gouverneure abgeschafft. Es gibt definitiv weniger Demokratie als vorher.

SZ: Viele Russen denken noch immer, eine starke Hand sei effektiver als eine demokratische Regierung. Stellt sich Medwedjew gegen das Volk?
Gurijew: Für die meisten Russen bedeutet Demokratie die 90er Jahre, die wirtschaftlich schwere Zeit. Sie glauben nicht, dass die jetzige Kampagne gegen Korruption bei der Polizei durch mehr Demokratie erfolgreich wird, sondern dass die Korruption gerade das Ergebnis der Reformen in den 90er Jahren ist.

SZ: Glauben Sie, dass auch Russlands gewaltige Größe ein Nach-

teil ist, um zugleich Wohlstand und Demokratie zu schaffen?
Gurijew : Nein, im Gegenteil. Russland ist zu groß, um es allein von oben zu führen. Es ist nicht Singapur oder Taiwan. Man muss es dezentralisieren, Macht an Regionen, Städte, Unternehmen abgeben. Russland ist ein föderaler Staat, und selbst wenn die Gouverneure von Moskau ernannt werden: Sie lassen sich nicht vollständig kontrollieren. Wenn es klare Spielregeln gibt, etwa Belohnungen für erfolgreiche Gouverneure, dann kann das zur Modernisierung des Landes beitragen.

SZ: Macht Medwedjew mit Reden über Modernisierung und Innovation den Russen nicht eher Angst vor Veränderung?
Gurijew: Die Russen haben gelernt, nicht zu viel Angst vor Worten zu haben. Nicht Worten vertrauen sie, sondern Taten. Sie wollen in erster Linie Stabilität. Nur wenn Dinge wirklich zusammenbrechen, wie jetzt das Ansehen der Polizei, dann wollen sie Veränderungen. Weil es schlechter nicht mehr werden kann.

SZ: Um zu modernisieren, müssen die Bürger mehr Verantwortung übernehmen, sagt Medwedjew. Wie will er das gegen die Traditionen schaffen?
Gurijew: Das wird schwer. Er muss wenigstens diese Richtung einschlagen, die Intervention des Staates verringern, privatisieren. Dann bleibt den Menschen gar nichts anderes übrig. Aber die Umfrageergebnisse bei den Jugendlichen sind nicht gut. Die meisten wollen bei Gazprom arbeiten. In den Top 10 dieser Wunschliste ist nur ein einziges Privatunternehmen, Lukoil. Die erste ausländische Firma kommt erst auf Platz zehn oder elf. Die Jugend hat gelernt, dass es in Russland gemütlich ist, für die Regierung zu arbeiten.

SZ: Ist Investoren ein stabiles Russland nicht ohnehin wichtiger als ein demokratisches?
Gurijew: In einer Demokratie sind die Spielregeln stabil. Egal, ob gerade ein neuer Präsident da ist. Es gibt viele autoritäre Staaten,

die kollabiert sind. Im Durchschnitt herrscht ein Diktator nur neun Jahre. Wenn Investoren alles verlieren können, dann zögern sie.

SZ: Muss Russland seinen Stolz ablegen und auch von den Balten, Polen und Ungarn lernen, die demokratisch und zugleich wohlhabender geworden sind?
Gurijew: Der EU-Beitritt war für sie ein historisches Ziel. Sie wussten, was sie zu tun hatten, und dafür winkte eine große Belohnung. Für Russland gibt es diesen Lohn nicht. Und sein Stolz kann dabei schaden. Wenn man der russischen Regierung sagt, lasst uns der Organisation OECD beitreten, dies würde uns beweisen, dass wir ein großes, entwickeltes und reiches Land sind, dann kommt die Antwort: Das wissen wir selbst. Russland könnte mehr tun, um den Bürgern ein besseres Leben zu geben. Es ist noch immer nicht der Welthandelsorganisation beigetreten. Und das ist sehr traurig.

8. Die Zukunft des Wachstums

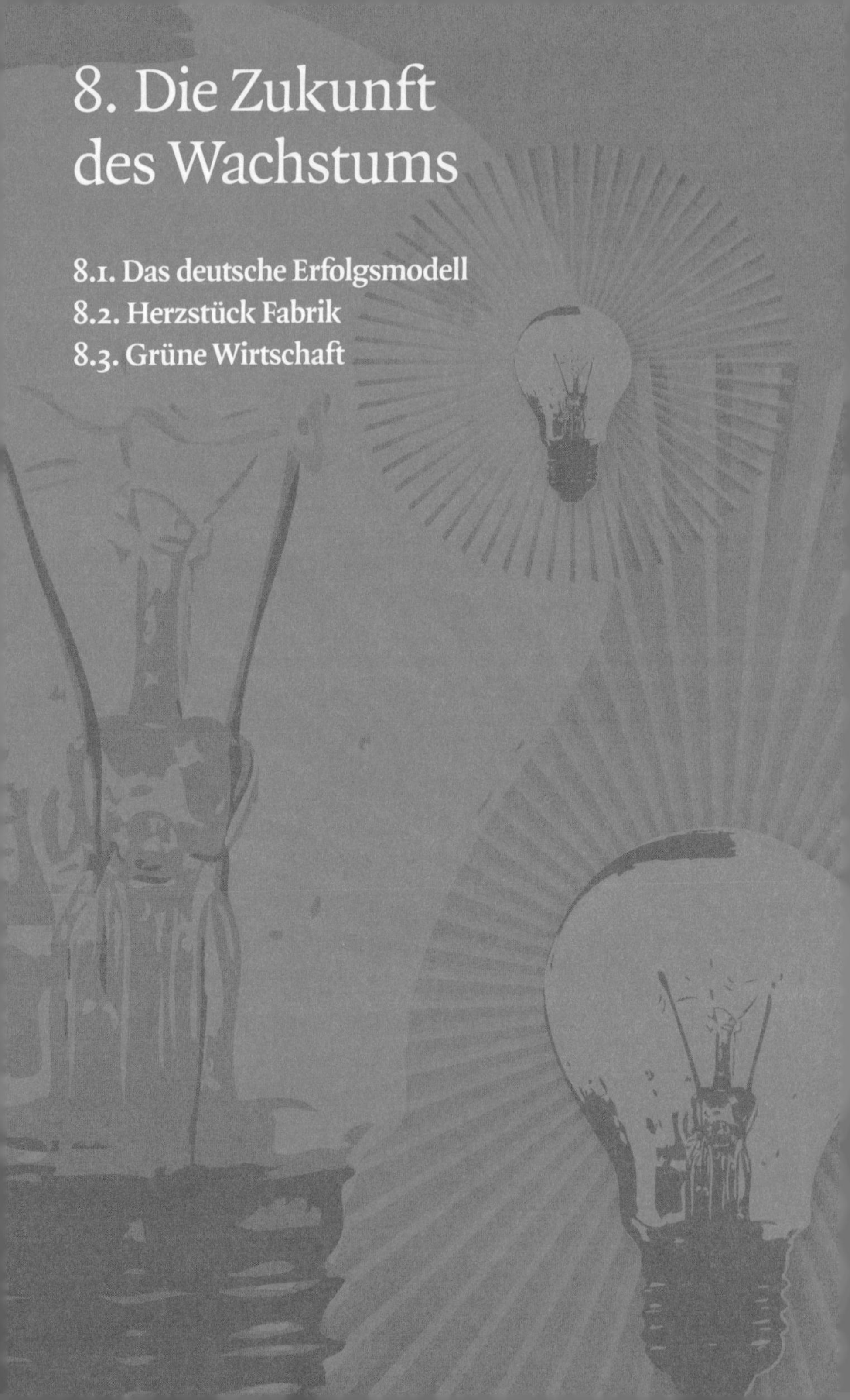

Die Glühbirne

1835 führte der Schotte James Bowman Lindsay der Öffentlichkeit erstmals eine elektrische Glühbirne vor. Massentauglich wurde sie aber erst gut 40 Jahre später. Die von dem US-Amerikaner Thomas Alva Edison gebaute Glühlampe war stabil, effizient – und damit reif für die Serienproduktion. Edison gründete später General Electric. Etwa zur selben Zeit breitete sich die Versorgung mit elektrischer Energie aus. 1860 entwickelte der Belgier Zénobe Théophile Gramme eine erste Maschine zur Stromgewinnung. 1866 erfand Werner von Siemens den Dynamo. Seiner Firma, der heutigen Siemens AG, erschloss er damit neue Geschäftsfelder, etwa den Bau von elektrischen Straßenbahnen.

Rein oder raus

Deutsche Ökonomen debattieren Fluch und Segen des Exports. Bislang hat er die Bundesrepublik immer reicher und wettbewerbsfähiger gemacht.

Von Guido Bohsem

Mal für einen Moment angenommen, Deutschland wäre China. Oder besser gesagt: Deutschland würde so regiert wie China. Rainer Brüderle wäre nicht stellvertretender FDP-Vorsitzender, sondern Generalsekretär der Kommunistischen Partei Deutsch-Chinas. Brü Der Le könnte mehr oder minder festlegen, wie sich die deutsche Wirtschaft in den nächsten Jahren und Monaten ausrichten sollte, speziell beim Außenhandel. Gemessen an der aktuellen ökonomischen Debatte über den Standort hätte er zwei Möglichkeiten zur Auswahl.

Er könnte sagen: weiter so und beruhigt die nächste Weinkönigin küssen. Er könnte aber auch besorgt feststellen, dass es die Abhängigkeit vom Export war, die Deutschland im vergangenen Jahr zum größten Verlierer der weltweiten Wirtschaftskrise gemacht hat, als der deutsche Handel mit dem Ausland in einzelnen Sektoren um bis zu 30 Prozent einbrach und das Land in die schlimmste Rezession in der Geschichte der Bundesrepublik stürzte. Brü Der Le müsste also die Wirtschaft neu ausrichten, weg vom Export, hin zu einer stärker binnenwirtschaftlichen Orientierung. Die deutschen Verbraucher würden dann deutsche Produkte kaufen und das Land aus der Abhängigkeit vom Ausland befreien. Dazu freilich ist es notwendig, dass die deutschen Arbeitnehmer am Ende des Monats mehr Geld in der Tasche haben.

Ein albernes Beispiel? Naja, zugegeben. Und doch debattieren Deutschlands Ökonomen seit der Krise kaum etwas so leidenschaftlich wie diese Fragen: Soll Deutschland seine Exportorientierung einschränken und wieder mehr zu einer National-Ökonomie werden? Und wenn ja, wie soll diese Umstellung in einer freiheitlich und eben nicht autokratisch gesteuerten Wirtschaftsordnung geschehen? Die Befürworter dieser These stehen politisch eher links und gelten als Vertreter einer nachfrageorientierten Ausrichtung. Der Wirtschaftsweise Peter Bofinger, der Chefvolkswirt der Organisation für Welthandel und Entwicklung (Unctad), Heiner Flassbeck, und der Berliner Ökonom Sebastian Dullien dürften die prominentesten Vertreter sein. Ihr Ziel ist es, in unterschiedlicher Form und Ausprägung der deutschen Wirtschaft wieder eine stärkere Binnenorientierung zu verschreiben, um sie unabhängiger vom Welthandel zu machen und sie für die Zeit nach der Krise zu rüsten.

Tatsächlich sprechen einige Zahlen für die Analyse der Ökonomen und für ihr Anliegen. Zwischen April 2008 und Mai 2009 brach der Welthandel um 24,4 Prozent ein, so stark wie seit der Großen Depression in den 1930er Jahren nicht mehr. Die deutschen Ausfuhren sanken in den ersten drei Monaten des Jahres 2009 um 10,5 Prozent. In der Folge schrumpfte die Volkswirtschaft in Deutschland so stark wie in kaum einem anderen Industrieland, sieht man einmal von Japan ab, dessen Wirtschaft ähnlich exportorientiert ist wie die deutsche. Man kann sagen: Diese beiden Länder waren die großen Verlierer der Weltwirtschaftskrise. Auch die Aussichten sind nicht rosig. Schon jetzt hat Deutschland den Titel des Exportweltmeisters an China abgetreten. Und die Zeiten sind vorbei, in denen die USA Waren importierten, als gebe es kein Morgen. Der Zusammenbruch des Immobilienmarktes und die hohe Arbeitslosigkeit haben die Shopper zu Sparern werden lassen. Fragt man etwa Matthew Salomon, Chefvolkswirt des Haushaltsausschusses im US-Senat, ist die Sache klar: Jetzt sind die Nationen dran, die vor der Krise mit hohen Handelsüberschüssen von der amerikanischen Blase profitierten. Auf den amerikanischen Konsumenten solle keiner mehr setzen.

Überzeugt? Oder doch nicht so richtig? Kein Wunder, denn viel wahrscheinlicher ist es, dass Brüderle den Außenhandel lassen kann wie er ist und sich der Weinkönigin zuwenden darf. Der Ausweg aus der Krise scheint weitaus einfacher, als es die Untergangsszenarien befürchten lassen. Noch sind die Daten nicht ganz schlüssig. Doch so viel ist bereits absehbar: Die großen Gewinner des weltweiten Aufschwungs nach der Krise sind Japan und Deutschland. Vor allem die exportorientierten Nationen profitierten von den Konjunkturprogrammen. Mit jedem Prozentpunkt, den die Weltwirtschaft wächst, zieht sie die deutsche Konjunktur nach oben. Trotz des furchtbaren Einbruchs halten die deutschen Unternehmer an ihren Beschäftigten fest. Personalabbau, das war die Krise davor. Aktuell lautet das Motto: Lieber gemeinsam eine Durststrecke überstehen, als später ohne gute Leute dastehen.

Es ist noch längst nicht raus, ob die Handelsausrichtung Deutschland nun tatsächlich so geschadet hat, wie zunächst angenommen. Die Prämisse der Exportkritiker kann täuschen. Bislang hat der weltweite Handel die Bundesrepublik immer reicher und wettbewerbsfähiger gemacht. Obwohl das Land keine Rohstoffe besitzt, hat es mit seiner Spezialisierung auf hochwertige Industrieprodukte einen weltweiten Spitzenplatz errungen. Viele Ökonomen sagen sogar, dass Deutschland die größeren Absatzmärkte braucht. Es geht darum, hohe Mengen abzusetzen. Denn nur so fallen die hohen Entwicklungs- und Planungskosten weniger ins Gewicht, die für die Entwicklung von technisch anspruchsvollen Produkten die entscheidende Rolle spielen.

Nur wenige Regeln in der Volkswirtschaft sind so etabliert und so gefestigt wie die vor 190 Jahren von David Ricardo aufgestellten Gesetzmäßigkeiten des Außenhandels. Unter der Voraussetzung, dass es keine Hemmnisse gibt, lohnt sich der Handel zwischen den Nationen immer. Natürlich kommt es mitunter zu Verwerfungen in einzelnen Branchen, doch die Volkswirtschaft als Ganzes profitiert. 2008 erhielt der Amerikaner Paul Krugman den Wirtschaftsnobelpreis, weil er diesen Ansatz für moderne, hochindustrialisierte Gesellschaften fortentwickelte.

Es gibt noch einen viel gewichtigerer Einwand gegen die Wende nach innen: Es ist völlig unklar, wer sie vorantreiben soll. Wer soll anordnen und durchsetzen, dass Deutschland umsteuert? Der

Staat ist dazu nur sehr indirekt in der Lage. Schließlich kann er den Unternehmen nicht verbieten, ihre Waren ins Ausland zu verkaufen. Höhere Löhne kann die Regierung auch nicht anordnen und die angespannte Haushaltslage dürfte staatliche Nachfrageprogramme stark begrenzen. Deutschland ist eben nicht China und Brüderle nicht Generalsekretär der Kommunistischen Partei Chinas.

Glaubt man Anton Börner, will die Wirtschaft auch gar nichts von der Idee wissen. Börner ist Präsident des Bundesverbandes des deutschen Groß- und Außenhandels und sagt Sätze wie: „Die deutsche Wirtschaft wird auch nach der Krise noch eine Exportwirtschaft sein. Das hat keiner verordnet. Das hat mit den Produkten zu tun, die wir hier herstellen." Hört man ihm zu, dann ist die Zeit für die deutsche Wirtschaft gerade erst gekommen. Nicht mehr Exportweltmeister? „Ohnehin nur ein Titel für die Medien. Vize-Exportweltmeister ist auch ein schöner Titel." Der Aufstieg Chinas? „Wenn es China gut geht, profitieren wir davon. Wir sollten hoffen, dass es China weiterhin gut geht!" Die steigende Komplexität des internationalen Umfelds? „Wir sind so stark, weil wir es so gut verstehen, Subsysteme zu optimieren. Wir produzieren hochspezialisierte Teile für hochkomplexe Anlagen. Und weil die Welt immer komplexer wird, werden die deutschen Produkte auch weiterhin gefragt sein."

Eines dieser Unternehmen ist die Christian Bollin Armaturenfabrik in Frankfurt. Rund 2000 Kunden zählt der Hersteller von Ventilen für die Chemie- und Kraftstoffindustrie weltweit. Es ist die unglaubliche Angebotspalette, die den deutschen Mittelständler zu einem internationalen Marktführer macht. Hidden Champion, Weltmeister im Verborgenen, heißt das in der Wirtschaftssprache. Während die Konkurrenz darauf setzt, wenige Produkte in großer Stückzahl herzustellen, geht es bei Bollin um reine Spezialisierung. Das Unternehmen bietet 350 000 verschiedene Ausführungen seiner Armaturen an. Die wiederum können mit 10 000 verschiedenen Anschlüssen kombiniert werden. „Wir sind hochgradig spezialisiert", sagt Geschäftsführerin Dagmar Bollin-

Flade, und sie betrachtet das als einen Segen. „Wir wären nicht so erfolgreich, wenn wir nicht auf eine Nische setzen und enorm flexibel bleiben würden."

Natürlich dürfe man als Unternehmen nie den Fehler machen, sich fast ausschließlich auf den Auslandsmarkt zu konzentrieren, sagt Bollin-Flade. Aber es sei eben auch falsch, sich vor der Welt zu verschließen. Es müsse eben beides sein: Geschäfte im Inland und im Ausland. Nicht nur, um einen größeren Absatzmarkt zu erschließen, sondern auch, um über den Tellerrand hinauszuschauen und zu sehen, was die Konkurrenz so macht. Wer nur zuhause sein eigenes Süppchen kocht, lernt nichts.

Für Bollin-Flade ist völlig klar, dass ihr Unternehmen nach der Krise nicht anders arbeiten wird als vor der Krise trotz der Forderung nach einer stärkeren Binnenmarktorientierung der deutschen Wirtschaft. Dabei gehe es nicht darum, den billigen Jakob zu geben. „Wenn ich mich in den Billigbereich begebe, dann erziele ich nicht die notwendige Wertschöpfung", sagt sie. Es gehe vielmehr darum, hochwertige Produkte preiswert anzubieten. Auf diesem Wege würden sich die deutschen Unternehmen gegen ihre internationalen Wettbewerber durchsetzen und auch künftig ihren Mitarbeitern gute Löhne zahlen können.

Frankreichs Attacke

Finanzministerin Christine Lagarde wirft Deutschland vor, sich unfaire Wettbewerbsvorteile zu verschaffen – über eine restriktive Lohnpolitik.

Von Michael Kläsgen

Das hatte es noch nicht gegeben. Die Finanzministerin eines Partnerlandes kritisiert das Wachstumsmodell des Nachbarn. Deutschland wachse auf Kosten Frankreichs und anderer Euroländer, monierte die Französin Christine Lagarde. Deutschland habe seine Lohnstückkosten und seine Arbeitskosten insgesamt seit gut zehn Jahren im Vergleich zu seinen Partnern gesenkt und sich dadurch auf den Exportmärkten Wettbewerbsvorteile verschafft. Deutschland habe so seinen Partnern auf unfaire Weise Marktanteile abgetrotzt. Was die Ministerin nicht sagte, aber meinte: Deutschland habe dadurch anderswo in Europa Arbeitsplätze vernichtet und zu deren Verlagerung in Billiglohnländer beigetragen.

Christine Lagarde hat von Deutschland gefordert, den Konsum zu stimulieren. Damit löste sie über die Landesgrenzen hinweg Diskussionen aus.

In Deutschland prallte die Kritik der hochgewachsenen eleganten Dame ab, zunächst jedenfalls. Ja, sie erntete sogar Häme, wie – zum weit geringeren Teil – in Frankreich auch. Schaut her, die Franzosen sind neidisch auf das deutsche Erfolgsmodell und versuchen es nun zu diskreditieren, unkten manche. Doch die Anwältin trat auch eine Diskussion los, und zwar über die Grenzen hinweg. Ihr US-Kollege Timothy Geithner hieb alsbald in die gleiche

Kerbe. Sein Augenmerk galt zwar vor allem China, dem er vorwarf, den Yuan künstlich abzuwerten, um zu verhindern, dass amerikanische Waren im Vergleich zu chinesischen wettbewerbsfähiger werden. Aber auch die beiden anderen großen Exportnationen der Welt, Deutschland und Japan, forderte er auf, mehr zu tun, damit die Welt möglichst schnell aus der Krise kommt. Dazu sollten diese beiden Länder ihre Binnennachfrage beleben und so ihren Exportüberschuss ausgleichen. Dahinter steckt der Gedanke, dass der ‹berschuss des einen das Handelsdefizit des anderen ist. So sieht das auch Lagarde. Tatsächlich wuchs Deutschlands Exportüberschuss, während Frankreich in der Welt an Marktanteilen verlor.

Führende Ökonomen Frankreichs wie Jean-Paul Fitoussi werfen Deutschland deshalb seit längerem vor, eine Art Preisdumping zu betreiben und sozusagen das China Europas zu sein, zu Lasten der Nachbarn und mit weitreichenden politischen Folgen: Weil sich Deutschland in einer Währungsunion mit anderen befindet und dort das größte Gewicht hat, zwinge es andere Länder dazu, eine ähnlich restriktive Lohnpolitik zu fahren wie Deutschland in den vergangenen zehn Jahren.

Es Deutschland nachzutun und Lohnmäßigung für ihr Land zu fordern, kommt für Lagarde aber aus Gründen der politischen Opportunität nicht in Frage. Dabei könnte Frankreich so seine Industrie wettbewerbsfähiger machen und Arbeitsplätze erhalten. Doch stattdessen fordert sie von Deutschland, sich Frankreich anzupassen und den privaten Konsum zu stimulieren, beispielsweise über höhere Gehälter. Im Sinn hat sie dabei die Binnennachfrage Frankreichs, die seit Jahren einer der wichtigsten Pfeiler des französischen Wachstums ist. Und zwar ohne dass sich die Franzosen (wie die Amerikaner) besonders verschulden würden. Lagarde hat daher gute Argumente gegenüber Deutschland, und man kann sich vorstellen, dass sie sie gemeinsam mit Geithner bei passender Gelegenheit anbringt. Und man hat nun eine Ahnung davon, was Deutschland blüht, wenn es die von Paris geforderte EU-Wirtschaftsregierung tatsächlich einmal geben sollte.

Frankreich hätte wohl auch bei der Mehrwertsteuererhöhung in Deutschland von 16 auf 19 Prozent mitgeredet. Nicht nur in Deutschland, auch in Frankreich führte sie zu Diskussionen. Ökonomen wie Fitoussi hatten argumentiert, ein solcher Schritt widerspreche den Interessen der anderen Euroländer und sei somit unsolidarisch, weil sie den deutschen Exporten zugute kommen sollte, indem die Steuermehreinnahmen den Anstieg der Arbeitskosten abdämpfen sollten. Die Erhöhung habe wie ein Zoll innerhalb der Eurozone gewirkt, da Produkte aus dem Ausland für die Deutschen teurer wurden. Darunter litten zwar auch einheimische Unternehmen, jedoch profitierten diese gleichzeitig davon, dass die Lohnzusatzkosten gesenkt wurden. Deutschland hat dadurch also einen komparativen Kostenvorteil erzielt und kann Güter im Vergleich zu anderen Eurostaaten günstiger herstellen. Das habe zweierlei negative Konsequenzen, bemängelten die Ökonomen: In Deutschland schwäche sich die Nachfrage ab und im restlichen Euroraum belaste der deutsche Kostenvorteil die Exportwirtschaft.

Lagarde hat diese Argumentation übernommen. Ihrer Meinung nach haben deutsche Waren aufgrund der Lohnzurückhaltung und der nur gering gestiegenen Arbeitskosten nach und nach die Exportgüter anderer Euroländer verdrängt. In einem Punkt hat sie recht: Vor dem Euro hätte Frankreich seine Währung einfach abwerten können. In der Währungsunion geht das nicht mehr so leicht. Die Wechselkurse sind festgelegt. Abwerten können die anderen Euroländer jetzt höchstens im übertragenen Sinn, indem sie es Deutschland nachmachen und ebenfalls Druck auf Gehälter machen.

Doch Lagarde meint, die ohnehin labile Konjunktur in der Eurozone breche ganz ein, wenn Länder wie Frankreich, Italien und Spanien im gleichen Maße ihre Lohnstückkosten dämpften, wie Deutschland es tat. Was sie verschweigt: Seit Jahren diskutiert Frankreich immer wieder darüber, eine soziale Mehrwertsteuer (TVA sociale) einzuführen und darüber die Arbeitskosten zu senken. Doch der französische Steuersatz liegt schon über dem deutschen – bei 19,6 Prozent –, was die Kritik an der Erhöhung in Deutschland nicht verständlicher macht. Außerdem misst sich die französische

Exportwirtschaft regelmäßig an der deutschen Konkurrenz und versucht, ihr nachzueifern.
Vielleicht hätte sich Lagarde weniger auf den deutschen Exportüberschuss kaprizieren, sondern konstruktive Vorschläge machen sollen: Schafft eine investitionsfreundliche Politik, die eine Steigerung der Binnennachfrage nach sich zieht, hätte sie sagen können. Oder: Liebe Unternehmen und Exportweltmeister, gebt doch etwas mehr von euren Gewinnen an eure Mitarbeiter weiter. Zumindest bei den Arbeitnehmern in Deutschland wäre sie auf Verständnis gestoßen. Und die Botschaft wäre die gleiche gewesen.

Außer Diensten

Erfolgreiche Nationen können nicht nur vom Service leben, sie brauchen eine starke Industrie. Auch das ist eine Lehre aus der weltweiten Krise.

Von Caspar Busse

Hans-Olaf Henkel hat vor vielen Jahren einen anschaulichen Vergleich gewählt. Wir können doch nicht dauerhaft davon leben, dass wir uns gegenseitig die Haare schneiden, warnte der langjährige Präsident des Bundesverbandes der Deutschen Industrie (BDI). Henkel, damals in der Rolle des obersten Lobbyisten der großen deutschen Industrieunternehmen, profilierte sich damit als Gegner einer These, die lange Zeit sehr populär war, inzwischen aber zu Recht ziemlich umstritten ist. Viele glaubten vor Jahren, die Zukunft einer fortschrittlichen Wirtschaftsnation liege in der Konzentration auf Dienstleister wie zum Beispiel Banken, Versicherer, Rechtsanwälte, Telekom-, Beratungs- oder Ingenieurfirmen Unternehmen also, deren Güter nicht fassbar sind, ganz im Gegensatz zu denen der klassischen Industrie.

Die industrielle Produktion sei ein Auslaufmodell für entwickelte Volkswirtschaften, hieß es. Schwellenländer wie China und Indien würden den westlichen Staaten irgendwann den Rang ablaufen. Dienstleistungen seien lukrativer, die Abwanderung der Produktion ohnehin nicht mehr aufzuhalten. Dass dieses Credo ein Irrweg ist, hat die weltweite Wirtschaftskrise gezeigt. Der Abschwung traf alle Wirtschaftsbereiche und alle Volkswirtschaften hart. Und nicht nur die Industrie hat gelitten, auch die Dienstleister schüttelte es kräftig.

Der Fall Großbritannien zeigt, was passieren kann, wenn ein Land sich allzu stark auf Dienstleistungen konzentriert: Die Insel leidet mehr als viele andere Länder. Das britische Pfund hat erheblich an Wert eingebüßt. Innerhalb der Europäischen Union stehen die Briten schlecht da, wenn auch nicht so schlecht wie Griechenland oder Spanien. Dabei hat die Industrialisierung in England ihren Ursprung. Das ist mehr als 200 Jahre her. In den Sog der industriellen Revolution gerieten dann immer mehr Länder. Aber irgendwann wurde die Produktion, genaugenommen der Faktor Arbeit, zu teuer. Die Briten haben in den vergangenen Jahrzehnten ihre Industrie nicht freiwillig aufgegeben. Sie wurden dazu gezwungen, weil das Land irgendwann nicht mehr wettbewerbsfähig war.

Die Textilindustrie, die Autoindustrie nahezu alle großen Industriezweige sind inzwischen verschwunden, das Land hat kaum noch Industriekonzerne von Weltrang. Der Beitrag der Industrie zum Bruttoinlandsprodukt liegt mittlerweile unter zehn Prozent.

In Kontinentaleuropa steuern die Güterproduzenten immerhin noch rund 18 Prozent zur gesamten Wirtschaftsleistung bei, in den Vereinigten Staaten schwankt der Anteil zwischen zwölf und 14 Prozent. In Deutschland macht die Industrie einschließlich Energiewirtschaft nach Angaben der Organisation für wirtschaftliche Zusammenarbeit und Entwicklung (OECD) noch mehr als ein Viertel der gesamten Wertschöpfung aus. Dieser Anteil ist seit Jahren nahezu konstant; in der Krise ist er nun sogar noch leicht gestiegen.

Großbritannien, und vor allem der Großraum London, konzentrierte sich dagegen immer stärker auf Finanzdienstleistungen. Das brachte dem Land zwar lange Zeit Wohlstand. In der Krise zeigt sich jedoch, wie fatal eine solche Abhängigkeit sein kann. Die Entwicklung ist besorgniserregend, wenn auch nicht schlimmer als in Irland oder Island. Auch diese Länder bauten auf Dienstleistungen.

Im Ausland wurde Deutschland lange Zeit dafür belächelt, dass die Industrie nach wie vor stark ist. Die besteht auch nicht nur aus den weltweit tätigen Großkonzernen, sondern wird vor allem von einem global agierenden industriellen Mittelstand getragen. Es gibt kaum ein anderes Land, in dem so viele kleinere und mittlere Unternehmen sitzen, die in ihrer Nische zu den Weltmarktführern zählen. Natürlich traf die Krise auch Deutschland heftig. Die Aufträge in wichtigen Branchen wie der Automobilindustrie oder dem Maschinenbau brachen massiv ein, zeitweise und teilweise um 50 Prozent oder mehr. Im Krisenjahr 2009 sank das Bruttoinlandsprodukt in Deutschland um fast fünf Prozent im Vergleich zum Vorjahr, so stark wie noch nie in der Nachkriegszeit. Es war auch der erste Rückgang seit sechs Jahren.

Und dennoch gilt die Dominanz des produzierenden Gewerbes als Garant dafür, dass sich die deutsche Wirtschaft wieder erholen wird. „Jahrelang wurden wir als Verlierer bezeichnet, weil der Anteil der Dienstleistungen und der Finanzwirtschaft so niedrig war. Jetzt nach der Krise wird das zu unserem Vorteil", glaubt Burkhard Schwenker, Chef der international tätigen Unternehmensberatung Roland Berger. „Die Stärke der deutschen Industrie wird sich jetzt auszahlen, gerade durch unsere Fähigkeit, Industrie und Dienstleistungen zu industriellen Lösungen miteinander zu verbinden", sagt Schwenker.

Eine strenge Abgrenzung zwischen Industrie und Dienstleistungen ist ohnehin schwierig. Was ist noch Ware? Wo fängt der Service an? Als was zählt das Know-how? Immer größer wird die Bedeutung von sogenannten industrienahen oder produktgebundenen Dienstleistungen. Viele Unternehmen bieten mittlerweile das Produkt und den damit verbundenen Service wie Finanzierung oder Wartung.

Siemens etwa produziert immer noch Maschinen und Anlagen, sorgt aber mit einer eigenen Tochter auch für die Finanzierung oder liefert das Knowhow für die Erstellung ganzer Komplexe. So werden beispielsweise nicht nur die Turbinen für Kraftwerke geliefert, sondern zusammen mit Partnern auch Ingenieurdienstleistungen aller Art bis hin zur schlüsselfertigen Erstellung ganzer Großanlagen. Selbst mittelständische Firmen wie etwa Krones, ein Hersteller von Getränkeabfüllanlagen, verkaufen schon lange nicht mehr nur Maschinen, sondern auch Service- und Beratungsleistungen.

Der Präsident des Münchner Ifo-Instituts, Hans-Werner Sinn, preist diese Vorteile und sagt: „Wir können froh sein, dass wir unsere Industrie bewahrt haben. Das ist ein glühender Kern, um den sich alle scharen und an dem sich alle wärmen." Ohne die klassische Industrie wird sich auch die Dienstleistungs- oder die Finanzbranche sehr schwer tun. „Fakt ist auch, dass die deutschen Unternehmen beispielsweise ihren Anteil an Forschung und Entwicklung in Deutschland kontinuierlich erhöht haben", sagt Berater Schwenker. Und er fügt an: „Unsere Beobachtung ist: Dienstleistungen entwickeln sich dort am besten, wo Nähe zur Industrie besteht. Und deswegen ist mir um Deutschlands Industrie überhaupt nicht bange."

Ein gutes Beispiel dafür ist die deutsche Autoindustrie: Die großen Hersteller wie Volkswagen, BMW, Daimler sind zwar weltweit präsent, produzieren aber auch in nicht unerheblichem Umfang in Deutschland und investieren besonders hier in Forschung und Entwicklung. Mit rund 750 000 Beschäftigten ist der Automobilbau eine der wichtigsten Industriesparten in Deutschland. Damit das so bleibt, sollten auch die Rahmenbedingungen erhalten werden, fordern Industrievertreter. Matthias Wissmann, früher Bundesverkehrsminister und heute einflussreicher Präsident des Verbandes der Automobilindustrie (VDA), kritisiert: „Manchmal habe ich den Eindruck, dass Vertreter von Ländern, die ohnehin einen geringeren Industrieanteil haben, wie Großbritannien, nur noch glauben, dass das Glück von Finanzen und Dienstleistungen abhängt." In Brüssel herrsche, sagt Wissmann, gelegentlich eine Weltferne, die ihn erschrecke.

Keine Frage: Deutschland ist ein traditionsreiches Industrieland, und es hat seinen Aufstieg zu einer der größten Wirtschaftsnationen der Stärke des produzierenden Gewerbes zu verdanken. Doch die Konkurrenz ist groß. Inzwischen wandern ganze Industriezweige beispielsweise nach China ab, und das Reich der Mitte ist bisher auch vergleichsweise unbeschadet durch die Krise gekommen. Um die Positionen zu halten, muss sich die deutsche Wirtschaft anstrengen. Anfang 2010 verlor sie den inoffiziellen Titel des Exportweltmeisters an China. Zwar kann man darüber streiten, ob das nur ein prestigeträchtiger Titel ist. „Deutschland war streng genommen kein Exportweltmeister, das war immer eine Illusion“, sagt Wirtschaftsforscher Sinn. Denn die Zahlen berücksichtigten nur die reinen Warenexporte, nicht aber den Export von Dienstleistungen.

Wie immer man auch rechnet: Die Höhe der Exporte ist ein wichtiger Gradmesser für die Leistungskraft einer Industrienation. Gerade im Welthandel gilt das Motto: Es lebe der Unterschied. Die allgemeine Volkswirtschaftslehre besagt, dass Handel dann besonders sinnvoll und vorteilhaft ist, wenn die Partner oder die jeweiligen Länder besonders unterschiedlich sind. Nur dann zahlen sich die Vorteile des Handeltreibens auch aus. Genau hier hat die deutsche Wirtschaft einen einträglichen Vorteil. Der deutsche Maschinenbau etwa liefert die Ausrüstungsgüter für aufstrebende Volkswirtschaften wie China oder Indien, mit denen wiederum dort neue Produktionen aufgebaut werden können.

Doch das könnte sich ändern: China zum Beispiel wächst derzeit deutlich schneller als Deutschland. Noch braucht China die Maschinen, Anlagen und das Knowhow aus Deutschland zum Aufbau der eigenen Industrie. Doch irgendwann werden die Chinesen auch Maschinen und Anlagen selbst herstellen können. Die Gefahr besteht also, dass Deutschland aus der lukrativen Spezialisierungsnische verdrängt wird und damit auch den komparativen Vorteil verliert. Das gilt es zu vermeiden. Deutschland braucht eine intakte industrielle Struktur, und das setzt weitere Investitionen voraus.

Motoren in der Klinik

In der Krise wird entlassen, gekürzt, verlagert. Dabei gibt es für Firmen eine bessere und einfachere Methode: Geld zu sparen indem sie ihre Produktkosten senken.

Von Thomas Fromm

Es war Ende 2008, und aus der Finanzkrise wurde allmählich eine veritable Wirtschaftskrise, als man bei der Kölner Deutz AG feststellte, dass die Produktkosten zu hoch waren. „Wir hatten über Jahre hin Produkte angesammelt, die wir nie einer Kostenreduzierung unterzogen hatten", erinnert sich Deutz-Vorstandsmitglied Gino Biondi. „Daher war es an der Zeit, uns einige Dinge mal genauer anzuschauen." Anfang 2009 ging es dann bei dem Hersteller von Dieselmotoren los. Man sah sich unter anderem 50 Rohrleitungen an, verglich sie miteinander: 30 davon waren geometrisch gleich, aber unterschiedlich lang. Warum? Niemand hatte eine Antwort darauf. Es hatte sich im Laufe der Jahre eben so entwickelt. Aber es trieb die Kosten in die Höhe.

Anschauen, analysieren, vergleichen, verändern: Produktklinik heißt das Konzept, mit dem träge gewordene Unternehmensstrukturen und Produkte flottgemacht werden sollen. Horst Wildemann, Wirtschaftsprofessor an der TU München mit Schwerpunkt Logistik und Vordenker des Konzepts, bringt es auf den Punkt: Neben dem Ausverkauf und der Verlagerung von Fabrikation gebe es noch einen dritten Weg aus der Zwickmühle von zu hohen Lohnkosten und zu niedrigen Renditen, und dieser sei bei weitem der

Horst Wildemann, Professor an der TU München

beste: Es geht ganz einfach darum, das Schwierigste anzupacken und die Produktion und das Produkt selbst zu optimieren.

Das Konzept der Produktklinik fußt auf drei Säulen: technische Analyse des Produktes, Analyse von Markt- und Kundenanforderungen und betriebswirtschaftliche Analyse. Zu viele Schrauben, zu teure Materialien, die eigentlich gar nicht erforderlich wären? Teurer Farblack, obwohl das betreffende Produkt gar nicht zu sehen ist, sondern sich unter einem Deckel verbirgt? Aus den kleinen, alltäglichen Dingen lässt sich am meisten herausholen.

In Köln etwa schaute man sich zwölf Motoren der gleichen Bauklasse an: Montageprozesse, Design, Fertigungsart. Zwei eigene Motoren waren darunter, die anderen zehn Motoren kamen von anderen Herstellern. „Wenn ein Wettbewerber eine gute Lösung hat, dann schaut man sich die intensiv an", sagt Biondi, „jeder der Konkurrenten hatte bei den Motoren tolle Ideen, sogar die Chinesen. So konnten wir lernen, besser und günstiger zu werden."

Die zwölf Motoren wurden in 600 Einzelprojekte zerlegt. Fünf Monate dauerte das alles, zehn Leute waren ständig damit beschäftigt, zwei kamen von Professor Wildemann und moderierten die Arbeit. Am Ende schafften es Biondis Leute, die Produktionskosten um bis zu vier Prozent zu drücken. Immerhin. „Dafür müssen Sie schon weit laufen", sagt der Manager heute.

Vieles wird in Konzernen getan, um die Kosten zu drücken. Managementstrukturen werden auf den Kopf gestellt, Mitarbeiter entlassen, die Preise der Zulieferer beim Einkauf runtergehandelt. Und oft reicht das alles nicht. „Klar ist, dass der strategische Ansatz immer länger dauert als der mit der Brechstange", sagt Biondi. „Es geht um", wie es Wildemann schreibt, „zähe Kleinarbeit im lauten Rauschen der Forderungen nach längeren Arbeitszeiten und niedrigeren Lohnkosten." Verbesserungen seien immer und überall möglich, um die Produktkosten zu drücken. Von fünf bis 30 Prozent. Häufigster Fehler in der Produktion sei das sogenannte Overengineering. Man hat schlichtweg überproduziert, dem Produkt Teile verpasst, die der Kunde gar nicht nachfragt.

So seien bei einem Produzenten von Großdruckmaschinen die Herstellkosten um 32 Prozent gesenkt worden, ohne dass der Kunde irgendetwas vermisste. Bei Schweißrobotern waren es 15 Prozent, bei Spritzgussmaschinen zwölf, und bei Frequenzumrichtern 25 Prozent. Und selbst in der Konsumgüterindustrie und bei Versicherungen könne noch kräftig gespart werden. Besonders viel hilft die Produktklinik vor allem in den Industriesparten, in denen intensiv in Forschung und Entwicklung investiert werden muss oder das Lohnniveau hoch ist. In der Chemiebranche zum Beispiel und im Fahrzeug- und Maschinenbau.

In der Industrie heißt das vor allem: Alles muss auseinandergeschraubt werden. Egal ob Motoren, Röntgenapparate, Gasturbinen, Windräder oder Autos. 80 Prozent der Ideen, die am Ende zum Abbau der Kosten führen, entstehen, indem man seine eigenen Produkte Einzelteil für Einzelteil mit denen der Wettbewerber vergleicht. „Physische Demontage" nennen das die Mitarbeiter von Professor Wildemann.

So wie bei der Deutz AG. Von Anfang an war klar, dass man das Projekt nicht aus dem Konzern geben und in irgendeiner Hinterhofgarage machen lassen wollte. Denn die Produktklinik soll inspirieren. „Das muss jeder im Konzern mitkriegen, es muss sichtbar sein, denn das strahlt ab", sagt Biondi. Aus allen Abteilungen seien Leute mit hinzugezogen worden, das schärfe die Sensibilität. „Wir haben viel daraus gelernt und entwickeln neue Projekte jetzt ganz anders. Die Erkenntnisse fließen nun gleich mit ein." Positiv sei das auch für das Betriebsklima: „Der Betriebsrat sieht, da passiert was, und da machen alle mit." Kostenreduzierung verliert so den Beigeschmack der Bedrohung und wird von den Mitarbeitern als sportliche Herausforderung gesehen.

So auch beim deutschen Großformatdrucker-Hersteller OcÈ. Auch hier setzte Wildemann mit seiner Münchner Unternehmensberatung TCW an. Drucker wurden in ihre Einzelteile zerlegt, Konkurrenzprodukte danebengelegt. Platinen, Kabel, über 6000 Einzelteile lagen auf dem Tisch. Und immer wieder die Frage: Brauchen wir das? Bis spät in die Nacht würde geprüft und abgewogen. Drei teure Einzelteile wurden da auch schon mal durch ein einziges günstigeres ersetzt. „Über den Dialog mit dem Bestehenden müssen wir zu einer Verbesserung des eigenen Produkts kommen“, sagt Wildemann. Am Ende hatte man pro Gerät mehrere Tausend Euro eingespart, die Drucker bleiben auch international erst einmal konkurrenzfähig, und auch die Beratungskosten soll OcÈ innerhalb eines Jahres wieder eingespielt haben. Es hatte sich also gelohnt.

Einmal angefangen, geht es immer weiter. „Das ist nicht ein Prozess, wo Sie irgendwann mal Ruhe haben, das begleitet Sie danach ständig“, so Biondi von der Deutz AG. Der Betrieb werde so eine permanent lernende Organisation. In Köln gibt es jetzt eine Art ständige Abteilung, die das Thema weiterentwickelt. Gearbeitet wird streng nach dem Rotationsprinzip; jeder soll mitbekommen, was geschieht, zwischen den Abteilungen und Gruppen wird gewechselt. Wildemanns Fazit: Das Ausschöpfen der Verbesserungspotentiale ist immer mit weniger Risiken verbunden als eine Verlegung der Produktion ins angeblich so billige Ausland. Oder wie es Biondi sagt: „China ist auch nicht immer ein Allheilmittel.“ Es geht also nicht nur darum, Kosten einzusparen. Es geht auch darum, dafür zu sorgen, dass sich die Produktion in Deutschland lohnt. Und vor allem: Der Patient werde erst aus der Klinik entlassen, wenn die Kosten runter sind und die Produkte gesund. Allerdings, auch das sei gesagt: Es sei nur vordergründig ein Nachteil, wenn das Management stärker gefordert werde als bei der einfachen Formel: weniger Mitarbeiter und weniger Lohn bringen mehr Gewinn. Auf Dauer nämlich gewinne nicht unbedingt der Billigere, sondern der Bessere, meint Wildemann.

Die dritte industrielle Revolution

Der ökologische Umbau der Weltwirtschaft wird das Wachstum der kommenden Jahrzehnte bestimmen.

Von Alexandra Borchardt

Die Wahrheit über die Weltwirtschaft verbirgt sich in einem einzigen Bild. *The World at Night* ist der Titel einer Collage von Aufnahmen aus dem All, die die Erde so zeigt, als sei in allen Kontinenten gleichzeitig Nacht. Lichter erhellen die besiedelten Küsten, die Metropolen, die Ufer der großen Flüsse, Dunkelheit herrscht dort, wo Armut kaum mehr als ein paar Glühbirnen und Feuer erlaubt, oder wo die Natur den Menschen bislang ferngehalten hat. Was viele Seiten Statistik-Lektüre erfordern würde, lässt sich hier mit wenigen Blicken erfassen: das im Osten konzentrierte Wachstum im Wirtschaftswunderland China, die über Indien verteilten Lichthöfe, das strahlende Nildelta am Rande eines dunklen Kontinents Afrika.

Das Bild offenbart: Energie ist Macht. Und Macht verändert sich, wenn sich der Zugang zu Energie wandelt. Schon zwei industrielle Revolutionen haben die Weltwirtschaft vorangebracht, beide waren von neuen Energieträgern getrieben. Im 19. Jahrhundert brachen Kohle und Dampfmaschine die Vorherrschaft der Agrarwirtschaft, im 20. Jahrhundert befeuerten Öl und der Verbrennungsmotor die hoch entwickelten Industriegesellschaften.

Seit wenigen Jahren kristallisiert sich das heraus, was der amerikanische Soziologe Jeremy Rifkin als einer der ersten die dritte industrielle Revolution genannt hat: Erneuerbare Energien, dezentral geschöpft und einsetzbar, werden in Verbindung mit dem Internet die Weltwirtschaft neu prägen. „Der Zugang zu Energie wird ein unabdingbares soziales Recht“, schreibt Rifkin. Wer Aufschwung denkt, muss grün denken.

Zur Avantgarde gehört er damit nicht mehr. Denn auch in Schlüsselpositionen von Politik und Wirtschaft wird bereits vielfach grün gedacht. „Wer Wachstum will, muss auf Klimaschutz setzen“, sagt zum Beispiel Bundesumweltminister Norbert Röttgen, dessen Partei CDU den ersten Grünen-Politikern noch zum Feindbild schlechthin taugte. Und es häufen sich die Nachrichten aus Weltkonzernen, die Produktion und Produkte daran messen, wie umweltfreundlich, ja menschenfreundlich sie sind. So konzentriert sich der einstige Atomtechnik-Lieferant Siemens auf Umwelttechnologie, der weltweit größte Handelskonzern Wal-Mart verpflichtet seine Lieferanten zu Ökobilanzen, der ehemalige SAP-Vorstand Shai Agassi macht mit seinem Elektroauto-Projekt Better Place die Platzhirsche der Autoindustrie nervös, namhafte Konzerne verbünden sich zu Großvorhaben wie dem Wüstenstrom-Projekt Desertec oder der Nordseestrom-Kooperation Seatec.

Ihre Wurzeln hat diese Revolution tatsächlich in der Umweltbewegung der 70er Jahre, damals, als die Ölkrise, Chemie- und Nuklearunfälle die Menschen erstmals nach den Wirtschaftswunderjahren mit dem Wert und der Endlichkeit von Ressourcen konfrontiert hatten. Doch schon lange geht es nicht mehr allein um gesunde Fichten, Krötenschutz und saubere Flüsse. Ja, es könnte der Tag kommen, an dem es nicht einmal mehr in erster Linie um den Klimaschutz geht, so sehr dieser das neue Bewusstsein für Energie derzeit forciert. Es geht um Wirtschaftlichkeit.

Öl im Übermaß zu verbrennen, Wälder abzuholzen, Abwässer in Flüsse zu leiten das ging so lange gut, so lange es niemand in Rechnung stellte. Doch die Kosten dieser einst vermeintlich freien externen Güter sind auf mehreren Wegen in die Kalkulationen von Unternehmen gelangt. Zunächst ist da Knappheit. Vorausgesetzt, die Weltwirtschaft wächst, lässt sich absehen, dass Rohstoffe wie Erdöl begrenzt verfügbar und damit teuer sein werden. Nutzer dieser Stoffe sind gut beraten, nach Alternativen zu suchen. Hinzu kommen Gesundheitskosten, die während der vergangenen industriellen Revolutionen wenig zählten, als das Recht der Menschen auf körperliche Unversehrtheit kaum etwas galt. Allein der Gesundheitsschutz gebietet es, Luft, Wasser, Böden und Produktionsprozesse sauber zu halten. Gespeist ist dies von einem generellen Wertewandel. Die Fähigkeit, die Folgen von Verhalten genauer abzuschätzen als jemals zuvor, bringt ethische Verpflichtungen und Verantwortung. Eine Verantwortung, die sich auf künftige Generationen erstreckt.

Firmen, die ihre Prozesse umsteuern, um Mensch, Umwelt und Ressourcen zu schonen, spüren diesen Wertewandel. Man mag ihnen Greenwashing vorwerfen, also rein symbolisches grünes Handeln ohne wirkliches Umdenken. Doch so berechtigt dieser Vorwurf in dem einen oder anderen Fall sein mag, so kurz greift er. Was zählt, sind die Ergebnisse. Selbst wenn also Unternehmen allein zur Imagepflege grüne Strategien verkünden, senden sie damit den Konsumenten die Botschaft, dass es zählt, wenn sie fair gehandelten Kakao, ohne Pestizide angebaute Äpfel oder ein Elektroauto kaufen. Der Wertewandel verstärkt sich selbst, neue Märkte entstehen.

Unterstützt wird dies dadurch, dass das Geld neue Märkte sucht. Die Niedrigzinspolitik der Notenbanken hat Liquidität im Übermaß geschaffen. Bekommt diese Liquidität kein sinnvolles Ziel, fließt sie in krude, bisweilen abenteuerliche Finanzprodukte, denn Investoren wollen und müssen ihr Geld vermehren. Vor allem die deutsche Wirtschaft leidet unter einem Mangel an Investitionen. Deshalb wächst sie selbst in guten Jahren langsamer als die Leistung anderer entwickelter Industrieländer. Geld will gute Ideen sehen. Insofern war die gescheiterte Klimakonferenz von Kopenhagen ein schwerer Rückschlag für die dritte industrielle Revolution. Denn klare Klimaschutzziele wären ein großer Anreiz für Firmen und Geldgeber gewesen, in entsprechende Technologien zu investieren. Die ökologische Wende und die Finanzkrise sind eng miteinander verknüpft.

Ausgerechnet die Krise ist Katalysator des industriellen Wandels. Denn sie hat Regierungen und Unternehmen zum Nachdenken darüber gezwungen, wie die Wirtschaft wieder wachsen kann und wachsen soll. Das European Climate Forum zum Beispiel hat 2009 im Auftrag des Bundesumweltministeriums für Deutschland errechnet: Ein konsequenter Umbau der Produktionsstrukturen in Richtung Energie- und Ressourceneffizienz, Umwelttechnologien und Klimaschutz kann das durchschnittliche reale Wirtschaftswachstum der Bundesrepublik im kommenden Jahrzehnt auf deutlich mehr als zwei Prozent pro Jahr erhöhen. Mit einem Weiter wie bisher ließe sich dagegen kaum ein Prozent Plus erzielen. Es ist an der Zeit, Ökonomie und Ökologie zu versöhnen.

Natürlich schreiten Unternehmen dabei nicht von alleine voran. Schon immer haben vor allem Vorgaben von Regierungen Firmen zu grünem Engagement bewegt. Und es geht weiter. So verordnete der amerikanische Präsident Barack Obama der Autoindustrie, den Schadstoffausstoß neuer Fahrzeuge bis 2016 um 30 Prozent zu senken. Und die Europäische Union beschloss, dass sämtliche Neubauten vom Jahr 2021 an nicht mehr Energie verbrauchen dürfen, als sie produzieren. Es sind die strengsten Standards der Welt bislang. Denn auch die Regierungen beschleunigen den Innovationswettbewerb. 23 Staaten hatten in ihre Konjunkturprogramme gegen die Krise milliardenschwere Vorhaben eingebaut, die auf eine ökologische Umsteuerung der Wirtschaft zielen.

Die Schwierigkeit wird sein, die Effekte neuer Technologien richtig zu bewerten. Im Bemühen um eine grünere Welt gibt es kaum etwas Verwirrenderes als Ökobilanzen oder Kohlendioxid-Fußabdrücke. Schon künden Studien, der Besitz eines Dackels sei ebenso schlecht fürs Klima wie der eines Porsche-Geländewagens. Früchte aus Südamerika hätten im Winter eine bessere Ökobilanz als jene, die in heimischen Gewächshäusern gezogen würden. Die Suchanfrage bei Google verschlinge mehr Energie als die Fahrt in die Bibliothek. Ganz genau wird niemand dies je berechnen können.

Aber es gibt Regeln, die gelten, und an denen werden Innovationen sich messen lassen müssen. Zum Beispiel: Dezentralität setzt sich durch. Lange Wege sind Energieverschwendung. Fahrten zur Arbeit, der Transport von Gütern und überhaupt jener von Energie über weite Strecken verschlingen unnötig Kraft. Die Zukunft gehört Passivhäusern, mobilen Arbeitsplätzen und Siedlungsformen, die Wohnen, Arbeiten, Versorgung und soziale Netzwerke in kleinen Zentren verbinden gespeist von regenerativer Energie aus der Nähe. Die Entwicklung der dafür notwendigen Technologien, der Umbau von Städten und Versorgungsnetzen wird Wachstum und Arbeitsplätze schaffen.

Spannend ist, ob sich die Dezentralität, die Internet und neue Energiestrukturen ermöglichen, auch auf Politik und Gesellschaft auswirken wird. Noch profilieren sich autoritäre Regime wie China mit Umweltprogrammen. Sie verordnen die ökologische Wende von oben. Aber auch das könnte Greenwashing sein. „Autoritäre Systeme haben nicht zufällig im Umweltschutz durchgehend versagt", schreiben die Politikwissenschaftler Martin Jänicke und Klaus Jacob von der Freien Universität Berlin. Wandel benötige politische Konkurrenz und Beteiligungschancen für die Zivilgesellschaft.

Es ist der Charakter von Revolutionen, dass sie sich nicht von oben verordnen lassen. Auch die dritte industrielle Revolution wird vom Wettbewerb der Ideen angetrieben.

Unter der Sonne

Auf dem Sachsenring trifft sich die Weltelite der Motorsportler, gleich nebenan ist Roth & Rau rasant zum Weltmarktführer für Solartechnik aufgestiegen.

Von Steffen Uhlmann

An einem Wochenende im Jahr verwandelt sich Hohenstein-Ernstthal in ein Tollhaus. Immer wenn die Motorradrennfahrer aus aller Welt über den Sachsenring donnern, kommen hunderttausend PS-Fans in das sächsische Städtchen am Rande von Chemnitz. Die altehrwürdige Rennstrecke hat Hohenstein-Ernstthal weltberühmt gemacht. Abseits vom Mythos Sachsenring wächst ein paar Steinwürfe entfernt mit dem Solar-Maschinenbauer Roth & Rau eine neue Weltberühmtheit aus Sachsen heran, die bislang vor allem Branchenexperten ein Begriff ist.

An Selbstbewusstsein mangelt es den Solar-Sachsen nicht. Im Foyer ihres 2007 fertiggestellten Stammsitzes hängt im strahlenden Blau ein Transparent: Roth & Rau. Das blaue Wunder. Silvia Roth sitzt im dritten Stock, der Chefetage. Sonnenstrahlen dringen durch die großen Fenster ihres weitläufigen Büros. „Manchmal wundere ich mich immer noch über unsere Erfolgsgeschichte, die so viel mit der Sonne zu tun hat", sagt die kleine energische Frau. „Daran hatten wir nicht im Traum gedacht, als wir in unserer Garage starteten."

Prof. Dr. Silvia Roth, Mitbegründerin der Roth & Rau AG

Zur Zeit des Mauerfalls arbeitete Silvia Roth zusammen mit ihrem Mann Dietmar und Peter Rau an der Technischen Universität von Chemnitz, das zu DDR-Zeiten noch Karl-Marx-Stadt hieß. Die Wissenschaftler beschäftigten sich mit der Halbleiterphysik, speziell mit der Entwicklung von Plasma- und Ionenquellen, ein Verfahren, das Silvia Roth sich schützen ließ. Das Patent, sagt sie, sei wichtig für die Firmengründung gewesen. „Aus dieser Labortechnologie ließe sich doch ein industrielles Verfahren für die Bearbeitung von Halbleiter-Wafern entwickeln, waren wir überzeugt. Das hat uns den Wechsel in die Selbständigkeit etwas leichter gemacht."

Was die drei Physiker vor 20 Jahren antrieb, lässt sich nur noch bruchstückhaft beschreiben. Roth glaubt, dass es eine Mischung aus der Sehnsucht nach einer neuen Herausforderung, nüchternem Geschäftssinn und dem Wunsch nach einer halbwegs sicheren beruflichen Zukunft gewesen sei. „Verstehen Sie mal", sagt sie, „niemand wusste doch zu jener Zeit, wie es mit der TU weitergehen würde. Abwarten konnten und wollten sie nicht."

Bis zur Währungsunion Anfang Juli 1990 musste die Firmengründung gelaufen sein, erinnert sich Roth. „Wir hatten ja nur 20 000 Ostmark auf der hohen Kante, das war genau das Kapital, was wir damals für die GmbH-Gründung brauchten." Eine alte, aber spannende Geschichte für Roth, die mit ihrem Mann und Bernd Rau im April 2010 noch gut elf Prozent an dem nun im TecDax, dem Leitindex der Hochtechnologie, notierten Unternehmen hielt. Zum größten Einzelaktionär war nach einer Kapitalerhöhung die niederländische OTB Group geworden, der mehr als sechs Prozent gehören.

Damit allerdings ist der Erfolg noch nicht erklärt. Denn als Dietmar Roth, der Stratege der drei, im Jahr 1990 seinen ersten Geschäftsplan schrieb, wusste er kaum, was so ein Plan ist. Auch hatte er eine Ahnung, wie das Vorhaben für die ziemlich blauäugigen Gründer ausgehen würde. So blieb seine Frau zunächst an der Universität. „Einer musste doch für den Unterhalt der Familie sorgen", sagt sie.

Staatliche Fördergelder für Technologie-Start-ups halfen ihnen, die erste Zeit wirtschaftlich zu überstehen. „Das war auch bitter nötig", erinnert sich Silvia Roth, die heute als Vizepräsidentin für

Marketing und Investor Relations zuständig ist. „Kein Kunde rief an. 1991, in unserem ersten richtigen Geschäftsjahr, haben wir nicht mal 100 000 Mark umgesetzt." Mühsam ging es voran. Zunächst mit Anlagen auf Basis der selbstentwickelten Plasma- und Ionenstrahltechnologie zur Oberflächenbearbeitung, vorrangig für Kunden aus Forschungseinrichtungen der Halbleiterbranche.

Der Geschäftsbereich trägt heute knapp fünf Prozent zum Umsatz bei. Damals begann mit ihm das blaue Wunder. Im Jahr 1994 zog Roth & Rau in Roths Wohnort Wüstenbrand, einen Ortsteil von Hohenstein-Ernstthal. Dort stand das erste Büro-/Produktionsgebäude. Es kostete drei Millionen Mark. „Noch dreimal sind wir danach umgezogen, und mit jedem Umzug ist die Firma weiter gewachsen", sagt Roth. Jetzt ist er hier im Gewerbegebiet von Hohenstein gelandet, wo das Unternehmen über 20 000 Quadratmeter Fläche für Produktion und Technologieentwicklung, für Lager und Verwaltung belegt eine Investition von bis zu 30 Millionen Euro.

Der eigentliche Durchbruch kam kurz vor der Jahrtausendwende, als bei Roth & Rau eine Technologie zur Beschichtung der Oberflächen von Solarzellen entwickelt wurde, die eine Massenfertigung der Zellen möglich machte. Dietmar Roth erkannte die Chancen der aufkommenden Solartechnik und schrieb erneut einen Geschäftsplan. Der Mann sollte recht behalten. „Wir sind mit unserer Technik zu einem Pionier im Anlagenbau für die Solarzellenfertigung geworden", erklärt seine Frau mit verhaltenem Stolz. „Und bislang ist es uns gelungen, das Tempo im Photovoltaik-Bereich mitzugehen und mitzubestimmen."

Das Tempo bei der Photovoltaik ist höllisch. Angefeuert durch üppige staatliche Förderung wuchs in Deutschland und insbesondere auch im Osten im letzten Jahrzehnt ein komplett neuer Industriezweig heran. Roth & Rau ist dafür nur ein Beispiel, aber ein schlagendes. Zwischen 2001 und 2008, dem bislang erfolgreichsten Jahr in der Firmengeschichte, verdreißigfachte sich der Umsatz auf über 272 Millionen Euro. Entsprechend wuchs die Zahl der Beschäftigten der einstigen Drei-Mann-Firma auf über 800 Mitarbeiter an.

Und mit Sina, der Beschichtungsanlage für Siliziumplatten, ist Roth & Rau zum Weltmarktführer aufgestiegen, über 300-mal hat das Unternehmen sie bislang verkauft. Neun von zehn Anlagen gingen nach Asien.

So viel Erfolg bleibt nicht unbemerkt. Von den Wirtschaftsprüfern von Ernst & Young wurden die Sachsen 2009 zum Entrepreneur des Jahres gekürt. Nun sind sie auch noch für den Titel World Entrepreneur of the Year 2010 nominiert, der Anfang Juni in Monte Carlo vergeben wird. „Die Nominierung hat uns gefreut", sagt Silvia Rau. „Aber selbstzufrieden macht sie uns nicht. Zumal jetzt, wo die Bedingungen für uns schwieriger geworden sind."

Die Marketing-Chefin betont sachlich, mit den rasanten Zuwächsen der vergangenen Jahre sei es seit 2009 bei Roth & Rau erst einmal vorbei. Die Zahl der ausgelieferten Maschinen ging auf etwa 75 zurück, das waren nur noch halb so viele wie ein Jahr zuvor. Zeitarbeiter mussten entlassen werden, die Produktion läuft seitdem nur noch in einer Schicht. Auch in diesem Jahr rechnet Roth nicht mit den Stückzahlen von 2008. „Etwa 100 sind unser Ziel, erst 2011 ist wieder mit alten Wachstumsraten zu rechnen", glaubt sie.

Roth bleibt trotzdem zuversichtlich: „Wir haben jetzt eine Atempause, die wir für Forschung und Entwicklung nutzen." Mit der Übernahme der deutschen CTF Solar ist Roth & Rau nun auch in die wachstumsträchtige Solarzellen-Dünnschichttechnologie eingestiegen. Mit dem gerade vollzogenen Kauf des niederländischen Unternehmens OTB Solar wird das bisherige Stammgeschäft erweitert. Schließlich hat Roth & Rau noch ein Gemeinschaftsunternehmen mit seinem chinesischen Partner gegründet, das in China und auch in Deutschland Anlagen zur Produktion von Solarmodulen errichten und betreiben will.

Das meiste Kapital dafür hat sich Roth & Rau aus einer 2009 durchgeführten Kapitalerhöhung gesichert. „Wir investieren weiter in unsere Zukunft und lassen uns dabei auch nicht von der angekündigten drastischen Kappung der Solarförderung beirren", versichert Roth, die sich über die Förderpolitik ärgert. Die Kürzung teffe den exportstarken Maschinenbauer am wenigsten, die deutschen Zellen- und Modulhersteller aber bis ins Mark. Das könne doch keiner wollen.

Die Zukunft der Branche ist ein Thema für Silvia Roth, ihre eigene freilich auch. Jetzt ist sie Anfang fünfzig und will, wie sie betont, noch ganz direkt am blauen Wunder mitwirken. Auch ihr Mann, der zehn Jahre älter ist, hat noch einen Vertrag bis zum Jahr 2014 bei Roth & Rau, den er erfüllen will. Was danach wird, ist offen. Nicht so ganz für Silvia Roth. Sie hat eine Gastprofessur nicht weit weg an der Hochschule in Zwickau übernommen. „Vielleicht“, sagt Roth, „führt mich ja mein beruflicher Weg noch einmal in den Hörsaal zurück.“

9. Der Aufbruch und seine Risiken

9.1. Gewinne gerecht verteilen
9.2. Die Konjunktur ankurbeln
9.3. Auf der Suche nach Ideen

Das Internet

Die Wurzeln des Internet reichen zurück bis in die 60er Jahre. Das Militär wurde damals beauftragt, eine Computerinfrastruktur zu entwickeln, die auch nach einem Militärschlag noch funktionierte. Bis in die 80er Jahre war das Internet dann Spielwiese für Forschungseinrichtungen weltweit. Erst mit Entwicklung des World Wide Web und erster Navigationsprogramme Anfang der 90er Jahre wurde das Surfen im Internet so einfach, dass sich eine breite Masse dafür interessierte. Wenig später nahm von den Vereinigten Staaten aus die New Economy-Revolution ihren Anfang: Junge Firmen überall auf der Welt versprachen hohe Profite mit den neuen Möglichkeiten des Internet. Viele der Träume platzten, doch heute gehört das Netz für viele zum Alltag. Ein Viertel der Menschheit ist an das Internet angebunden.

Das Missverständnis

Im Namen des Shareholder Value haben Manager und Investoren Fehler über Fehler begangen. Die Finanzkrise könnte zu einem Umdenken führen.

Von Martin Hesse

Im Sommer 2007 feierten die Anhänger der Shareholder-Value-Doktrin einen letzten Triumph. Kurz vor Ausbruch der Finanzkrise forderte der Hedgefonds TCI mit anderen Investoren die Zerschlagung der niederländischen Bank ABN Amro, um den Wert für die Aktionäre zu steigern. Die Großbanken Royal Bank of Scotland (RBS), Santander und Fortis übernahmen den Konzern und zerlegten ihn. TCI verdiente an der Übernahmeschlacht viel Geld. Die Übernahme aber wurde zum Desaster. Fortis und RBS gingen an dem Kauf beinahe zugrunde, von ABN Amro blieb eine Ruine.

Der Fall zeigt exemplarisch, welche Irrwege im Namen des Shareholder Value beschritten wurden. Der amerikanische Ökonom Alfred Rappaport hatte 1986 mit dem Buch *Shareholder Value* die theoretische Grundlage für alle geliefert, die eine Maximierung des Unternehmenswertes (value) für die Eigentümer (shareholder) propagieren. Der Wert einer Firma bemesse sich an ihrer Fähigkeit, über die Zeit Geldströme zu erwirtschaften, die den Eigentümern in Form von Dividenden oder Kurssteigerungen zugutekommen, erklärte der mittlerweile emeritierte Professor der J.L. Kellogg School of Management.

Doch diese Idee führte in den Augen ihrer Kritiker geradewegs in die Finanzkrise.

„Eine der Hauptursachen des Debakels ist die fehlgeleitete amerikanisierte Corporate Governance mit ihrer desaströsen Shareholder-Value-Doktrin", sagte der Ökonom und Unternehmensberater Fredmund Malik einmal in einem Interview. Und selbst Befürworter dieser Doktrin sehen sie heute kritisch. Klaus Schwab, Gründer des Weltwirtschaftsforums in Davos, räumte kürzlich ein, der Shareholder-Value-Gedanke, also die Betonung der Interessen von Aktionären, sei in den vergangenen zehn bis 15 Jahren übertrieben worden.

Doch wird deshalb nun der Shareholder-Kult von einer Stakeholder-Kultur abgelöst, die neben den Eigentümern die Interessen anderer Anspruchsgruppen wie Mitarbeiter und Kunden gleichgewichtig berücksichtigt?

Die Sache ist komplizierter. Allein mit einer fehlgeleiteten Management-Philosophie lassen sich die Probleme der Weltwirtschaft nicht erklären. Die Flut billigen Geldes etwa, in den Kreislauf gepumpt von der amerikanischen Notenbank, wiegt als Krisenursache mindestens ebenso schwer. Allerdings löste der frühere Fed-Chef Alan Greenspan die Geldschwemme auch aus Sorge um die amerikanischen Aktionäre aus. Er fürchtete, die Wirtschaft könne einen zu starken Rückgang der Aktienkurse nicht verkraften und ließ sich so von den Shareholdern gewissermaßen in Geiselhaft nehmen. Daran zeigt sich aber auch, dass es zu einfach gedacht ist, die Macht der Aktionäre zu beklagen, denn vor allem in den USA stehen Millionen von Arbeitnehmern hinter den Pensions- und Investmentfonds, die Unternehmen und ihre Manager vor sich hertreiben.

Der Shareholder-Value-Ansatz muss also nicht radikal und ersatzlos eliminiert werden, wie Malik fordert. Man sollte ihn aber anders interpretieren. Die Anleitung dazu lieferte schon Rappaport: Man müsse berücksichtigen, mit welchem Risiko Geldströme erwirtschaftet werden und ob die Gewinne langfristig erzielt werden können.

„Wären diese Prinzipien universell praktiziert worden, dann hätten wir jetzt keine Finanzkrise“, verteidigte sich der Ökonom in einem Interview. Der Shareholder-Value-Begriff sei gekapert worden von jenen, die keinerlei Interesse an der langfristigen Unternehmensentwicklung hätten.

Allerdings begann der Missbrauch des Shareholder-Value-Modells bereits, als es in den 1980er Jahren seinen Siegeszug startete.

Damals hatten zum ersten Mal Firmenkäufer wie der US-Finanzinvestor KKR ihre große Zeit, die Übernahmen mit enormen Schulden finanzierten. Diese Geldgeber machten zwar in einigen Fällen träge Konzerne wieder zukunftsfähig. Doch häufig hatten sie es nur auf die Reserven der Unternehmen abgesehen.

Als Durchbruch des Shareholder-Value-Kapitalismus in Deutschland galt die Attacke angelsächsischer Hedgefonds auf die Deutsche Börse 2005. Der Fall ist zugleich ein Beispiel dafür, dass selbst im Nachhinein nicht immer eindeutig zu klären ist, ob unter der Flagge des Shareholder Value Fehler verhindert oder begangen wurden. Damals stoppten TCI und Co. die geplante Übernahme der Londoner Börse, setzten durch, dass die Kriegskasse stattdessen an die Aktionäre ausgeschüttet wird und stürzten Vorstandschef Werner Seifert sowie Aufsichtsratschef Rolf Breuer. Seifert rechnete später in einem Buch mit den vermeintlichen Heuschrecken ab. Doch ruiniert hat der Kontrollwechsel die Börse nicht. Unverändert gilt sie als einer der weltweit stärksten Handelsplätze und als technologisch führend.

Dennoch entzündete sich an dem Fall eine Grundsatzdebatte. Der Soziologe Paul Windolf von der Universität Trier etwa kritisierte den weitreichenden Einfluss kurzfristiger Aktionäre auf die Strategie selbst großer Konzerne.

Laut Windolf gab es früher eine weitgehende Interessengleichheit zwischen Managern und den übrigen Mitarbeitern. Im Finanzmarktkapitalismus hätten sich die Machtverhältnisse zugunsten der Eigentümer verschoben. Sie versuchten, das Management ausschließlich auf die Eigentümerinteressen zu verpflichten.

Um das zu erreichen, wurden Manager zunehmend mit Aktien entlohnt. In der Finanzkrise hat sich gezeigt, dass diese erfolgsabhängige Bezahlung häufig zu hoch und zu stark an kurzfristige Erfolge geknüpft war. Außerdem verleitete sie dazu, überzogene Risiken einzugehen. Das Problem war aber nicht, dass Manager wie Eigentümer dachten, sondern dass sie wie verantwortungslose Eigentümer dachten, die Risiken und langfristige Folgen ihres Handelns ignorierten.

Die Kritiker des Shareholder Value schließen daraus, man müsse die Interessen anderer Anspruchsgruppen (stakeholder) stärker berücksichtigen. Rappaport konnte damit nichts anfangen. In einer Marktwirtschaft, die die Rechte des Privateigentums hochhält, besteht die einzige soziale Verantwortung des Wirtschaftens darin, Shareholder Value zu schaffen. Daran hat womöglich Alexander Dibelius gedacht, Deutschlandchef von Goldman Sachs, als er Anfang 2010 erklärte, private Banken seien nicht dazu verpflichtet, das Gemeinwohl zu fördern. Die Väter der Grundgesetzes sahen das anders. Dort heißt es: Eigentum verpflichtet. Sein Gebrauch soll zugleich dem Wohle der Allgemeinheit dienen.

Allerdings erkennen Rappaport, Dibelius oder Deutsche-Bank-Chef Josef Ackermann gar keinen Widerspruch darin, den Wert für Aktionäre zu maximieren und der Allgemeinheit zu dienen. So rechtfertigt Ackermann sein Ziel von 25 Prozent Eigenkapitalrendite damit, nur so könne die Bank bestehen und Arbeitsplätze erhalten. Von einem wertschaffenden Unternehmen profitieren nicht nur seine Eigentümer, sondern es dient allen anderen Forderungen seiner Anspruchsgruppen, schreibt Rappaport.

Ein Problem entsteht, wenn Shareholder Value über reine Finanzakrobatik kreiert wird, wie in den Jahren vor der Finanzkrise. Manager trieben die Schulden von Unternehmen und Banken in die Höhe, um die Rendite auf das Kapital zu erhöhen.

Begünstigt wurden diese Exzesse durch zwei gegenläufige Trends: Während Aktionäre sich zunehmend organisierten und auf die Unternehmen einwirkten, wurden die Gläubiger immer mehr zu einer passiven atomisierten Masse. Weit entfernt von ihren Schuldnern investierten Banken und andere Investoren über Zweckgesellschaften in Kreditpakete, deren Inhalte sie kaum kannten. Rückblickend ist schwer zu begreifen, wie bereitwillig Gläubiger ihre Machtposition aushöhlen ließen.

Als die Kreditblase platzte, wurde deutlich, dass die Schaffung von Shareholder Value zulasten der Gläubiger und schließlich in der Rezession auch auf Kosten der Arbeitnehmer und Steuerzahler ging, die mit Milliarden die Banken retten mussten. Weil sie es mit dem Schuldenhebel übertrieben, vernichteten die Shareholder-Value-Fetischisten in den Banken letztlich auch den Wert der Eigentümer. Werner Seifert forderte in seinem Buch über den Kampf der Deutschen Börse mit den Hedgefonds, Mindestkapitalquoten für Unternehmen einzuführen. Die Erträge würden weniger stark schwanken, die Schuldenmacherei würde zurückgehen, die Zahl der Konkurse abnehmen. Die Schockwellen makroökonomischer Schwankungen würden so besser abgefedert. Mit diesem Teil seiner Analyse hatte Seifert recht.

Jetzt schlägt, wie nach früheren Schuldenexzessen, das Pendel zurück. Die Interessen der Gläubiger rücken wieder in den Vordergrund. Banken und Unternehmen müssen mehr Kapital vorhalten und Risiken reduzieren, die Eigentümer werden daher geringere Renditen erzielen. So betrachtet geht die Ära des Shareholder Value zu Ende. Dass aber Banken und Unternehmen künftig grundlegend anders gemanagt werden, ist unwahrscheinlich. Unternehmen überleben auf Dauer nur, wenn sie ihren Eigentümern regelmäßig Gewinn bringen.

Doch vielleicht hält eine neue Nachdenklichkeit Einzug in die Managementetagen. Malik beobachtet, dass Resignation, Agonie und Bitterkeit sich in vielen Unternehmen breitgemacht haben, besonders dort, wo Shareholder Value und Geldgetriebenheit herrschen. „Unter anderem muss man lernen, dass die Welt nicht von Geld regiert wird, wie viele weismachen wollen, sondern weit mehr von elementarer Menschlichkeit", schließt Malik.

Unternehmer im eigenen Unternehmen

Seit mehr als 20 Jahren beteiligt der schwäbische Trockenfrüchtehändler Seeberger seine Mitarbeiter am Gewinn und bindet sie so an die Firma.

Von Varinia Bernau

Um eine Ahnung davon zu haben, was am Jahresende finanziell für ihn herausspringt, braucht Elias Knabe keine Börsenberichte zu lesen. Der Lagerleiter muss nur auf das metallische Klappern der Kaffeerösterei achten. Bis zu eineinhalb Tonnen Kaffeebohnen kann diese innerhalb einer Stunde zu vollem Aroma bringen. Läuft die Maschine auf Hochtouren, dann gehen die Geschäfte gut. Auch für Elias Knabe – obwohl er streng genommen nur dafür zuständig ist, dass Vorräte und Versand der fertigen Kaffeepackungen stimmen.

Elias Knabe, 29, trägt khakifarbene Hosen und breite Koteletten auf den blassen Wangen. Er ist einer von etwa 360 Angestellten der Firma Seeberger, die seit Mitte des 19. Jahrhunderts vom schwäbischen Ulm aus mit Trockenfrüchten, Nüssen und Kaffee handelt. Er ist ein Unternehmer im Unternehmen. Denn Seeberger beteiligt seine Mitarbeiter seit 1984 am Gewinn mit sogenannten Genussrechten. Einen halben Monatslohn in schlechten, zwei Gehälter in guten Zeiten zahlt das Unternehmen an Knabe und seine Kollegen plus einen steuerfreien Zuschlag von bis zu 360 Euro. Zudem hat die

Dr. Julius Rohm

Firma Mitte der neunziger Jahre ein Guthabenkonto für jene Mitarbeiter eingerichtet, die älter als 40 sind und mindestens zehn Jahre im Betrieb. Auf dieses Konto zahlt das Unternehmen einen von der Umsatzrendite abhängigen Betrag ein – und verzinst diesen mit vier Prozent.

Unter den deutschen Arbeitgebern ist Seeberger damit eine Ausnahme. Gerade einmal jede zehnte Firma – und damit weitaus weniger als in vielen anderen europäischen Staaten – beteiligt ihre Mitarbeiter am Gewinn. Zumindest bis zur Wirtschaftskrise waren die Unternehmensgewinne hierzulande zwar stetig gestiegen, die Reallöhne der Beschäftigten aber gesunken. Vor diesem Hintergrund ist der Kontoauszug, den Elias Knabe alljährlich mit seiner Gehaltsabrechnung im Dezember bekommt, mehr als eine Auflistung der Sonderausschüttungen. Er vermittelt ihm ein Gefühl: Ich schaffe nicht für den Chef, sondern für uns, wie der Lagerleiter in breitem Schwäbisch sagt.

Seit fast sechs Jahren ist Elias Knabe bei Seeberger, er könnte somit bald an das Geld ran, das das Unternehmen für ihn angelegt hat. Sechs Jahre – so lange läuft die Sperrfrist, so lange kann das Unternehmen mit dem Geld arbeiten. Etwas mehr als ein Zehntel des gesamten Firmenkapitals machen die Genussrechte und die Mitarbeiterguthaben inzwischen aus – ein ordentlicher Brocken, der die Eigenkapitaldecke aufpolstert, wie Mitinhaber Clemens Keller sagt: Es ist wichtiger denn je, nicht abhängig von Banken zu sein. Und selbst im Gespräch mit den Bankberatern hilft das Polster, bessere Konditionen für Kredite auszuhandeln. Die neue Rösterei, die Seeberger vor einigen Jahren zusätzlich angeschafft hat und auf deren Klackern Elias Knabe nun achtet, hat der Lagerleiter also indirekt mitfinanziert. Er wird sich, so sagt er, die Gewinnbeteiligung noch nicht auszahlen lassen – ebenso wenig wie die meisten Kollegen, die allenfalls mal einen Teilbetrag abheben, wenn sie ein neues Auto brauchen oder die Kinder bei der Ausbildung unterstützen wollen. Es ist nicht nur der ebenfalls an den Gewinn gekoppelte Zinssatz, der Elias Knabe dazu bringt, seine Beteiligungen auf dem Firmenkonto zu belassen. Es ist vor allem das Vertrauen ins Unternehmen: Wenn ich mein Geld in irgendeinem Fonds anlege, weiß ich nicht, wer damit arbeitet. Hier weiß ich es, sagt er. Es sind die Leute, mit denen er seine Mittagspause verbringt, denen er täglich in den Lagerhallen begegnet – und letztlich ist er es selbst. Je besser er seinen Job macht, desto sicherer ist sein Geld.

Derjenige, der die Höhe der Sonderausschüttung und deren Verzinsung letztlich bestimmt, sitzt zwei Stockwerke über der Lagerhalle – und auch er weiß, wie wichtig Vertrauen ist: Clemens Keller, 38, trägt einen Anzug und zum senfgelben Hemd eine farblich passende Krawatte. Vor sieben Jahren hat er in dem Familienbetrieb das operative Geschäft von seinem Onkel übernommen, der noch beratend dabei ist. „Es genügt nicht, am Jahresende aus der Black Box heraus die Höhe der Ausschüttung zu verkünden", sagt Clemens Keller. Deshalb spricht er im Laufe des Jahres immer wieder mit Abteilungsleitern, legt Geschäftsberichte vor, lädt zu Betriebsversammlungen. Und dann ist da noch der Kaffeeröster: Gibt es ein paar schöne sonnige Tage, dann ziehen die Bestellungen der Cafébetreiber an, die Rösterei klappert stetig. Im vergangenen Jahr allerdings gab es einige Tage, an denen die Maschine trotz gutem Wetter still blieb.

Im Kaffeehandel, der etwa ein Fünftel des Jahresumsatzes von 120 Millionen Euro ausmacht, hat Seeberger die Krise zu spüren bekommen. Wenn große Betriebe Kurzarbeit anmelden, wird in den Kantinen eben auch weniger Kaffee getrunken. „Da hab ich schon manches Mal die Luft angehalten", erinnert sich Elias Knabe. Auf der Betriebsversammlung zum Jahresende war dann doch von einer leichten Umsatzsteigerung die Rede – und Knabe konnte aufatmen.

Die Beteiligung ist für die Mitarbeiter aber auch ein Risiko: Macht Seeberger in einem Jahr Verlust, wird dieser mit 0,5 Prozent der Genussrechte ausgeglichen. Im Fall einer Pleite ist das Geld weg. „Das Risiko sind wir bereit zu tragen", sagt Elias Knabe. Das ist der entscheidende Punkt für Julius Rohm, der die Kapitalbeteiligung einst mit seinem Vater einführte und heute noch als

Seniorchef im Unternehmen ist: Einer Provision, davon ist der 68-Jährige überzeugt, hechelt der Mitarbeiter hinterher, auf den schnellen Gewinn, den eigenen Vorteil bedacht. Erst die Kapitalbeteiligung schaffe das Bewusstsein, ihm gehöre ein Stück der Firma. Erst so habe selbst ein Lagerarbeiter die gesamten Kosten im Blick. Vor einigen Jahren, erzählt Julius Rohm, habe ein Betriebsleiter ein Schildersystem für den Warenein- und -ausgang anfertigen lassen. Er habe sogar einen Künstler mit der Gestaltung beauftragt nur funktioniert hat das System nicht. Deshalb montierte er die Schilder schließlich wieder ab. „Was machst denn du für einen Scheiß?", schimpfte damals ein Lagerarbeiter, „das ist auch mein Geld, das du hier zum Fenster rauswirfst."

Den Mitarbeitern das Gefühl zu geben, ein wichtiger Teil des Ganzen zu sein, ist den Firmeninhabern noch aus einem anderen Grund wichtig: „Künftig wird man als Arbeitgeber seine Attraktivität für Arbeitnehmer zeigen müssen und nicht umgekehrt", sagt Clemens Keller. Noch immer ziehen in die Region mehr Menschen als weggehen. Aber in zehn bis fünfzehn Jahren, zeigt sich Keller überzeugt, beginnt selbst im Schwäbischen ein Wettkampf um die besten Leute. Mit wem er diesen Kampf aufnehmen muss, sieht Keller von seinem Bürofenster aus: Der Gartengerätehersteller Gardena oder das Arzneimittelunternehmen Ratiopharm haben ihren Sitz im selben Gewerbegebiet – nur wenige Meter von Seeberger entfernt. Dass es Knabe, wie er sagt, gar nicht in den Sinn kommt, sich dort nach Arbeit umzuschauen, ist somit einer der wertvollsten Vertrauensbeweise. Dass fast nur diejenigen den Betrieb verlassen, die in Rente gehen, schreibt Mitinhaber Rohm auch der Mitarbeiterbeteiligung zu. Schon ewig habe er keine Anzeige mehr geschaltet, Bewerbungen gebe es genug.

Viele Unternehmer haben sich bei ihm erkundigt, wie das mit der Mitarbeiterbeteiligung funktioniert. Nachgemacht haben es nur wenige. In kleinen Firmen spürt er viel Skepsis, ob sich der Aufwand lohnt. Dabei sei die Verwaltung überschaubar, sagt Rohm. Nicht einmal so groß, dass jemand aus der Buchhaltung dafür abgestellt werden müsste. „Der entscheidende Grund für die Zurückhaltung ist die Angst, nicht mehr Herr im eigenen Haus zu sein“, fasst er seine Eindrücke aus vielen Diskussionen zusammen. „Dabei“, ergänzt er lachend, „wollen die meisten gar nicht Herr im Haus werden.“ Vorschläge, die das Unternehmen prämiert, kommen jedenfalls nicht so reichlich, wie er gehofft hatte. Vielleicht liege das daran, dass die Mitarbeiter diese einfach umsetzen, statt sie beim Chef einzureichen. Sie wissen schließlich, für wen sie das tun.

Schieben und ziehen

Wenn die Wirtschaft schwächelt, versuchen Regierungen gegenzusteuern. Doch die Wirksamkeit staatlicher Konjunkturpakete ist umstritten.

Von Claus Hulverscheidt

Es ist bitterkalt an diesem 5. Januar 2009, doch der Grund, warum es manch führenden Unionspolitiker auf dem Weg ins Kanzleramt fröstelt, ist ein anderer. Es ist das Gefühl, sich endgültig von einer Überzeugung verabschieden zu müssen, die die wirtschaftspolitische Auseinandersetzung seit Jahrzehnten geprägt hat: hier die Marktwirtschaftler von CDU und CSU, dort die Staatsinterventionisten von der SPD. Und nun ist es ausgerechnet die Christdemokratin Angela Merkel, die die Spitzen der großen Koalition auf ein Konjunkturprogramm im kaum vorstellbaren Umfang von 50 Milliarden Euro verpflichten will.

Nichts ist mehr, wie es war, seit die US-Immobilienkrise im Eiltempo zur Finanz- und schließlich zur Weltwirtschaftskrise mutierte. Die Wucht, mit der sie über Deutschland hereinbricht, ist so gewaltig, dass keine Zeit bleibt, innezuhalten und theoretische, gar ideologische Diskurse zu führen. Merkel muss handeln, und das Einzige, was den zweifelnden Unionisten bleibt, ist die Erkenntnis, dass an diesem Montag mit ihnen viele, viele andere alle Grundsätze über Bord werfen müssen.

Die Frage, ob in einer Marktwirtschaft der Staat nur den Schiedsrichter spielen oder sich im Zweifelsfall auch selbst aufs Spielfeld begeben soll, spaltet Politiker und Ökonomen seit den 30er Jahren des vergangenen Jahrhunderts in zwei Lager: Die einen plädieren dafür, dass der Staat seine Nachfrage nach Gütern und Dienstleistungen kräftig ausdehnt, wenn die eigentlichen Marktakteure, also Firmen und Bürger, als Konsumenten ausfallen. Die Ge-

genseite hält solche Eingriffe für wirkungslos oder gar für schädlich. Wer recht hat, ist schwer zu sagen, denn der Erfolg staatlicher Nachfragepakete lässt sich schon deshalb kaum messen, weil das Alternativszenario immer Theorie bleiben muss. Tatsächlich gibt es weltweit ebenso viele Beispiele, in denen Konjunkturpakete zum Wiederaufschwung beigetragen haben dürften, wie solche, in denen sie scheinbar wirkungslos verpufften und nichts als einen Berg neuer Schulden hinterließen.

Wie schwierig die Bewertung ist, zeigt die Phase der sogenannten Globalsteuerung, die von 1967 an erklärte Politik der großen und dann der sozial-liberalen Koalition war. Dahinter steckte der Gedanke, die Wirtschaft durch stetige Stimulierung oder Dämpfung der Nachfrage auf stabilem Kurs zu halten. Tatsächlich erreichte man nach der Stagnation des Jahres 1967 rasch wieder Wachstumsraten von bis zu sieben Prozent und erzielte bis 1974 – alle Maßnahmen zusammengenommen – für den Staatshaushalt sogar einen Überschuss von zehn Milliarden Mark. Die zweite Phase bis 1982 aber lief genau andersherum: Obwohl die Regierung Schmidt immer häufiger kreditfinanzierte Investitions-, Abschreibungs- und Steuersenkungspakete beschloss, explodierten nicht Wachstum und Wohlstand, sondern Inflation und Staatsdefizit. Schmidts Nachfolger Kohl beendete das Experiment umgehend.

Eine Erkenntnis dieser Zeit ist, dass sich der Konjunkturzyklus durch staatliche Eingriffe kaum glätten lässt. Er neigt im Gegenteil zu noch größeren Amplituden, da politisch motivierte Programme wegen der Zeitverzögerung leicht prozyklisch wirken können. Zudem können die Pakete die notwendige Anpassung überkommener Industriestrukturen an die Gegenwart verhindern. Doch es lässt sich eine zweite Lehre ziehen: Im seltenen Fall eines tatsächlich kontraktiven, sich selbst verstärkenden Abschwungs wie in den Jahren 2008 (Finanzkrise), 2000 (Internetblase) und 1973/74 (Ölpreisschock) sind Konjunkturprogramme nicht nur sinnvoll, sondern sogar notwendig – oder wären es gewesen.

Grundvoraussetzung für den Erfolg eines solchen Programms ist zunächst die Einhaltung der drei T's: timely, targeted, temporary. Das Maßnahmenbündel muss also zur rechten Zeit wirken, die identifizierten Probleme zielgenau angehen und zeitlich befristet sein, da es sonst in seiner Wirkung nachlässt und allein neue Staatsschulden produziert. Den größten ökonomischen Effekt haben dabei direkte staatliche Investitionen, etwa in die Sanierung von Schulen und Krankenhäusern. Wegen der Zeitverzögerung zwischen der Verabschiedung des Programms und der Ausführung der Arbeiten eignet sich das Instrument allerdings nur, wenn aufgrund der Schwere der Krise die künstliche Nachfrage für längere Zeit hoch gehalten werden soll.

Keinen großen Effekt haben hingegen Steuersenkungen, weil es sich bei den Begünstigten um eine Bevölkerungsschicht handelt, die vergleichsweise unabhängig von der allgemeinen Wirtschaftslage konsumiert. Auf den ersten Blick erfolgversprechender wären daher höhere Sozialleistungen, weil die Empfänger eher dazu neigen, den unverhofften Geldsegen für zusätzliche, sonst nicht bezahlbare Anschaffungen zu nutzen. Doch auch hier gibt es eine Kehrseite: Der Anreiz, eine bezahlte Arbeit aufzunehmen, sinkt – und politisch ist es ausgesprochen schwierig, eine einmal erhöhte Transferleistung wieder abzusenken.

Sinnvoller wäre es deshalb, die private Nachfrage durch das einmalige Versenden von Konsumgutscheinen anzukurbeln, mit denen die Menschen einkaufen gehen können. Beschränkt man die Möglichkeit, die Gutscheine einzulösen, auf bestimmte Produkte, etwa auf besonders umweltfreundliche Haushaltsgeräte, lässt sich zusätzlich zum konjunkturellen Effekt sogar noch eine ökologische Lenkungswirkung erzielen. Den größten gesamtwirtschaftlichen Erfolg erzielt man dabei, wenn der Staat die Bürger zwingt, den Gutschein durch einen maßvollen Eigenbeitrag noch aufzustocken. Das Gleiche gilt für alle Konjunkturmaßnahmen zugunsten der Wirtschaft, die makroökonomisch betrachtet ebenfalls am effektivsten sind, wenn der staatliche Zuschuss als Anreiz für eigene Investitionen der Betriebe wirkt. Denkbar sind hier zeitlich begrenzte Sonderabschreibungsprogramme oder noch besser Investitionszulagen.

Wie eine sinnvolle Kombination aus staatlichem Anreiz und privatem Kapitaleinsatz aussehen kann, hat die Abwrackprämie gezeigt. Auch gegen sie lassen sich naturgemäß Argumente ins Feld führen: Sie war mit fünf Milliarden Euro sehr teuer, zudem wurden mit ihr Werte vernichtet ganz so, als hätte der Staat kostenlos Baseballschläger an Besitzer von Altbauwohnungen verteilt, damit sie die Fenster einschlagen und durch neue ersetzen. Im Ergebnis aber erreichte die Abwrackprämie ihr Ziel. Sie schuf eine künstliche Nachfrage und überbrückte damit erfolgreich die Phase eines vorübergehenden Absatzeinbruchs.

Garantiert sind Erfolge allerdings nicht, denn bessere Abschreibungsmöglichkeiten und Investitionszulagen nutzen gar nichts, wenn die Firma Verluste schreibt oder die Aussichten so düster sind, dass sich niemand traut zu investieren. Das wichtigste Element jedes Konjunkturpakets ist deshalb eines, das zwar nichts kostet, dafür aber schwer zu greifen ist: Das Programm muss Vertrauen in die Zukunft schaffen. Um dies zu erreichen, ist nicht nur eine breite Akzeptanz des Pakets notwendig, sondern auch ein gewisses Volumen, das die Dramatik der Lage widerspiegelt.

Und schließlich zählt zur Analyse die Frage, ob ein klassisches expansives Konjunkturprogramm überhaupt das Mittel der Wahl ist. In ganz bestimmten Fällen nämlich gibt es eine Alternative, die zunächst paradox erscheint: Nach einer OECD-weiten Untersuchung der Universität Harvard können sich auch drastische Sparprogramme positiv auf die Nachfrage und das Wachstum auswirken – insbesondere dann, wenn Unternehmen und Verbraucher aufgrund langjähriger Erfahrung mit einer ausufernden Staatsverschuldung in eine Art Attentismus verfallen sind und aus Angst vor immer weiteren Steuererhöhungen nur das Nötigste ausgeben. Ein Sparprogramm kann in einem solchen Fall wie ein Befreiungsschlag wirken, selbst wenn es die Nachfrage zunächst dämpft: Die Steuererhöhungssorgen verschwinden, die Zinsen sinken, Währungsrisiken verflüchtigen sich. Voraussetzung ist allerdings auch hier, dass Politik, Wirtschaft und Gewerkschaften an einem Strang ziehen.

Ein Beispiel dafür ist Dänemark. Dort kürzte die neu gewählte Mitte-Rechts-Koalition 1982 die Leistungen der Arbeitslosen- und der Rentenversicherung, gab im öffentlichen Dienst die automatische Anpassung der Löhne an die Inflationsrate auf und fror die Gehälter ihrer Mitarbeiter ein. Zugleich hob sie die Einkommen- und die Körperschaftsteuer sowie die Sozialbeiträge an und wertete die Landeswährung ab. Der Erfolg war verblüffend: Inflation, Zinsen, Lohnstückkosten und Arbeitslosigkeit sanken, die Investitionen der Firmen zogen ebenso kräftig an wie der private Konsum. Bis 1987 erzielte das Land Wachstumsraten, die weit über dem Durchschnitt der Gruppe der sieben führenden Industrienationen (G 7) lagen. Der Konjunkturboom war allerdings ebenso schnell wieder vorbei, wie er gekommen war. Nach Jahren des Lohnverzichts gaben die Gewerkschaften ihre Zurückhaltung auf und setzten damit eine Abwärtsspirale in Gang, die 1988 in der Rezession endete.

Eine Blaupause für ein erfolgreiches Konjunkturprogramm gibt es also nicht. Auch der Erfolg der beiden Merkel-Pakete lässt sich noch nicht abschließend beurteilen. Immerhin haben die massiven wirtschaftlichen Turbulenzen der Jahre 2008 und 2009 dazu geführt, dass alte Gewissheiten hinweggefegt und ideologisch bedingte Grenzen gesprengt wurden. Aus rein wissenschaftlicher Sicht und alle menschlichen Schicksale außen vor lassend hat die Weltwirtschaftskrise also auch ihr Gutes gehabt.

„Konjunkturprognosen sind absurd“

Ökonomie-Professor Stefan Homburg fordert von den führenden deutschen Instituten einen Verzicht auf Vorhersagen.

Interview: Markus Balser

In der Wirtschaftskrise haben viele Ökonomen ihren Ruf ruiniert. Selbst führende deutsche Forscher lagen mit Konjunkturprognosen völlig daneben. Stefan Homburg, Professor der Leibniz-Universität Hannover und Direktor des Instituts für Öffentliche Finanzen, fordert das Aus für das Geschäft mit Prognosen und warnt: „Die Wissenschaft wird die Zukunft nie in den Griff bekommen.“

SZ: Herr Professor Homburg, Kritik an Ihrer Zunft gibt's ja schon lange: Ex-Kanzler Helmut Schmidt schimpfte über die „Herren Ökonomen“. Ex-Finanzminister Peer Steinbrück über Wissenschaftler ohne verlässliche Empfehlungen. Seit dem Prognose-Gau im Krisenjahr 2009 scheint die Zunft völlig unten durch. Fühlen Sie sich noch wohl in Ihrer Haut?

Homburg: Ja, natürlich, aber ich gebe ja auch aus Prinzip keine Konjunkturprognosen ab.

Ökonomie-Professor Stefan Homburg

SZ: Nie lagen Ihre Kollegen so daneben wie 2009. Zu Beginn der Krise rechneten sie optimistisch mit einem Nullwachstum. Mitte des Jahres waren es katastrophale minus sieben. Die

Wahrheit traf am Ende beides nicht. Wie konnten sich Forscher derart irren?
Homburg: Konjunkturprognosen sind absurd. Da werden wochenlang Tabellen aufgefüllt, die den Eindruck erwecken, die Zukunft sei vorhersehbar. Dabei ist das Gegenteil der Fall. Zu prognostizieren, wie sich die Wirtschaft über einen langen Zeitraum entwickelt, ist einfach unmöglich. Von solchen Vorhersagen hat nur einer was: Die beteiligten Forschungsinstitute.

SZ: Sie finden, wir könnten uns den ganzen Aufwand um Prognosen sparen?
Homburg: Ja, absolut. Aus Sicht des Steuerzahlers sollten wir dem Wirbel um Konjunkturprognosen ein Ende machen und das Prognosegeschäft einstellen. Das wäre eine der sinnvollsten Sparmaßnahmen, die die Regierung beschließen könnte. Und die beteiligten Institute sollten zugeben, dass ihre Versuche nichts bringen. Ich fände es blamabel, wenn man jetzt noch weitermacht wie bisher.

SZ: Einige Ökonomen wollen Prognosen mit neuen Methoden und der stärkeren Ausrichtung auf Signale von den Finanzmärkten verfeinern. Erfolgversprechend?
Homburg: Nein, die Wissenschaft wird die Zukunft niemals in den Griff bekommen. Das ist keine Frage der Qualität der Wissenschaftler oder ihrer Methoden. Wir können nicht einfach an einer Schraube drehen und bessere Ergebnisse bekommen. Das Problem liegt woanders.

SZ: Wo?
Homburg: Die Wirtschaftsentwicklung beruht auf menschlichen Entscheidungen und äußeren Einflussen, die wir nicht kennen. Globale politische Randbedingungen gehören dazu, Stichworte Iran oder Nordkorea, ebenso Naturkatastrophen oder auch einfach das Wetter. Der harte Winter hat die Bauwirtschaft und das Wachstum allgemein gebremst. Einen solchen Winter hat nie-

mand prognostiziert, wie können da die hiervon abhängigen Wirtschaftsprognosen funktionieren? Nach aller Erfahrung folgen sowohl die Wirtschaft als auch das Wetter chaotischen Mustern, die sich unmöglich vorhersagen lassen.

SZ: Zum Beispiel?
Homburg: Den zweitstärksten Quartalseinbruch in der Wirtschaftsgeschichte, das war 1987, hat der frühere US-Finanzminister James Baker mit einer einzigen ungeschickten Bemerkung ausgelöst. Ein Satz veränderte die Welt für Monate. Baker drohte in einem Interview, den Dollarkurs absacken zu lassen, wenn die Deutschen ihre Wirtschaft nicht stärker ankurbelten. Die US-Börsen brachen ein, Konzerne investierten weniger. Es folgte ein rabenschwarzes Quartal. Schlagzeilen um Massenarbeitslosigkeit machten die Runde. Schon drei Monate später ging es wieder flott aufwärts.

SZ: Es scheint, als entfernten sich Prognosen immer stärker von der Realität. Werden Vorhersagen schwieriger?
Homburg: Zumindest gewinnt das hysterische Element in der Wirtschaft an Bedeutung. Manager und auch manche Politiker denken immer kurzfristiger und betriebswirtschaftlicher. Stimmt die Bilanz fürs nächste Quartal? Viel weiter reicht der Horizont oft nicht. Kaum jemand hat das große Ganze und die lange Frist im Blick. Das macht ökonomisches Handeln schwer kalkulierbar.

SZ: Wie viel Selbstkritik erleben Sie unter Ihren Kollegen?
Homburg: Wenig. Sicher wissen einige, dass auch ihre aktuellen Prognosen wieder daneben liegen werden. Aber sie werden davon nicht abrücken. Nachfrage schafft sich eben immer ihr Angebot. Die Politik will Prognosen. Sie gibt dafür viel Geld aus. Es geht um Millionenetats. Also wird immer irgend jemand die gewünschten Prognosen liefern, da er nicht für die Ergebnisse haftet. Warum sollte sich ein Institutsleiter, der durch gutbezahlte Prognosen ein paar Stellen finanzieren kann, dagegen wehren?

SZ: Wie sollten Bund, Länder und Kommunen denn künftig ohne Prognosen ihre Haushalte planen?
Homburg: Man könnte die Entwicklung der letzten fünf Jahre fortschreiben. Dies hätte den Vorteil, dass keine Scheinsicherheit entsteht und die Ausgabenplanung eher vorsichter wird. Kein ordentlicher Kaufmann verprasst unrealisierte Gewinne. Wir müssen lernen, die Unsicherheit zu akzeptieren. Wirtschaften bedeutet Risiko. Das hat die Krise klar gezeigt: Weder Finanzaufsicht noch Wirtschaftsprüfer oder Wissenschaftler haben die Insolvenz von Lehman Brothers vorhergesehen. Und Banker und Kapitalanleger ja auch nicht.

SZ: Erwartet die Öffentlichkeit zu viel von der Ökonomie?
Homburg: In Bezug auf die Prognosen eindeutig ja. Auf der anderen Seite tun Volkswirte einiges für das Land und haben inhaltlich durchaus etwas zu bieten, wenn es um ordnungspolitische Fragen und wirtschaftspolitische Strategien geht: Welche Steuern sind sinnvoll? Wie sollte man den Sozialstaat gestalten? Wie könnte man neue Finanzkrisen verhindern? Auf solche Fragen haben auch die viel gescholtenen Wirtschaftsweisen wertvolle Antworten parat – wenn man sie nur fragte.

SZ: Das passiert zu selten?
Homburg: Ja, viel zu selten. Die Politik fragt diese Kompetenzen kaum ab, sondern interessiert sich vornehmlich für das, was die Wirtschaftswissenschaft eben nicht leisten kann: die Vorhersage der Zukunft.

SZ: Warum mischen Sie sich dann nicht stärker in öffentliche Debatten ein?
Homburg: Wir können als Volkswirte ja nur Erkenntnisse anbieten, aber niemandem aufzwingen. Nach meiner Erfahrung kommt es für die politische Rezeption einer wissenschaftlichen Idee nicht darauf an, ob die Idee genial ist, sondern darauf, ob sie politisch opportun ist. Aussicht auf Erfolg haben daher nur Vorschläge, die ohnehin schon auf Regierungslinie liegen.

SZ: Was raten Sie der Bundesregierung in der Bewältigung der Finanzmarktkrise: Wo liegt sie falsch?
Homburg: Damit sich dergleichen nicht wiederholt, muss sich der Staat zunächst selbst aus dem Bankgeschäft zurückziehen, denn ihm gehören fast alle Großbanken, man denke nur an die KfW, die Landesbanken, die Hypo Real Estate oder die Commerzbank. Ohne Rückzug des Bundes und der Länder aus der Bankenwelt sind durchgreifende Reformen undenkbar, denn der Staat wird sich selbst nicht weh tun. Vielleicht kommt es zu kosmetischen Korrekturen, aber ein faires Spiel schließt aus, dass der Schiedsrichter bei einer Mannschaft mitspielt. Jeder, der sich einen Sinn für Ordnungspolitik bewahrt hat, sieht das ein.

SZ: Wo genau liegt die Gefahr?
Homburg: Dass der Staat mit Rücksicht auf sein eigenes Portefeuille und die politische Macht der Banken nichts Wesentliches ändert. Im Moment zeichnet sich das schon ab, denn unter dem Namen Griechenland hat das Spiel „systemische Wichtigkeit 2.0“ begonnen: Dabei versichern die Deutsche Bank und andere Banken griechische Anleihen kostenpflichtig gegen Insolvenz, betonen aber, bei einer tatsächlichen Insolvenz mit in den Abgrund gerissen zu werden. Durch die darin liegende politische Erpressung hat man die Lizenz zum Gelddrucken gefunden: Entweder lassen sich die Versicherungsprämien in Boni umrubeln, oder der Steuerzahler springt ein. Die Politik sieht tatenlos zu.

SZ: Ihre Kritik wird verpuffen bis zur nächsten Krise?
Homburg: Leider sieht es nicht danach aus, als würden sich Bund und Länder aus dem Bankgeschäft zurückziehen und anschließend die Großbanken entflechten. Man will seine finanzkräftigen Lieblingsspielzeuge nicht hergeben, obwohl das durchaus im Sinne des Gemeinwohls wäre.

Das Neue lässt sich nicht planen

Das menschliche Beharrungsvermögen ist der größte Hemmschuh bei der Suche nach Innovationen.

Von Patrick Illinger

Das Neue hat es nicht leicht, auf die Welt zu kommen. Zuerst müssen Forscher und Erfinder es aufspüren. Dann muss die Gesellschaft es wahrnehmen und einen Sinn darin erkennen. Schließlich sollte es eine Bereicherung sein, kulturell oder materiell. Im letzteren Fall heißt das Neue dann Innovation.

Alle Phasen dieses Geburtsvorgangs haben ihre Tücken. So einfach wie Michelangelo die Entstehung seiner Skulpturen beschrieb, lässt sich das Neue nicht erschaffen, indem man einfach das Unnötige eines rohen Steinblocks wegschlägt, bis die Statue übrigbleibt. Stimmig an dieser Analogie ist nur, dass die Gestalt des Neuen unbekannt ist, bevor es entdeckt wird. Falsch ist die Vorstellung, alles Neue harre irgendwo in einer Art platonischem Reich der Ideen, um nach seiner Enthüllung wie in Stein gemeißelt auf alle Zeit der Menschheit zur Verfügung zu stehen.

Das Finden und Erfinden ist ein von Zufällen, Menschlichkeit und spielerischen Elementen geprägter Vorgang, der sich mit unternehmerischen oder politischen Mitteln allenfalls unterstützen, aber niemals planen lässt. Ist Neues gefunden, muss es die Hürde der Akzeptanz nehmen, auch das ein emotional und sozial dominierter Prozess, bei dem theoretischer Nutzwert auf menschliche Lust und Laune prallt. Manches Neue löst unberechtigte Ängste aus, so wie einst die Eisenbahn oder der in Deutschland zunächst als Jobkiller verschriene Computer. Anderes wird bedenkenlos angenommen, entpuppt sich aber später als Teufelszeug, Asbest zum Beispiel. Und manche Neuheit, deren Neuigkeitswert Experten mit Achselzucken quittieren, erlebt eine verblüffende Karriere. So mussten Physiker am Forschungszentrum CERN staunend zusehen, was aus einer Software ihres Labors wurde, die eigentlich dafür gemacht war, die Kommunikation zwischen den Wissenschaftlern zu erleichtern. Die Erfindung ist heute unter dem Namen World Wide Web bekannt.

Auch ist das Neue stets von unterschiedlicher Haltbarkeit. Das Rad, die Axt oder die Schrift sind seit Jahrtausenden Triebfedern des menschlichen Daseins und werden es wohl auch in Zukunft sein. Anderes bekommt nur seine Epoche, so die Glühbirne, die Dampfmaschine und absehbar auch der Verbrennungsmotor. Wieder anderes verkümmert als Blitzlicht auf der Zeitleiste der Innovationsgeschichte, die Mini-Disc, der Wankelmotor oder die Pager. Erinnert sich noch jemand?

Das größte Paradoxon rund um das Finden und Erfinden bildet der Kontrast zwischen der Bedeutung des Neuen für den Fortbestand der Zivilisation und der oft willkürlichen Akzeptanz in der Gesellschaft. Vor allem wohlstandsgesättigte Gemeinschaften neigen dazu, die Notwendigkeit des Neuen aus den Augen zu verlieren und dessen Risiken zu überschätzen. Als seien die heutige Lebenserwartung, die niedrige Kindersterblichkeit, Mobilität und Energieversorgung unveränderliche Güter, die sich mit dem Erreichen der Moderne wie unverrückbare Güter im Besitz der zivilisierten Menschheit befinden. Tatsächlich sind diese Kennzeichen des Wohlstands verknüpft mit der Notwendigkeit, ständig Neues zu finden und zu erfinden. Das ist keine Ideologie überheblicher Ingenieure, sondern die unsichtbare Kraft, die die moderne Gesellschaft in all ihren Dimensionen vorantreibt: der wissenschaftlichen wie der wirtschaftlichen, der technischen und der kulturellen, wie es der Philosoph Jürgen Mittelstraß beschreibt. Die Suche nach dem Neuen nennt er den Schlüssel zum Erfolg der Spezies Mensch und erinnert an die Vorhölle aus Dantes *Göttlicher Komödie*, wo die Gleichgültigen ihr Dasein fristen.

Wenn man sieht, was alles erreicht wurde, seit die Urmenschen erste Werkzeuge aus dem Gestein des Olduvai-Tals in Afrika klopften, könnte man ins Schwelgen kommen ob der Schaffenskraft des Homo sapiens. Tatsächlich aber ist die Lust auf Veränderung keine vordergründige Eigenschaft unserer Spezies. Schon unsere Vorfahren, oft gelobt wegen ihres Mutes, aus Afrika in die Welt zu wandern, taten das nur in der Geschwindigkeit von wenigen Kilometern pro Generation.

Gewohnte Lebensweisen und Weltbilder sind mächtig. Sogar Forscher, denen die Suche nach Neuem im Blut stecken müsste, neigen oft zu destruktiver Beharrlichkeit. Die Geschichte ist voll von Köpfen, deren größtes Verdienst es war, dem Zeitgeist des eigenen Fachs zu entfliehen. Oft wird erzählt, wie Kopernikus und Galilei vom Klerus behindert wurden, als sie versuchten, die Sonne in das Zentrum des Planetensystems zu rücken. Vergessen wird dabei, dass auch die Astronomen jener Zeit die Planetenbahnen mit abstrusesten Erklärungen zu deuten versuchten, nur um das verhärtete geozentrische Weltbild zu erhalten.

Solches Beharrungsvermögen steckt tief im Menschen. Auch moderne Manager reagieren störrisch, wenn Marktsignale längst gegen das gewohnte Geschäftsmodell sprechen. Nicht nur Firmen, ganze Weltreiche sind schon bei dem Versuch zugrunde gegangen, unter veränderten Umständen an gewohnten Regeln und Abläufen festzuhalten.

In Zeiten des Wohlstands hingegen wächst die Gefahr, die Bedeutung kontinuierlicher Erneuerung aus den Augen zu verlieren. Je mehr erreicht wurde, desto größer wird der Drang zu bewahren. Doch das wird sich Deutschland, mit natürlichen Ressourcen spärlich ausgestattet, nicht leisten können. Hier gibt es eine besondere Verpflichtung, den Dynamo der Innovation am Laufen zu halten.

Sicherlich, Technikern und Forschern kann man kaum vorschreiben, innovativ zu sein, so wie sich eine ermattete Festgesellschaft kaum per Dekret zu mehr Fröhlichkeit verleiten lässt. Doch sollte die deutsche Politik auch erkennen, welche Industriezweige bereits in andere Erdteile vergeben sind, welche scheinbar noch gewinnbringenden Technologien nur noch eine begrenzte Zukunft haben und vor allem, wo die eigenen Stärken liegen.

Elektronische Konsumgüter werden heute in Fernost gemacht, auch wenn viele technische Grundlagen in Deutschland entstanden sind. Das ist keine Legende, wie der 2007 an Peter Grünberg vergebene Physik-Nobelpreis zeigte, dessen Entdeckung in jeder Computerfestplatte steckt. In diesem Sektor noch den Anschluss zu suchen führt zu Debakeln, wie es Siemens erlebte bei dem Versuch, ebenfalls Handys zu bauen. Dabei gibt es zwei riesige Felder, auf denen Deutschland schon heute eine führende Rolle spielt und denen eine große Zukunft beschieden sein wird: Die Gesundheitstechnik und die Energietechnik, speziell regenerative Energie. Bei solarthermischen Anlagen haben deutsche Firmen einen technologischen Vorsprung. Soll man den verspielen, so wie viele andere Innovationen der Vergangenheit?

Statt massive Schwerpunkte zu formulieren, wird von der Politik und von Industriechefs vor allem Hektik verbreitet. Entwicklungslabore der klassischen Industrien werden genötigt, ihre Produkte mit nutzlosen und überteuert vermarkteten Innovationen aufzupäppeln. Dabei sind die Verbraucher längst gesättigt mit Autos, Gebäuden und Haushaltsgeräten, die mehr Elektronik enthalten als einst die Apollo-Raketen.

Die Inflation der Scheininnovationen zeigt sich auch in der explodierenden Zahl der Patentanmeldungen. Um etwa acht Prozent pro Jahr steigen die Anträge beim Europäischen Patentamt. Mit Umsatz- oder Sozialproduktsteigerungen hat das längst nichts mehr zu tun. Ein Grund ist, dass Patente nicht mehr ihren einstigen Zweck erfüllen, den Erfindergeist zu belohnen und Ideen einen finanziellen Wert zu geben. Patente sind heute ein Blockadeinstrument. Firmen horten sie wie Projektile, die abgeschossen werden, wenn die Konkurrenz sich anschickt, ein neues Produkt zu lancieren. Ein Beleg für Zukunftsfähigkeit sind die steigenden Patentzahlen nicht.

Mit der Betonung der genannten Zukunftsfelder Energie und Gesundheit sollte Deutschlands Forschergemeinde, ob in der Industrie, den außeruniversitären Instituten oder in den Hochschulen, wieder mehr Atem zum Forschen gegeben werden. Zu oft wurde in den vergangenen Jahren mit Innovationsmanagement sowie Initiativen und Kommissionen versucht, dem Finden und Erfinden seinen spielerischen Charakter zu rauben. Stattdessen wäre es gut, den scheinbaren Gegensatz zwischen angewandter Forschung und Grundlagenwissenschaften aufzulösen. Beides funktioniert nur eng verschlungen. Viele praktische und gewinnbringende Produkte gäbe es ohne Erkenntnisse der Grundlagenforschung nicht. So zum Beispiel GPS-Navigationssysteme, deren Genauigkeit auf der Relativitätstheorie Albert Einsteins beruht. Andersherum sind Grundlagenforscher auf industrielle Instrumente angewiesen. So war das schon, als Astronomen sich über die präzisen Fernrohre des Joseph von Fraunhofer freuten. Dieses Wechselspiel sollte keine Seite geringschätzen, weder die Grundlagenforscher, wenn sie einen heiligen Kulturauftrag zu erfüllen glauben, indem sie Ribosomen oder Protonen entschlüsseln, noch die Industrieforscher, wenn sie arrogant fragen, was man sich von einem neuen Elementarteilchen denn kaufen könne. Vermitteln könnten hier die Geisteswissenschaften.

Sicher ist, dass die Fähigkeit, Neues zu finden und zu erfinden der Zivilisation nicht abhanden kommen darf, vor allem in Zeiten der Krise. Der Biologe und frühere Max-Planck-Präsident Hubert Markl verglich es mit einem lebenden Organismus, bei dem man in schwierigen Zeiten alles drosseln darf, nur nicht die Blutzufuhr zum Gehirn.

Erfinder finden

Vor knapp 30 Jahren ist in Berlin das erste deutsche Gründerzentrum entstanden. Mittlerweile gibt es hunderte solcher Einrichtungen, in denen Startups groß werden.

Von Dieter Sürig

Wie viele Gründerzentren kennen Sie schon, in dem zwei Nobelpreisträger ein- und ausgehen? Ich finde das cool!" Peter Hanns Zobel ist in seinem Element. Der Geschäftsführer des Innovations- und Gründerzentrums Biotechnologie (IZB) betreut seit etwa 15 Jahren rund 25 000 Quadratmeter Labors und Büros, in denen Startups aus der Biotechbranche Fuß fassen können. 1995 hatte die bayerische Staatsregierung damit begonnen, das Gründerzentrum in Martinsried im Süden Münchens auf die grüne Wiese zu stellen, sieben Jahre später folgte ein kleineres Pendant in Freising-Weihenstephan 50 Kilometer nördlich der Landeshauptstadt. Seitdem ist Zobel damit beschäftigt, die beiden Gründerzentren auszulasten und auch auszubauen. Nach Gastronomie und Kindergarten will der 44-Jährige nun sogar eine Chemieschule auf dem Campus in Martinsried ansiedeln und damit aus der Not eine Tugend machen. Chemisch-technische Assistenten sind nämlich schwer zu bekommen und sollen nun gleich vor Ort ausgebildet werden. „Die Chemieschule bildet dann genau die Fachkräfte aus, die unsere Mieter brauchen", schwärmt Zobel und hat damit auch den IZB-Aufsichtsrat überzeugt, der erst einmal skeptisch gewesen sein soll.

Peter Hanns Zobel, Geschäftsführer des IZB

Die Staatsregierung hatte nämlich vor allem junge Gründer im Blick, die von den benachbarten Universitäten und Forschungseinrichtungen kommen. Deshalb fiel die Wahl auf Martinsried, wo sich neben der Biologie-Fakultät und dem Uni-Klinikum der Ludwig-Maximilians-Universität auch die Max-Planck-Institute für Biochemie und Neurobiologie sowie ein Institut der Helmholtz-Stiftung befinden. Deshalb auch der zweite Standort Weihenstephan mit Biotech-Einrichtungen der Technischen Universität München, der Fachhochschule Weihenstephan und des Fraunhofer Instituts.

Seit im Jahre 1983 auf Betreiben der Technischen Universität Berlin in der jetzigen Bundeshauptstadt das erste deutsche Gründerzentrum eröffnet wurde, sind bundesweit mehrere hundert solcher Einrichtungen gefolgt. Das Konzept ist überall ähnlich: Land und Kommunen wollen Existenzgründern mit günstigen Mieten für Büros, Labors oder Werkhallen unter die Arme greifen. Sie bieten ihnen durch die räumliche Situation oft ein Netzwerk zu Forschungseinrichtungen und anderen Firmen sowie eine Infrastruktur, die in normalen Gewerbegebieten das Budget der Start-ups belasten würde. Im Gegenzug verhindert diese Art der Wirtschaftsförderung, dass künftige Arbeitgeber abwandern und dem jeweiligen Standort attraktive Unternehmen verloren gehen.

Die Vorteile eines solchen Gründerzentrums liegen für den Geschäftsführer der Firma Amsilk, Axel Leimer, auf der Hand: „Wir haben lange gesucht, Laborräume sind knapp im Münchner Raum, und anderswo hätten wir noch in teure Laborausstattung investieren müssen." Amsilk ist eine Ausgründung der TU München. Der Biochemiker Thomas Scheibel hatte dort vor einigen Jahren mit seinen Forschungen über künstliche Spinnenseide Furore gemacht. Scheibel hat mittlerweile den Lehrstuhl für Biomaterialien an der Universität Bayreuth inne. Er ist einer der Hauptgesellschafter der Firma Amsilk, die seine Erfindung nun kommerziell verwertet und seit einem Jahr in Martinsried residiert.

Leimer schätzt nicht nur die fairen Preise, sondern auch die Tatsache, dass das IZB-Management relativ flexibel ist. „Wir haben frei werdende Räume stufenweise übernehmen können." Anfangs sei er zur Miete bei einem anderen Startup im IZB untergekommen – in einem normalen Gewerbepark wohl kaum denkbar. Vom Netzwerk im IZB habe er auch schon profitiert. So habe Amsilk für eine Testproduktion von künstlicher Spinnenseide dringend einen 100-Liter-Fermenter gebraucht, um dort Kulturen anzulegen. Innerhalb kürzester Zeit habe er sich das Gerät bei einer Nachbarfirma ausborgen können.

Gerade darauf legt IZB-Chef Zobel Wert. Er möchte seinen Mietern möglichst viele weiche Faktoren bieten: Nicht nur Besprechungsräume, sondern auch eine attraktive Community. „Wir wollen den Campusgedanken weiter ausbauen und sichtbar machen", sagt er. Voll möblierte Labors und ein Haustechnik-Notdienst für elf Euro pro Quadratmeter seien wichtig, um Gründer finanziell zu entlasten. Für die richtige Atmosphäre auf dem Campus sorgten aber Treffpunkte wie eine eigene Gastronomie oder ein Gästehaus, das Zobel mittelfristig bauen möchte. Bei der Ansammlung junger Firmen sei auch die Außenwirkung nicht zu unterschätzen. Wenn ein Kapitalgeber kommt, um eine Firma zu besuchen, dann kommt er nicht umhin, 54 andere Firmenschilder zu sehen, sagt Zobel. Ebenso wichtig seien Dienstleister wie zum Beispiel ein Unternehmensberater, der sein Domizil im IZB eröffnet hat.

Gut 600 Kilometer nordwestlich von München hält Thomas Heck sogar eine Art Lowtech-Gebäude für Steuerberater, Marketingexperten oder Personalberater vor. Heck hat als Geschäftsführer des 2002 eröffneten Life Science Centers (LSC) Düsseldorf den gleichen Job wie Zobel beim IZB. Er kümmert sich um 42 Gründerunternehmen auf 20.000 Quadratmetern Fläche. „Ich kann die Flächen nur vermieten, wenn ich Netzwerke aufbaue", betont er. Neben den Hightech-Firmen nimmt er deshalb gerne Dienstleister auf, die ihre Büros dann im Lowtech-Bau haben. Heck berät die Gründer auch selbst und gibt Tipps für den Businessplan. „Wenn eine gute Idee da ist, kann man dem Gründer schon frühzeitig die nötigen Kontakte insbesondere zu potentiellen Finanziers vermitteln", sagt er. „Mein Job ist das Kümmern, das Moderieren untereinander. So wäre die Idee des Life Science Centers zu kurz gegriffen, das Gebäude nur als reine Mietimmobilie zu sehen", sagt Heck.

So wie das IZB in München ist das Life Science Center weitgehend ausgelastet. Die Zeit der großen Leerstände, die beide Gründerzentren gleichermaßen nach dem Absturz des Neuen Marktes belasteten, ist vorbei. Und trotz der jetzigen Krise gebe es bisher auch keine Stornierungen, so Heck. Die Zahl der Neugründungen ist aber verhalten, weil die Geldgeber noch stärker auf die Projekte gucken.

Für die Auslastung haben auch flexible Mietverträge gesorgt. Starre Mehrjahresverträge wie in den Anfangsjahren gibt es in Düsseldorf und München nicht mehr. Und im Idealfall wird dem jungen Unternehmen das Gründerzentrum irgendwann zu klein. In einem typischen Gründerzentrum bleibt ein Startup etwa fünf Jahre drin, etabliert sich und macht dann Platz für andere Firmen, erläutert Heck. Er führt gerne Unternehmen wie Qiagen an. Das Biotechunternehmen war Mitte der achtziger Jahre an der Heinrich-Heine-Universität Düsseldorf ausgegründet worden und hat mittlerweile mehr als 3000 Mitarbeiter. Solche Beispiele seien auch der Grund für die Stadt Düsseldorf gewesen, das LSC zu bauen.

Amsilk wird dem Gründerzentrum in Martinsried wohl erst einmal erhalten bleiben. Geschäftsführer Leimer berichtet von Pilotprojekten mit Industriepartnern. Künstlich hergestellte Spinnenseide könnte dazu verwendet werden, medizinische Implantate zu beschichten. Damit werde verhindert, dass sich Entzündungen im Körper des Patienten bilden. Ferner könnte Spinnenseide Hilfsstoffe in Arzneimitteln verträglicher und Textilien robuster machen. Leimer sieht auch Möglichkeiten in der Luft- und Raumfahrt- sowie in der Automobilindustrie. Nun gehe es aber vor allem darum, mit Hilfe optimierter Proteine industrierelevante Mengen an Spinnenseide herstellen zu können. Leimer möchte 2012 erste eigene Produkte auf den Markt bringen. Vorher brauche er aber weitere Labors im IZB. IZB-Chef Zobel hatte bisher etwa 100 Mieter. „Nur sieben davon sind insolvent gegangen", betont er. Sonst liege die Quote bei Startups über 20 Prozent. Zobel hat natürlich auch seine Vorzeigefirmen: Die Biotechunternehmen Morphosys und Medigene haben ihre Anfangszeit im IZB verbracht. Apropos: Einer der Physik-Nobelpreisträger von 2005, LMU-Professor Theodor Hänsch, ist Mitbegründer von Menlo Systems, die Technologien zur Lichtfrequenzmessung anbietet. Und Professor Robert Huber, der 1988 den Chemie-Nobelpreis erhielt, hat die Firmen Proteros und Suppremol mit gegründet, beide Mieter im IZB.

10. Deutschland 2020

Die mechanische Uhr

Wann genau die erste Uhr mit mechanischem Räderwerk erfunden wurden, ist nicht bekannt. Vermutlich ist es zwischen 600 und 700 Jahre her. Räderwerke, die zum Beispiel durch Gewichte oder Wasser angetrieben wurden, gab es zwar schon vorher. Entscheidend bei der mechanischen Uhr war jedoch die Erfindung der Hemmung, durch die das Getriebe erst in der richtigen Zeit abläuft. Auf die Räderuhr folgte die Pendeluhr. Bereits Galileo Galilei hat 1636 ein Messinstrument gebaut, das durch Pendelschläge Zeiteinheiten zählte. Doch Galileis Pendel fehlte noch der rechte Antrieb. Etwa zwei Jahrzehnte später gelang es dem Holländer Christian Huygens, eine Uhr zu konstruieren, bei der das Pendel von alleine im richtigen Takt weiterschwang.

Zwischen Hoffen und Bangen

Die Schulden sind hoch, die Sozialsysteme labil, die Banken schwach. Und doch: Wir können auf einen Aufschwung hoffen. Er wird grün sein.

Von Ulrich Schäfer

Wenn Burkhard Schwenker, der Chef der Unternehmensberatung Roland Berger Strategy Consultants, in die Zukunft schaut, wenn er also voraussagen will, wie sich Deutschland in diesem Jahr und darüber hinaus entwickeln wird, mag er sich nicht hundertprozentig festlegen. Denn die Welt ist unsicherer geworden. Die meisten Ökonomen haben die große Krise nicht vorhergesehen, den schlimmsten Absturz der Weltwirtschaft seit acht Jahrzehnten. Wie also sollen sie verlässlich voraussagen können, wie sich Deutschland und die Weltwirtschaft in den nächsten zehn Jahren entwickeln werden? Und wenn die großen Ökonomen dies nicht können, wie soll es dann ein Unternehmensberater können?

Schwenker und seine Mitarbeiter bei Roland Berger Strategy Consultants greifen daher, wenn sie für ihre Kunden die Entwicklung der nächsten Jahre skizzieren sollen, auf unterschiedliche Szenarien zurück, bei denen die wirtschaftliche Entwicklung jeweils dem Verlauf eines bestimmten Buchstabens folgt:

Das *V-Szenario* geht zum Beispiel davon aus, dass die Wirtschaft nach dem steilen Absturz im Jahr 2009 den Tiefpunkt erreicht hat und es nun beinahe genauso schnell wieder aufwärts geht. Das *U-Szenario* ist nicht ganz so optimistisch: Dem Absturz folgt eine lange Phase der Stagnation, ehe dann, vielleicht in zwei Jahren, wieder ein Aufschwung kommt. Das *W-Szenario* unterstellt, dass der Krise eine kurze Phase der Erholung folgt, ehe es erneut bergab geht; danach erholt sich die Wirtschaft allmählich wieder. Und schließlich gibt es noch das *L-Szenario*: Dem Absturz folgen Jahre, wenn nicht gar ein Jahrzehnt des Stillstands und des geringen Wachstums.

Schwenker selber ist ein Optimist: Er glaubt fest an die V-Kurze. Schneller, steiler Absturz. Schneller, steiler Aufschwung. Das wars.

Doch war es das wirklich? Wird sich Deutschland, wird sich Europa, wird sich die Welt nach dem Horrorjahr 2009, in dem die Weltwirtschaft erstmals seit Jahrzehnten schrumpfte und der Welthandel noch kräftiger einbrach als während der Großen Depression in den 30er Jahren, tatsächlich so schnell wieder berappeln? Oder überwiegen nicht doch die Risiken? Was ist zum Beispiel, wenn nach Griechenland auch andere Staaten in Zahlungsnot geraten? Und was geschieht, wenn die gewaltigen Konjunkturprogramme auslaufen, mit denen die Regierungen die Wirtschaft angekurbelt haben? Wird dann die Zahl der Arbeitslosen kräftig ansteigen? Werden die Menschen die Lust am Konsum verlieren? Kehrt dann die Angst zurück?

Was ist zum Beispiel, wenn sich die Prognose von Bryan Marsal bewahrheitet, jenem Mann, der die insolvente Investmentbank Lehman Brothers abwickelt? Marsal meint, solange sich nichts Grundlegendes bei den Geldhäusern und bei der Regulierung der Finanzmärkte ändere, sei es „höchstwahrscheinlich, dass ein Fall Lehman sich wiederholen wird". Für eine neuerliche Rettung des Finanzsystems, wie sie die Industrieländer im Herbst 2008 vereinbarten, fehlt aber das Geld. Noch mehr Schulden zugunsten der Banken: Das können die Staaten nicht schultern – und das würden die Bürger auch nicht tolerieren.

Deshalb ist – auch wenn der zarte Aufschwung des Jahres 2010 erfreulich ist – nach wie vor Vorsicht angebracht. Deshalb sollten Politiker, Wirtschaftsführer und Bürger nach wie vor mit dem Schlimmsten rechnen, mit einem Rückschlag, der heftig sein kann. Gewiss: Es gibt es zahlreiche Gründe, warum man wieder optimistischer sein könnte; aber die Krise ist noch längst nicht vorbei. Und es wird Jahre dauern, bis sie wirklich überwunden sein wird.

Denn die Weltwirtschaft ist immer noch labil. Ein selbsttragender Aufschwung ist nicht in Sicht. Die globale Ökonomie wird weiterhin getragen vom billigen Geld der Notenbanken und von den vielen Milliarden, die die Staaten ausgegeben haben, um Banken und Konjunktur zu stützen. Immerhin: Die Verantwortlichen in der Politik haben diesmal vernünftiger gehandelt als in der Großen Depression der 30er Jahre. Sie haben das Geld nicht verknappt, sondern es mit vollen Händen ausgegeben. Sie haben, so scheint es, also die richtigen Lehren gezogen aus dem, was vor acht Jahrzehnten fürchterlich schieflief und in der Katastrophe mündete: in Massenpleiten, millionenfacher Arbeitslosigkeit, Hunger und politischen Umwälzungen, die schließlich zum Zweiten Weltkrieg führten.

Die schnelle Rückkehr zu einer scheinbaren Normalität hat allerdings verdeckt, dass Konjunkturprogramme allein nicht ausreichen, um die Wirtschaft wieder auf einen stabilen Wachstumskurs zu bringen. Denn erst wenn auch das Finanzsystem wieder auf einem festen Fundament steht, erst wenn die Gefahr neuer Exzesse mit aberwitzigen Derivaten und damit neuerlichen Verwerfungen in der Banken- und Hedgefonds-Welt gebannt ist – erst dann wird auch die „reale Wirtschaft", wie es so schön heißt, also jener Teil der Wirtschaft, der nicht bloß mit Zahlen handelt, sondern mit echten Waren, mit echten Produkten, wieder zuverlässig wachsen können.

Wie also wird die Wirtschaft in zwei Jahrzehnten aussehen? Welche Rolle wird Deutschland, die drittgrößte Wirtschaftsmacht, 2020 spielen? Der Blick nach vorn kann nur rein subjektiv sein, ohne Anspruch auf Vollständigkeit, aber er zeigt: Es gibt einige Chancen, es gibt jedoch noch mehr Risiken. Und es gibt daher viel zu tun für Staat, Bürger und Wirtschaft.

Das Land der Schulden: Eines werden die Deutschen noch auf Jahrzehnte zu spüren bekommen – die Schulden der Krise. So wie die Schulden, die im Gefolge der deutschen Einheit aufgehäuft oder von der DDR und ihren Betrieben hinterlassen wurden, noch

Jahrzehnte später das Land belasten, so werden auch die neuen Schulden den deutschen Staat auf Jahrzehnte hin lähmen. So wird sich Bundesfinanzminister Wolfgang Schäuble allein im Jahr 2010 etwa 80 Milliarden Euro leihen müssen, mehr als jemals zuvor in der Geschichte der Bundesrepublik. Weitere 60 bis 70 Milliarden Euro dürften 2011 hinzukommen, 2012 wird es nur unwesentlich besser aussehen. Keine Bankenabgabe, keine Sondersteuer für Reiche, Banker oder sonstige Gut- und Besserverdiener wird ausreichen, um diese Lücken auf die Schnelle zu schließen. Ein Staat aber, der einen immer größeren Teil seines Geldes für Zinsen und Tilgung ausgibt, kann nicht mehr in ausreichendem Maße in die Zukunft investieren.

Das Land der Alten: Die Krise der öffentlichen Kassen wird noch dadurch verschärft, dass die Zahl der Alten in Deutschland immer stärker wächst – und immer weniger Junge nachrücken. Die Altersvorsorgesysteme sind darauf nicht hinreichend vorbereitet. Rechnet man zu den aktuellen Gesamtschulden des deutschen Staats von 1,9 Billionen Euro auch noch alle versteckten Verbindlichkeiten hinzu, die sich aus den Sozialsystemen ergeben, vor allem aus den Kosten der Altersvorsorge, dann müsste der Staat inzwischen eigentlich schon ein Defizit von 6,2 Billionen Euro ausweisen. Der Ökonom Bernd Raffelhüschen, der diese Zahl errechnet hat, spricht von einer „Nachhaltigkeitslücke". Die tatsächlichen Schulden sind also mehr als dreimal so hoch wie die ausgewiesenen. Und es tröstet wenig, dass die Diskrepanz zwischen ausgewiesenen und rechnerischen Staatsschulden in Ländern wie den USA oder Großbritannien sogar noch weit, weit größer ist.

Das Land der schwachen Banken: Die deutschen Banken haben unter der Krise besonders stark gelitten. Die HRE und die Landesbanken, aber auch die Commerzbank, manche Privatbank und einige Sparkassen stehen dafür. Der deutsche Bankensektor, wegen seiner drei Säulen aus privaten, öffentlich-rechtlichen und genossenschaftlichen Banken vielfach gerühmt, hat sich als erstaunlich labil erwiesen. Gewiss: Die Masse der Sparkassen hat die Krise bislang ordentlich gemeistert, ebenso die Deutsche Bank, die aber eher ein Profiteur der Kapriolen im Investmentbanking ist. Doch sonst? Die Bundesregierung musste gewaltige Summen einsetzen, um das System zu stabilisieren, und dennoch ist ihr nicht gelungen, was etwa die Amerikaner geschafft haben: die wirklich schlechten Banken aus dem Markt zu verabschieden und die guten dauerhaft zu stärken. Schlimmer noch: Es ist bis dato unterblieben, die Kreditinstitute einer angemessenen, strikten Regulierung zu unterwerfen, um neuerliche Finanzkatastrophen in der nahen Zukunft zu vermeiden. Ein solides, liquides Bankensystem ist aber entscheidend für mehr Wachstum.

Das Land der Exporteure: So sehr Deutschlands Unternehmen unter dem Einbruch des Welthandels gelitten haben, so sehr dürfen sie darauf hoffen, dass sie von einem neuerlichen Aufschwung wieder profitieren. Die Weltwirtschaft – dies hat die Krise gezeigt – gibt ihre Schwingungen über den globalen Warenhandel heute schneller weiter also noch vor ein, zwei Jahrzehnten: im Guten wie im Schlechten. Deutschland als inzwischen nur noch zweitstärkstes Exportland kann sich dies zunutze machen, indem es einerseits weiterhin die Exportindustrie stärkt – und andererseits, um die extremen Schwankungen in diesem Bereich etwas auszugleichen, zugleich den Binnenkonsum stärkt, sei es durch mehr Investitionen, höhere Löhne in nicht so exportorientierten Branchen oder die Förderung lokaler Betriebe vor allem aus Dienstleistung und Handwerk.

Das Land der grünen Wirtschaft: Die deutschen Ingenieure galten, nicht erst seit Bosch und Siemens, schon immer als besonders clever und erfindungsreich. Gerade aber auch diese beiden Unternehmen zeigen, dass es in einer Zeit von Klimawandel und Ressourcenknappheit darauf ankommt, nun vor allem umweltschonende Techniken zu entwickeln. „Green Tech" nennt sich das im Jargon der PR-Experten, grün will heute beinahe jedes Unternehmen sein, grün sollen Produkte, Fabriken, Fahrzeuge und Hochhäuser sein. Die Deutschen sind in der Umwelttechnologie in sehr vielen Bereichen führend, und wenn es ihnen gelingt, diese Rolle als Weltmarktführer nicht nur zu verteidigen, sondern auszubauen, dann liegt hier eine der ganz großen Chancen für die deutsche Wirtschaft. Denn vieles spricht, trotz des Misserfolgs beim Klimagipfel in Kopenhagen, dafür, dass der nächste Aufschwung grün sein wird. Aber er wird nicht ganz so schnell kommen, wie ihn viele erwarten.

Die Autoren

Tomas Avenarius, geboren 1961, ist der Nahost-Korrespondent der Süddeutschen Zeitung. Von Kairo aus berichtet er seit 2005 über die Arabische Welt und Iran. Avenarius war zuvor Moskau-Korrespondent der SZ. Nach seiner Ausbildung an der Deutschen Journalistenschule und dem Studium der Politikwissenschaft war er 1990 zur Süddeutschen Zeitung gestoßen.

Markus Balser, geboren 1973, absolvierte seine Journalistenausbildung an der Kölner Journalistenschule für Politik und Wirtschaft und studierte Volkswirtschaftslehre an der Universität zu Köln. Seit 2001 arbeitet er als Redakteur der Süddeutschen Zeitung in der Wirtschaftsredaktion. Ausnahme: Ein Abstecher als Gastredakteur beim Wall Street Journal in New York.

Michael Bauchmüller, geboren 1973, ist Korrespondent der Süddeutschen Zeitung in Berlin. Seine Schwerpunkte liegen in der Energie-, Umwelt- und Verkehrspolitik. Bauchmüller, Volkswirt und Absolvent der Kölner Journalistenschule, ist seit 2001 bei der Süddeutschen Zeitung beschäftigt.

Marc Beise, geboren 1959, hat in Frankfurt, Lausanne und Tübingen Rechtswissenschaften und Volkswirtschaft studiert und über die Welthandelsorganisation WTO promoviert. Sein journalistisches Handwerk erlernte er bei der Offenbach-Post. Seit mehr als 20 Jahren schreibt er über Wirtschaft und Politik. Zunächst fürs Handelsblatt, seit fast zehn Jahren für die Süddeutsche Zeitung. Seit 2007 leitet er dort gemeinsam mit Ulrich Schäfer die Wirtschaftsredaktion. Er ist Autor von „Deutschland – falsch regiert" (2007) und „Die Ausplünderung der Mittelschicht" (2009).

Varinia Bernau, geboren 1980, an der Ostseeküste aufgewachsen, hat Geschichte und Psychologie in Bielefeld und Paris studiert. Sie arbeitete unter anderem für die Sächsische Zeitung in Görlitz, ehe sie bei der Süddeutschen Zeitung volontierte. Seit 2010 schreibt sie dort für die Wirtschaftsredaktion.

Simone Boehringer, geboren 1971, schreibt seit gut zehn Jahren in der Wirtschaftsredaktion der Süddeutschen Zeitung über alles, was mit Geld, Börse und Bankgeschäften zu tun hat. Sie studierte Volkswirtschaftslehre an den Unis Passau und Barcelona, mit den Schwerpunkten Geld und Außenwirtschaft. Parallel zum Studium volontierte sie bei der Passauer Neuen Presse. Ihr weiterer Weg führte sie über den Wirtschaftsender ntv und das Magazin Markt und Mittelstand zur Süddeutschen Zeitung.

Guido Bohsem, geboren 1969, hat in Bonn und Washington D.C. Amerikanistik, Politik und Wirtschaft studiert. Von 1999 an war er Reporter im Reuters-Hauptstadtbüro in Berlin, wo er vor allem über nationale und internationale Finanzpolitik berichtete. 2006 wechselte er zur Financial Times Deutschland. Seit 2007 arbeitet er bei der Süddeutschen Zeitung in Berlin und betreut die Themen Gesundheit, Haushalt und Steuern.

Alexandra Borchardt, geboren 1966, ist leitende Redakteurin bei der Süddeutschen Zeitung und arbeitet als Nachrichtenchefin im Wirtschaftsressort. Ihr Berufsweg führte sie über die Deutsche Presse-Agentur und die Financial Times Deutschland zur SZ. Mit dem Thema ökologischer Strukturwandel hat sie sich seit Mitte der 1980er Jahre beschäftigt, unter anderem in ihrer Dissertation, die sie an der Tulane University in New Orleans schrieb.

Karl-Heinz Büschemann, geboren 1952, ist Diplom-Volkswirt und Chefreporter in der Wirtschaftsredaktion der Süddeutschen Zeitung mit dem Schwerpunkt Unternehmensthemen. Er absolvierte sein Studium in Bonn und Regensburg. Seine journalistischen Stationen sind: Tagesspiegel Berlin, Wirtschaftswoche, Die ZEIT, Der Spiegel, Capital. Er schreibt seit 1998 für die SZ.

Caspar Busse, geboren 1966, ist leitender Redakteur im Wirtschaftsressort der Süddeutschen Zeitung und betreut vor allem die Berichterstattung über Unternehmen. Nach Abschluss als Diplom-Volkswirt an der Universität München absolvierte er ein Volontariat an der Georg-von-Holtzbrinck-Schule für Wirtschaftsjournalisten und arbeitete anschließend zwölf Jahre lang als Korrespondent für das Handelsblatt. Er ist seit 2005 bei der SZ.

Caspar Dohmen, geboren 1967, arbeitet seit 2006 für die SZ-Wirtschaftsredaktion. Vorher schrieb er fünf Jahre als Finanzreporter für das Handelsblatt. Bereits vor dem Ausbruch der Finanzkrise schrieb er über die Probleme der spekulationsgetriebenen Finanzwirtschaft und alternative Wirtschaftsansätze. Studiert hat er Volkswirtschaft in Köln.

Elisabeth Dostert, geboren 1963, hat in München und Bonn Agrarwissenschaften studiert und danach das Journalistische Seminar der Universität Mainz besucht. Nach Stationen bei der Nachrichtenagentur vwd, zuletzt als Korrespondentin in München, wechselte sie 1998 in die Wirtschaftsredaktion der Süddeutschen Zeitung, wo sie für Mittelstand und Familienunternehmen, die Maschinenbauindustrie sowie Kultur & Wirtschaft zuständig ist.

Matthias Drobinski, geboren 1964, ist seit 1997 innenpolitischer Redakteur der Süddeutschen Zeitung und dort zuständig für Kirchen und Religionsgemeinschaften. Er studierte Geschichte, Theologie und Germanistik und absolvierte die Hamburger Journalistenschule; zwei Jahre war er Redakteur bei „Publik-Forum, Zeitung kritischer Christen".

Björn Finke, geboren 1976, hat in Köln und London Volkswirtschaftslehre und Politikwissenschaft studiert. Er ist Absolvent der Kölner Journalistenschule für Politik und Wirtschaft und arbeitet seit 2004 bei der Süddeutschen Zeitung, wo er die Firmenberichterstattung koordiniert.

Die Autoren

Jens Flottau, geboren 1971 in München, studierte Orientalistik und Neuere und Neueste Geschichte. Er ist Absolvent der Deutschen Journalistenschule (DJS) in München und arbeitet seit 1998 als freier Journalist mit dem Schwerpunkt Luftfahrtindustrie. Seit 2007 ist er Luftfahrt-Korrespondent der Süddeutschen Zeitung in Frankfurt.

Thomas Fromm, geboren 1965, ist seit 2007 Redakteur im Wirtschaftsressort der Süddeutschen Zeitung in München. Zuvor war er sieben Jahre Korrespondent der Financial Times Deutschland; zunächst in Mailand, von wo er als Italien-Korrespondent berichtete, ab 2005 im Münchner Büro der FTD. Er studierte Politikwissenschaften und Geschichte in Eichstätt und Seattle/USA, arbeitete dann als Nachrichtenredakteur bei RTL, später als Hörfunk- und TV-Reporter beim Westdeutschen Rundfunk in Köln.

Cerstin Gammelin, geboren 1964, studierte in Chemnitz Maschinenbau und Betriebswirtschaft bevor sie 1996 die Berliner Journalistenschule besuchte. Sie war mehrere Jahre freie wirtschaftspolitische Redakteurin unter anderem für Energie&Management, die Financial Times Deutschland und Der Spiegel. 2001 wurde sie Wirtschaftsautorin bei der ZEIT, später wechselte sie ins Hauptstadtbüro der ZEIT. Seit 2008 ist sie Korrespondentin für die Süddeutsche Zeitung in Brüssel. 2005 veröffentlichte sie gemeinsam mit Götz Hamann das politische Sachbuch „Die Strippenzieher".

Marcel Grzanna, geboren 1973, Politikstudium, ehemaliger Leiter des SID-Büros in Berlin, ist seit Mai 2007 freiberuflicher Korrespondent in China. Er arbeitete für zahlreiche deutsche Print- und Onlinemedien sowie für diverse TV-Sender. Seit Oktober 2009 ist er Wirtschaftskorrespondent der Süddeutschen Zeitung mit Wohnsitz in den Hutongs der Pekinger Altstadt.

Sibylle Haas, geboren 1961, absolvierte ein BWL-Studium an der Johann Wolfgang Goethe-Universität in Frankfurt. Von 1986 bis 1987 arbeitete sie als Redakteurin bei der Lebensmittel-Zeitung, 1988 bis 1993 war sie Wirtschaftsredakteurin bei der Frankfurter Allgemeinen Zeitung. Nach zwei Jahren als freie Korrespondentin in Barcelona, kehrte sie 1995 in die Wirtschaftsredaktion der FAZ zurück. 1997 Eintritt in die Redaktionsleitung der FVW International. Seit 1999 ist sie Wirtschaftsredakteurin bei der Süddeutschen Zeitung, hier war sie zunächst für die Luftfahrt- und Tourismusindustrie, heute für Tarifpolitik, Gewerkschaften, Arbeitsmarkt und Bauwirtschaft zuständig.

Alexander Hagelüken, geboren 1968, arbeitet seit 1995 bei der Süddeutschen Zeitung. Erst Finanzredakteur, dann ab 1997 wirtschaftspolitischer Korrespondent in Bonn und Berlin. 2002 ging er nach Brüssel, um für die SZ über Europa zu berichten. Ende 2007 kehrte er nach München zurück, um als leitender Redakteur mit Harald Freiberger und anderen Kollegen die neuen Geld-Seiten der Süddeutschen aufzubauen.

Martin Hesse, geboren 1969, ist seit 1996 Wirtschaftsredakteur bei der Süddeutschen Zeitung. Nach einigen Jahren als Korrespondent am Finanzplatz Frankfurt schreibt er jetzt in München unter anderem über Banken, Versicherungen und Finanzinvestoren.

Catherine Hoffmann, geboren 1969, kam 2008 zum Start der Geld-Seiten in die Wirtschaftsredaktion der Süddeutschen Zeitung. Sie studierte Journalismus und Volkswirtschaftslehre in München und schrieb in der zweiten Hälfte der neunziger Jahre für Finanzmagazine, als die deutschen Privatanleger Börsenboom und Spekulationslust entdeckten. Nach einer Station beim Tagesspiegel in Berlin folgten sechs Jahre im Geld-Ressort der Frankfurter Allgemeinen Sonntagszeitung.

Claus Hulverscheidt, geboren 1968, studierte Volkswirtschaftslehre und ist Absolvent der Kölner Journalistenschule für Politik und Wirtschaft. Zunächst arbeitete er als Redakteur bei Reuters in Bonn. 1999 wechselt er zur Financial Times Deutschland, wo er 2004 die Teamleitung Politik übernahm. Seit 2007 ist er leitender Wirtschaftsredakteur im Berliner Büro der Süddeutschen Zeitung.

Patrick Illinger, geboren 1965, arbeitet seit 1997 bei der Süddeutschen Zeitung. 2002 übernahm er dort die Leitung des Ressorts Wissen. Illinger studierte Physik in München und promovierte 1994 mit einer Arbeit über Antimaterie am Europäischen Forschungszentrum CERN bei Genf.

Michael Kläsgen, geboren 1967, ist Wirtschaftskorrespondent der Süddeutschen Zeitung in Paris. Er studierte Verwaltungswissenschaft mit dem Schwerpunkt Internationale Beziehungen in Konstanz, London und Tel Aviv. Er absolvierte die Deutsche Journalistenschule und promovierte an der Berliner Humboldt-Universität.

Moritz Koch, geboren 1978, hat an der Universität Hamburg und der Johns Hopkins University Politik und Wirtschaft studiert. Während seines Studiums schrieb er als freier Mitarbeiter für den Stern. Im Oktober 2005 kam Koch als Volontär zur Süddeutschen Zeitung. Nach einem Jahr als Wirtschaftsredakteur ging er im Sommer 2008 als Korrespondent nach New York.

Die Autoren

Silvia Liebrich, geboren 1966, hat an der Universität Hohenheim Wirtschaftswissenschaften und Journalistik studiert. Sie war Redakteurin beim Handelsblatt und der Deutschen Presse-Agentur, mit einer Zwischenstation in Südafrika. Seit mehr als einem Jahrzehnt arbeitet sie als Wirtschaftsredakteurin der Süddeutschen Zeitung in München. Ihre Themenschwerpunkte sind Rohstoffe, Finanzmärkte, Handel, Afrika und Verbraucherthemen.

Tobias Matern, geboren 1978, studierte Politikwissenschaft an der FU Berlin und besuchte danach die Journalistenschule der American University in Washington D.C. Anschließend berichtete er für die Süddeutsche Zeitung während der Präsidentschaftswahlen 2004 aus den USA, bevor er sein Volontariat in München begann. Als Redakteur in der Außenpolitik der SZ berichtete er in der Folge aus Afghanistan, Indien und Pakistan. Seit Januar 2010 ist er SZ-Korrespondent für Süd- und Südostasien mit Sitz in Delhi.

Alexander Mühlauer, geboren 1981, ist Absolvent der Deutschen Journalistenschule und studierte Journalistik, Volkswirtschaft und Politik in München. Seit 2007 arbeitet er für die Wirtschaftsredaktion der Süddeutschen Zeitung.

Christoph Neidhart, geboren 1954, ist Tokio-Korrespondent der Süddeutschen Zeitung. Er lebt seit acht Jahren in Japan, zuvor war er Visiting Scholar am Russland-Institut der Harvard University. In seinem Buch „Die Kinder des Konfuzius: Was Ostasien so erfolgreich macht“, skizzierte er den wirtschaftlichen Wiederaufstieg Ostasiens.

Frank Nienhuysen, geboren 1965, berichtet für die Süddeutsche Zeitung als Korrespondent aus Moskau. Er studierte Politische Wissenschaft, Slawistik und Volkswirtschaftslehre in München, Berlin und Moskau und arbeitete an der Universität der Bundeswehr in München, bevor er 1996 seine journalistische Laufbahn bei der SZ begann.

Arne Perras, geboren 1967, ist seit 2006 Afrika-Korrespondent der Süddeutschen Zeitung. Er studierte Literatur, Sprachwissenschaft und Koloniale Geschichte in München und Oxford, wo er über den Imperialismus in Afrika promovierte. Er arbeitete als Parlamentskorrespondent bei den Nürnberger Nachrichten bevor er zur außenpolitischen Abteilung der SZ wechselte. 2004 publizierte er eine Biografie des Afrika-Reisenden und Imperialisten Carl Peters.

Nikolaus Piper, geboren 1952, ist Korrespondent der Süddeutschen Zeitung in New York. Vorher leitete er sieben Jahre lang die Wirtschaftsredaktion der Süddeutschen Zeitung und arbeitete bei der ZEIT in Hamburg. Piper berichtete über die Finanzkrise seit ihren Anfängen an der Wall Street. Sein Buch „Die Große Rezession“ wurde im Oktober 2009 als „Wirtschaftsbuch des Jahres“ ausgezeichnet.

Robert Probst, geboren 1970, ist innenpolitischer Redakteur der Süddeutschen Zeitung. Er befasst sich vor allem mit zeitgeschichtlichen Themen und betreut die meisten historischen Serien im Politikteil der SZ. Zuletzt gab er zusammen mit Joachim Käppner und Birgit Weidinger das SZ-Buch „Die letzten Augenzeugen. Erinnerungen an den Zweiten Weltkrieg" heraus.

Ulrich Schäfer, geboren 1967, studierte Volkswirtschaft in Münster und Journalismus an der American University in Washington D.C. Nach einer Ausbildung an der Henri-Nannen-Journalistenschule arbeitete er sieben Jahre als Wirtschaftsjournalist beim Spiegel. 2003 wechselte er als leitender Wirtschaftsredaktuer in das Hauptstadtbüro der Süddeutschen Zeitung. Seit 2007 leitet er gemeinsam mit Marc Beise die SZ-Wirtschaftsredaktion. Er ist Autor des Wirtschaftsbestsellers „Der Crash des Kapitalismus".

Dieter Sürig, geboren 1961 in Hannover, hat an der Ludwig-Maximilians-Universität München Wirtschaftsgeographie, Kommunikationswissenschaften und Germanistik studiert. Er arbeitet seit 1993 für die Süddeutsche Zeitung und gehört seit 2005 dem Wirtschaftsressort der SZ an. Dort beschäftigt er sich unter anderem mit Hochschulthemen.

Steffen Uhlmann, Jahrgang 1950, arbeitet mit Unterbrechungen seit Sommer 1989 für die Süddeutsche Zeitung. Er beschäftigt sich vorrangig mit wirtschaftlichen Themen Ostdeutschlands und Osteuropas. Uhlmann lebt seit frühester Kindheit in Berlin. Seine journalistische Laufbahn begann er 1969 als Volontär bei der Berliner Zeitung.

Sonja Zekri, geboren 1967 in Dortmund, hat in Bochum Geschichte und Slawistik studiert. Nach Jahren als Freie Journalistin u.a. für die FAZ kam sie 2001 als Feuilletonredakteurin zur Süddeutschen Zeitung. Seit 2008 berichtet sie für die Süddeutsche Zeitung aus Moskau als Auslandskorrespondentin über Russland und den postsowjetischen Raum.

Markus Zydra, geboren 1965, studierte Politikwissenschaft, Volkswirtschaft, Arabistik und Rechtswissenschaft in Tübingen, Seattle und Stockholm. Er begann seine Laufbahn als Skandinavienkorrespondent der Süddeutschen Zeitung in Stockholm. Danach folgten Stationen bei der FAZ und der Financial Times Deutschland. Seit zwei Jahren arbeitet er als Finanzkorrespondent für die SZ in Frankfurt.

Bildnachweis

Bert Bostelmann/bildfolio: 30
Buss: 125
Getty images/AFP/Jacques Demarthon: 39
Getty images/AFP/Peter Parks: 157
IZB: 267
Kayser-Threde GmbH: 112
Perkovic/laif: 47
Dr. Arne Perras: 197
Philipp Guelland/ddp images: 187
picture-alliance: 15, 59, 93, 135
privat: 80, 176, 226, 257
RIA Novosti/Grigoriy Sisoev: 206
Roth & Rau AG: 235
Seeberger KG: 247
SZ Photo/AP: 146
SZ Photo/Jürgen Bauer: 67
SZ Photo/José Giribás: 217
Thomas Lohnes/ddp images: 103

Die *großen* Spekulanten
Märchenhafte Gewinne und gigantische Verluste
Herausgegeben von
Alexander Hagelüken &
Harald Freiberger
Süddeutsche Zeitung Wirtschaft

Die Krise begann in Amerikas Vorstädten, doch mittlerweile hat sie die ganze Welt er-fasst: Die schwerste Wirtschaftskrise seit acht Jahrzehnten erschüttert Industrie- und Schwellenländer. Wie konnte es dazu kommen? Wer leidet unter dem Abschwung? Wie sieht der Kampf gegen die Krise aus? Autoren der Süddeutschen Zeitung beschreiben in diesem Buch Ursachen, Ausmaß und Konsequenzen der Wirtschaftskrise.

Kapitalismus in der Krise
224 Seiten
19,90 Euro (D) / 20,50 Euro (A)
ISBN 978-3-86615-697-5